VIDA, PENSAMIENTO Y LEGADO DE JACOBO ARMINIO

IACOBUS ARMINIUS S.S.
THEOLOGIÆ. PROFESSOR.

UN ESTUDIO DE LA DOGMÁTICA ARMINIANA

José C. Rodríguez

cnp
USA-CAN

CASA NAZARENA DE PUBLICACIONES USA-CANADA
LENEXA, KANSAS

Derechos reservados por
Casa Nazarena de Publicaciones USA-Canada
Lenexa, Kansas, USA

ISBN: 978-1-56344-622-1

Redacción, diseño y formato
por José Pacheco, *jospacheco@aol.com — www.pagnaz.com*

Las citas bíblicas se han tomado de la *Biblia Reina-Valera Revisión 1960,* de las Sociedades Bíblicas Unidas, a menos que se especifique una versión diferente directamente en el texto.

La fotografía de Jacobo Arminio se ha tomado del sitio de internet Wikipedia/Wikimedia en español, foto de dominio público, debido a su antigüedad.

Impreso en Estados Unidos de América
Printed in the United States of America

CONTENIDO

Reconocimientos 4

Introducción 5

Situación política 6

Situación religiosa 11

La forjación de la teología de Jacobo Arminio 12

Primera parte: La vida de Jacobo Arminio 15

    Capítulo   I: Nacimiento-Niñez-Juventud
           (1560-1575) 17

Segunda parte: El pensamiento teológico de Arminio 33

    Capítulo   II: La teología de Arminio 35

    Capítulo   III: Introducción teológica 45

    Capítulo   IV: Sus tres discursos teológicos 53

    Capítulo   V: Una teología trinitaria 95

    Capítulo   VI: La doctrina de Dios 115

    Capítulo   VII: La creación y providencia divina 145

    Capítulo VIII: Doctrina del hombre 157

    Capítulo   IX: Doctrina del pecado 163

    Capítulo   X: Doctrina de la redención 179

    Capítulo   XI: Doctrina de la justificación 197

    Capítulo   XII: La doctrina de la santificación 211

Tercera parte: Las controversias teológicas 217

    Capítulo XIII: La predestinación 219

    Capítulo XIV: Sínodo de Dort 259

    Capítulo XV: Legado teológico de Arminio 265

Glosario 271

Bibliografía 275

RECONOCIMIENTOS

Sincera y profunda gratitud a mi esposa,
por sus muchos años de amor, paciencia, por los hijos
que me dio y por su fortaleza y consuelo.

In Memoriam
Al Dr. H. Orton Wiley, mi profesor de teología
y quien me introdujo al pensamiento de Jacobo Arminio

Al Dr. Louie Bustle, ex Director Ejecutivo de Misión Mundial de la Iglesia del Nazareno, por hacer posible que me dedicara a escribir; por el reto, la oportunidad, y la confianza.

Al Dr. Christian Sarmiento, Director de la Región Sudamérica, por sus consejos y por animarme paso a paso.

Al Dr. Mario Zani, ex gerente de Casa Nazarena de Publicaciones, por sus consejos, dirección, sugerencias y ayuda en la redacción para hacer posible que esta obra viera la luz.

Al Dr. Roberto Hodgson, Director de Ministerios Multiculturales, Misiones Hispanas y de Casa Nazarena de Publicaciones USA-CAN, por hacer posible finalmente la publicación de esta obra.

Al Rdo. Wilfredo Canales, Director del Programa Hispano de Olivet Nazarene University, por su valiosa aportación en la revisión del manuscrito.

Al Rdo. José Pacheco, Editor de Literatura Hispana de Misiones Hispanas USA-CAN, por su trabajo editorial previo y el presente en la etapa final de esta obra.

Introducción

La presente obra es una introducción al pensamiento teológico de Jacobo Arminio. Tiene como finalidad dar a conocer la matriz de la tradición teológica conocida hoy como arminiano-wesleyana. No es nuestra intención provocar controversias teológicas, sino más bien informar, dar a conocer el espíritu y la letra del pastor, profesor y teólogo holandés llamado Jacobo Arminio.

Desde mi primera clase sobre la dogmática de Jacobo Arminio, en 1953, bajo la tutela del Dr. H. Orton Wiley —el decano de los teólogos arminianos—, se despertó en mí un interés, que se tornó en reto, por conocer más a fondo el pensamiento teológico de Arminio. A través de todos mis años de servicio al "Maestro de Galilea", como pastor, profesor, conferencista o evangelista, seguí leyendo y estudiando a Arminio. Pronto me di cuenta de la falta de libros, estudios o monografías serias, en español, sobre el pensamiento de este autor.

Por otro lado, es lamentable que el tenue perfil que se tiene de Arminio en el contexto hispano sea negativo. Se conoce más el aspecto controversial de sus escritos, entendible en el sentido de que nació, vivió y murió en una época marcada por intensas e importantes controversias vinculadas a la formación de la teología en los siglos XVI y XVII. Con frecuencia, se conoce a Arminio como el pastor-profesor que se opuso a la doctrina de la predestinación absoluta e incondicional de la teología reformada (supralapsarianismo) de su época. Se desconoce casi por completo que su pensamiento es comprehensivo y que abarca casi todas las doctrinas de la teología cristiana. No se le ha dado el lugar e importancia que merece como teólogo de primer orden.

Hasta donde se conoce, no existe una traducción al español de las obras de Jacobo Arminio que, en inglés, están contenidas en tres grandes tomos, con un total de 1,700 páginas. El Dr. Garnett Teakell escribió una tesis titulada "Un libro de texto a nivel universitario sobre la vida y obras de Jacobo Arminio" (inédita), que contiene una excelente traducción de algunas de las obras principales de Arminio, que ha sido de gran ayuda ahorrándonos tiempo y trabajo en algunas traducciones. Lo problemático en el caso de la traducción de las obras de Arminio, es que usa una sintaxis muy compleja, acorde con su estilo escolástico y filosófico del siglo XVI. Escribió en su propia lengua (el holandés) o en latín, luego se tradujo al inglés y ahora del inglés al español. Además, utiliza palabras que ya no se usan o que han cambiado de significado y de impacto emocional.

Estas son algunas de las razones por las que hemos decidido que el libro sea una combinación de texto de lectura, exposición y evaluación. El lector hispano, que por lo general no tiene acceso a las obras de Arminio en inglés, necesita conocer las fuentes primarias del pensamiento arminiano hasta donde le sea posible. El presente estudio tiene como uno de sus propósitos principales que el estudiante hispano lea, analice y evalúe el texto de Arminio y que no dependa de fuentes secundarias.

El libro no es para los de corazón débil; requiere mente despierta, dedicación y amor a la letra y al espíritu de la teología. Para apreciar el pensamiento teológico de Arminio será necesario leer el texto varias veces, meditar y evaluar.

El libro contiene tres partes: La vida de Jacobo Arminio; la teología de Jacobo Arminio y las controversias teológicas.

Situación Política

No es posible conocer y entender a Jacobo Arminio, ni apreciar su pensamiento teológico, si primero no consideramos, aunque sea brevemente, la situación política, eclesiástica y teológica antes, durante y después de su vida. Por ejemplo, no cabe duda de que los eventos turbulentos que dieron inicio a las guerras de liberación en los Países Bajos (Holanda), con el fin de sacudirse del yugo real de España y de la Iglesia Católica Romana, ejercieron influencia permanente en el joven Arminio.

La observación de Justo L. González es pertinente cuando señala que, "Como en el resto de Europa, el protestantismo logró adherentes en los Países Bajos desde fecha muy temprana. En 1523, en la ciudad de Amberes, fueron quemados los dos primeros mártires de la causa. Pero, a pesar de haber penetrado en la región desde entonces y de tener numerosos seguidores, el protestantismo no logró imponerse sino a costa de grandes sacrificios y largas guerras. Esto se debió particularmente a las condiciones políticas que reinaban en los Países Bajos".[1]

Cuando Carlos V (1500-1558) heredó la corona española de su padre Felipe el Hermoso, ya existían las "Diecisiete Provincias" que comprendían, aproximadamente, lo que hoy se conoce como Holanda, Bélgica y Luxemburgo. Carlos había nacido y se había educado en la región y era aceptado por el pueblo. Bajo su gobierno, las provincias lograron alcanzar y gozar de una unidad como nunca antes se había experimentado.

Pero la unidad no era real y carecía de la profundidad y el alcance necesarios para hablar y funcionar con unanimidad. González ofrece cinco razones por las que la aparente unidad política no era tan real, a pesar de los nobles esfuerzos de Carlos V:

1. Durante todo su reinado, cada territorio conservó buena parte de sus viejos privilegios y su forma particular de gobierno.

2. No existía entre ellos unidad cultural.

3. En las provincias del sur se hablaba francés, en las del norte el holandés, el idioma del pueblo.

4. Entre el sur y el norte existía una amplia zona de lengua flamenca.

5. Finalmente, pero no menos importante: en lo eclesiástico, la situación era todavía más compleja, pues la jurisdicción de las diversas diócesis no concordaba con las divisiones políticas y buena parte de los Países Bajos estaba supeditada a una sede fuera de la región.[2]

En 1555-1556, Felipe II (1527-1598), hijo único de Carlos V e Isabel de Portugal, subió al trono al abdicar su padre y se proclamó a sí mismo como defensor de la fe (católica romana). Pero entre padre e hijo había diferencias políticas, Carlos gozaba de la simpatía del pueblo en general y era tolerante de las diferencias religiosas, en tanto que Felipe estaba más interesado en ganarse el favor de todos los reyes católicos y comenzó a prestarles mayor atención. Relegó los problemas y necesidades de los Países Bajos a segundo lugar. Esta actitud y acción "creó un profundo resentimiento entre los habitantes de la región, al grado que se opusieron tenazmente a los intentos de Felipe de terminar la unificación de las «Diecisiete

Provincias» y hacerlas parte hereditaria de la corona española".[3]

Las cosas fueron de mal en peor, Felipe pronto perdió la poca confianza y lealtad que le tenía el pueblo. Hubo varios elementos por los que, progresivamente, la situación se deterioró

1. Seguía una política que combinaba la necedad con la obstinación y la hipocresía.

2. En razón de su regreso a España, Felipe nombró como regente a su media hermana Margarita de Parma, quien realmente no tenía ninguna autoridad ni poder, pues Felipe dictaba y controlaba todo desde España, por medio de cartas y consejeros selectos que dejó.

3. Una de las peores cosas que pudo haber hecho, fue dejar tropas españolas con órdenes de sostenerse con los recursos del pueblo. Esto causó fricciones constantes con los habitantes, quienes no veían la necesidad, ni querían tener soldados extranjeros en su país, puesto que no estaban en guerra.

4. El nombramiento de nueve obispos con poderes inquisitoriales con el propósito, según se le dijo al pueblo, de desarraigar la herejía protestante. El temor de los habitantes de los Países Bajos, y con justa razón, era que la inquisición se tornara un instrumento en manos del estado y que las intenciones del rey fueran realmente hacer de las "Diecisiete Provincias", parte del imperio español y fieles a la Iglesia Católica Romana.

5. Para colmo de males, el rey y la regente no tomaban en consideración los intereses y súplicas de sus más fieles súbditos en el país. El principal de ellos era el Príncipe de Orange y Conde de Egmont. Todo era decidido por la regente y sus consejeros foráneos; el más detestado era el obispo Granvella, a quien los naturales del país culpaban de todas las injusticias y vejaciones.

La situación se agravaba más y más, al grado de que Felipe dio órdenes a la regente de que fueran promulgados los decretos del Concilio de Trento contra los protestantes y que fueran ejecutados todos los que se opusieran.

Las órdenes reales causaron protestas nacionales inesperadas. Los jefes y magistrados de las provincias no estaban dispuestos a condenar a sus conciudadanos. Centenares de nobles y burgueses se unieron en un "compromiso" contra la inquisición y marcharon a presentar sus demandas a la regente, quien se mostró perturbada; uno de sus consejeros le dijo que no tenía por qué temer a "esos mendigos".

Esas palabras fueron la "chispa" que encendió y levantó los ánimos de los protestantes. La bolsa que llevaban los mendigos se volvió bandera de la rebelión. Por todas partes se levantaba el estandarte de "los mendigos".

Felipe II se vio obligado a pedir la ayuda de Guillermo de Orange para que controlara la ola iconoclasta que se había levantado. Se calmaron los ánimos de los "mendigos" y el consejo suspendió la inquisición. Por su parte, los mendigos declararon que mientras el rey cumpliera su palabra, ellos guardarían la paz.

Pero el rey (defensor de la fe) dijo que no sería "Señor de herejes" y, a pesar de su palabra, estaba reuniendo un ejército para invadir al país. La tormenta no se hizo esperar. Repentinamente se presentó en el país el Duque de Alba, al frente de tropas españolas e italianas. El duque venía con el solo propósito de "ahogar la rebeldía en sangre". Los protestantes, juntamente con los católicos que resistieron la rebeldía, fueron condenados como herejes. Los muertos fueron tantos que los cronistas de la época hablan de la fetidez del aire y de centenares de cadáveres que colgaban de árboles por los caminos. Cuando todo parecía perdido, Guillermo regresó de Alemania con un ejército mayormente alemán, pero no pudo vencer, el sanguinario Alba lo derrotó. Como último recurso, Guillermo dio "patentes de corso" a unos pocos navíos que podían resistir desde el mar. Estos "mendigos del mar" se organizaron y llegaron a ser una fuerza naval que la Marina Real no pudo contener; se hicieron dueños de las costas y varias ciudades se unieron a los rebeldes. Guillermo, con la ayuda de Francia, hizo otra tentativa de vencer a los españoles. Pero cuando se acercaba a Bruselas se le informó de la matanza de San Bartolomé, la cual acabó con toda esperanza de una reconciliación entre los protestantes y la corona francesa. Tuvo que despedir a sus soldados por falta de fondos.

La venganza de Alba fue rápida y terrible. Ciudad tras ciudad cayó bajo la espada de sus tropas y todos los acuerdos de rendición fueron violados; mataron prisioneros, violaron mujeres, asesinaron niños y ancianos y varias ciudades fueron incendiadas.

La única esperanza que les quedaba era "los mendigos del mar", que continuaban derrotando a los españoles y hasta capturaron a su almirante. Esto hizo muy difícil para Alba recibir provisiones y pago para sus soldados que pronto comenzaron a amotinarse. Amargado por la falta de los recursos necesarios para continuar la guerra, frustrado porque no podía vencer a los protestantes, se dio por vencido y pidió a Felipe que nombrara a otro en su lugar.

El nuevo general español, don Luis de Zúñiga y Requesens, tomó su lugar. Inició una nueva estrategia para tratar de ganarse a los habitantes católicos del país, que mayormente habitaban en las provincias del sur, separándolos del norte. Hasta entonces, el problema religioso había sido solo un elemento más en lo que en realidad era una rebelión nacional contra el yugo español. Guillermo de Orange, el jefe de la rebeldía, había sido católico liberal por lo menos hasta su exilio en Alemania. Al ver lo que Requesens se proponía hacer, se declaró calvinista en 1573 (Arminio era un adolescente de 13 años cuando ocurría todo esto). Las provincias del sur empezaron a separarse de los protestantes.

La causa de los protestantes (calvinistas) parecía perdida; en tierra era continua la derrota, solamente en el mar había victorias. La crisis final vino en el sitio de Leyden, importante ciudad comercial que se había declarado protestante y que ahora estaba sitiada por las tropas españolas.

Un ejército enviado por Guillermo para romper el cerco, fue vencido. En su desesperación, Guillermo, a quien sus enemigos llamaban "el Taciturno", sugirió que se abrieran los famosos diques holandeses y que se anegara la llanura que rodeaba a Leyden; los ciudadanos aceptaron su plan. Mientras los sitiados continuaban ofreciendo heroica resistencia en medio de una hambruna espantosa, un combatiente protestante en el sitio de Leyden gritó: "Sabed que tenemos dos brazos y que si el hambre llega a tal punto, nos comeremos uno para seguir luchando con el otro". Con las olas del mar llegaron los mendigos del mar, gritando: "¡Antes turcos que papistas!". Las tropas españolas tuvieron que retirarse. La batalla de Leyden se ganó en 1574; Arminio era un joven de 14 años. En 1576, todos los habitantes de las "Diecisiete Provincias" se reunieron en Gent y firmaron el Acuerdo de Pacificación de Gent, que establecía una alianza entre las provincias, a pesar de todas sus diferencias religiosas. Esto fue un gran triunfo para Guillermo, pues su opinión siempre había sido que la intolerancia y el partidismo religiosos eran un obstáculo para el bienestar de las provincias.

Pero Felipe no estaba dispuesto a darse por vencido todavía. Nuevamente, un ejército invadió el país y otra vez las provincias del sur se mostraron dispuestas a sujetarse a España y a la Iglesia Católica Romana. Las provincias del norte, contra la voluntad de Guillermo, formaron una liga aparte para la defensa de sus libertades y de su fe.

En 1581, Felipe II publicó una proclama con la promesa de una enorme recompensa para quien asesinara a Guillermo. El Taciturno y los suyos respondieron con un acta de abjuración, en la que por fin se declaraban completamente independientes de toda autoridad real. Después de muchos atentados, tres años más tarde, Guillermo murió a manos de un asesino en busca de la recompensa. Dado el carácter bien conocido del rey Felipe II, se negó al principio a cumplir lo prometido, pero pagó al fin solo una parte de la recompensa prometida. La muerte de Guillermo pareció, por un momento, ponerle fin a la rebelión. Pero su hijo Mauricio, de 17 años, resultó ser todavía mejor general que su padre y dirigió sus fuerzas en una serie de campañas con gran éxito.

Finalmente, en 1607, Arminio ya había sido profesor de teología en la Universidad que Guillermo de Orange estableció como recompensa al pueblo por su valentía en la lucha por la independencia; se firmó una tregua que a la postre llevó al reconocimiento de la independencia de la nueva nación protestante que, para ese entonces, era mayormente calvinista.[4]

Situación Religiosa

Justo L. González ha descrito con precisión la situación religiosa y teológica en los Países Bajos, de aquel periodo que, sin duda, preparó el terreno para el desarrollo del pensamiento de Arminio. Lo que sigue es una reseña de esa descripción.

Muchos años antes de estallar la Reforma Luterana, ya había en los Países Bajos un fuerte movimiento de reforma. Los Hermanos de la Vida Común tenían seguidores. Erasmo —personificación del humanismo religioso—, era natural de Rotterdam. Uno de los temas característicos de los Hermanos de la Vida Común, era la lectura de las Escrituras no solo en latín, sino también en los idiomas originales. Por lo tanto, al aparecer la Reforma Protestante encontró bien abonado el suelo de los Países Bajos. Predicadores luteranos pronto llegaron a la región y lograron numerosos conversos. Poco después, los anabaptistas, particularmente los que seguían las enseñanzas de Melchor Hoffman, se abrieron paso en el país. Los líderes de la Nueva Jerusalén, en Munster, eran originarios de los Países Bajos. Otros trataron de unirse a ellos, pero fueron interceptados por los ejércitos de Carlos V y muchos de ellos fueron muertos.

Después, hubo varias intentonas, por parte de los anabaptistas más radicales, de apoderarse de algunas ciudades, pero ninguna de ellas tuvo éxito.

Por último, llegaron los predicadores calvinistas, procedentes tanto de Francia como de Ginebra y el sur de Alemania. A la postre, el calvinismo sería la forma característica del protestantismo en los Países Bajos.[5]

La Forjación de la Teología de Arminio

La teología de Arminio ha sido descuidada, tanto por sus discípulos como por sus detractores. Muller dice: "La concepción restringida de la teología de Arminio, como solamente en contra de la doctrina reformada de la predestinación, en realidad como teología exegética contra una metafísica predestinataria, ha llevado a una interpretación, también restringida, de Arminio como teólogo de una doctrina de alguna manera sacada de su propio contexto en la historia intelectual".[6]

Con muy pocas excepciones, cuando se habla de Arminio o del arminianismo, se piensa solo en su oposición a la doctrina reformada o calvinista de la predestinación incondicional. Para muchos, esto es la suma total de la teología de Arminio. Pero qué equivocadas están tales personas. Ello solo ha servido para opacar o ignorar el hecho de que Arminio nos ha dejado, si no una teología sistemática completa, sí abundancia de material que revela su capacidad e intención de escribir un sistema de divinidad comprensiva. Con excepción de las doctrinas del pecado, el libre albedrío, la gracia y la predestinación y los decretos, todo el resto del pensamiento teológico de Arminio casi ha sido ignorado, aun por los que se dicen ser "arminianos". No se ha descubierto, estudiado, analizado y evaluado el total de la teología de Arminio. Como es sabido, lo que tenemos son tres tomos (versión en inglés) que suman 1,700 páginas.

Es necesario ver y entender el contexto teológico en el que Arminio fue desarrollando y forjando sus conceptos teológicos. En otras palabras, no se puede encerrar a Arminio en un vacío intelectual y verlo como indiferente o inmune a las corrientes teológicas y filosóficas de fines del siglo XVI y principios del XVII.

Arminio, al igual que los otros teólogos y filósofos contemporáneos, es ecléctico. Se puede decir de él que "todo lo examinaba y retenía lo bueno" (1 Tesalonicenses 5:21). Los escritos de Arminio abundan en evidencias de que tenía un conocimiento vasto y profundo de la teología reformada, luterana, católico-romana y de todos los padres occidentales y muchos padres de la iglesia griega. En palabras de Muller:

"La teología de Arminio, de hecho, tiene que ser interpretada en el contexto del desarrollo del escolasticismo protestante, como una teología escolástica en su propio derecho. Además, Arminio tiene que entenderse como un teólogo apto en los métodos y bien versado en los conceptos del escolasticismo, protestante y católico... La teología de Arminio también da testimonio del impacto del aristotelismo del medioevo posterior y del renacimiento, la lógica y método de Zabarella (Giacomo Zabarella, 1533-1589, profesor de lógica y filosofía en la Universidad de Padua). Zabarella no aceptaba todos los argumentos lógicos de Aristóteles. Arminio estuvo en Padua en el verano de 1586 y escuchó varias conferencias filosóficas de Zabarella y la metafísica de Suárez"[7] (Francisco Suárez: 1548-1617: Teólogo y filósofo jesuita español, escribió *Disputaciones Metaphysicae*, 1599). Más adelante veremos cómo y hasta qué grado la teología y filosofía tomista influyó en el pensamiento de Arminio. Aquí solamente mencionaremos los puntos en los que se nota la influencia del "Doctor Angélico" (Santo Tomás). El problema que de inmediato enfrentamos al tratar de identificar a los autores y obras específicas citadas por Arminio, es que casi nunca menciona los nombres de los teólogos o filósofos que está citando.

La influencia del escolasticismo[8] católico romano en el pensamiento de Arminio se puede resumir en los siguientes puntos:

1. La metodología, estructura y hasta frases y palabras.
2. Los argumentos filosóficos para la existencia de Dios.
3. La doctrina de Dios y los atributos.
4. Su concepto de la bondad de Dios.
5. Suárez y Molina (Luis de Molina: 1535-1600; jesuita y teólogo español); su teoría "molinismo", basada en la absoluta libertad humana, provocó una fuerte polémica entre los jesuitas y tomistas; su concepto de la scientia media ayudó a Arminio a formular su doctrina del previo conocimiento de Dios y la predestinación. Suárez con sus conceptos metafísicos y Molina con su *scientia media*, dejan el reformado concepto agustiniano del pecado. Como declara Muller, "quizá Arminio se puede clasificar mejor como pensador ecléctico con un enfoque centro tomista".[9]

Notas

1 González, L. Justo, *Historia del Cristianismo*, 2. (Editorial Unilit, Miami, FL. USA), p. 99.
2 Ibid.
3 Ibid., p. 100.
4 Ibid., pp. 101-104.
5 Ibid., p. 100.
6 Muller, Richard, A., *God, Creation and Providence in the Thought of Jacob Arminius* (Baker Book House, Grand Rapids, Michigan, 1991), p. 269.
7 Ibid.
8 El término "escolasticismo" se refiere más bien a un método o aproximación a la teología y filosofía, que a una doctrina o doctrinas. Fue el método o manera de hacer teología, tanto de la Iglesia Católica Romana como de la Protestante, aun mucho después de la Reforma del siglo XVI.
9 Ibid., p. 279.

PRIMERA PARTE
LA VIDA DE JACOBO ARMINIO

Capítulo 1: Nacimiento-niñez-juventud
(1560-1575)   17

Nacimiento de Arminio   17

Primera crisis: Muerte de Aemilius   18

Segunda crisis: Los años de estudio   20

Estudios en Ginebra   22

En el pastorado   24

Su matrimonio   25

Tercera crisis: La peste bubónica   26

Sus años como profesor   27

Su muerte   30

I

Nacimiento-Niñez-Juventud (1560-1575)

Nacimiento de Arminio

¿Quién fue el hombre llamado Jacobo Arminio? ¿Dónde vivió, qué escribió? ¿Por qué debemos conocer la vida, obra e influencia de este hombre? Para muchos, Arminio es el "teólogo desconocido". Para otros, es un hereje, un pelagiano, un racionalista y enemigo de la fe cristiana. "Jacobo Arminio (1560-1609) es uno de entre más o menos una docena de teólogos en la historia de la iglesia cristiana, que han dado dirección a la tradición teológica y, como resultado, han grabado su nombre sobre un punto de vista teológico. Es sorprendente, por lo tanto, que Arminio haya recibido tan poca atención positiva por parte de los eruditos".[1]

Carl Bangs dice: "Arminio ha quedado como una figura sombría. Él mismo tiene parte de la culpa, no es como Lutero que lo dice todo"[2]. La verdad es que pocos líderes en la iglesia cristiana han sido ignorados como este teólogo y pastor del siglo XVI. Quizá exagerando un poco, un escritor del siglo XIX "lo ve como el más importante de los tres grandes teólogos de la iglesia. Atanasio entendió a Dios; Agustín entendió al hombre; Arminio entendió la relación entre Dios y el hombre".

Para muchos que lo han leído... Arminio es un enigma. Algunos calvinistas, dándose cuenta de que sus escritos no producían las herejías que ellos esperaban, lo han acusado de enseñar herejías secretas, inéditas. Muchos arminianos, hallándolo "muy calvinista" lo han dejado a un lado como un pensador transicional, "precursor" de algún otro, Simón Episcopio, Philip van Limborch, o Juan Wesley[3]

Veamos a este hombre de crisis y controversias; pero de integridad, conciencia sensible, siempre obediente a la voluntad de Dios, pastor muy amado por su rebaño; de fuertes y profundas convicciones morales; discernimiento teológico y fidelidad a Dios, a la iglesia y dedicado a sus alumnos. Si algún texto bíblico describe su vida, bien podría ser: *"Pero de ninguna cosa hago caso, ni estimo preciosa mi vida para mí mismo, con tal que acabe mi carrera con gozo, y el ministerio que recibí del Señor, para dar testimonio del evangelio de la gracia de Dios"* (Hechos 20:24).

Jacob Harmensz nació el 10 de octubre de 1560, en Oudewater, en el sur de Holanda, al norte de Rotterdam. Después, ya de adulto, como era la costumbre entre los educados, latinizó su nombre cambiándolo a Jacobus Arminius. Arminius era un cacique germánico del primer siglo que resistió y detuvo a los romanos. Oudewater era un pequeño pueblo amurallado situado en una curva en las riberas del río Ijssel, que le daba una belleza natural a toda la región. El pueblo era conocido por su ambiente agradable y por la amabilidad de sus habitantes.

Cuando Arminio nació, Oudewater todavía estaba bajo el dominio de España y la Iglesia Católica Romana. Su padre se llamaba Harmen Jacobsz, herrero o cuchillero por oficio; se cree que también hacía espadas y armaduras. Oudewater era de gran importancia militar y sin duda esto le daba bastante trabajo y ganancia al padre de Jacobo. El nombre de su madre era Lijsbet Reael, de la ciudad de Dordrecht. Los padres de Jacobo Arminio eran de la clase media. Carl Bangs dice que era "muy posible que Arminio no venía de una familia desconocida y que quizá ésta sea una razón por la que llamó la atención de varios benefactores, quienes se aseguraron de que (Arminio) tuviera acceso a la mejor educación posible".[4]

Primera Crisis: Muerte de Aemilius

El padre de Arminio murió probablemente entre los años 1553-1558, antes que naciera Jacobo. La muerte del padre dejó a la familia en un estado muy precario y difícil para la madre y todos sus hijos.

Hay muy pocos datos de la niñez de Arminio. Pero de acuerdo con la costumbre de aquellos días, el nacimiento de un niño(a) era ocasión para una celebración especial, por parte de las mujeres de la familia, del barrio y la partera. Como a los dos días, la partera llevaba al niño a la iglesia para ser bautizado. Los primeros meses se tenía al niño bien enredado en cobijas gruesas, acostado en una cuna de madera. La madre era responsable de su desarrollo físico, aprendía a andar agarrado de las correas del delantal, después en el tiempo apropiado, se le daba un andador y se le ponía un gorro grueso como protección en caso de caídas. Los juguetes de las niñas eran un caballo mecedor, muñecas, instrumentos musicales; de los niños, pistolas, arcos y trompos. En las calles jugaban con ruedas, a las carreras y a las escondidas, etc.[5]

Teodoro Aemilius, sacerdote local con tendencias protestantes, pero que debido a su erudición y santidad singulares era estimado y aceptado por el pueblo, hallando al joven Arminio sin padre, asumió la responsabilidad de cuidarlo y educarlo. Aemilius, probablemente ya anciano y jubilado, salió de Oudewater, llevándose a Arminio a la ciudad de Utrecht.

Aemilius pronto descubrió en el joven Arminio talentos y dones de genio. Tan pronto como Teodoro pensó que Jacobo estaba listo para aprender, lo instruyó en los rudimentos del latín y el griego e impregnó su mente con los principios de la religión y la santidad. Es probable que Aemilius inscribiera a Arminio en la famosa escuela de San Jerónimo. El currículo de estudios nos da una buena idea de la educación tan extensa e intensa que Arminio había de recibir y que llegaría a su máxima expresión en sus años pastorales y de profesorado.

Bangs dice que "de los estatutos adoptados en 1565, uno puede ver un programa de estudios en dialéctica, retórica, matemáticas, física, con ejercicios de composición de prosa y poesía en latín y expresión oral. Los estudios en griego eran principalmente en los diálogos de Platón, en particular en la Oeconomica Xenophon. Se ven los nombres de Cicerón, Aristóteles, Homero, Plutarco y Terence, pero las fuentes bíblicas y cristianas no eran descuidadas porque había estudios en hebreo, los evangelios en griego y latín y en San Juan Crisóstomo, Basilio el Grande y el Credo de Atanasio. Un nombre más debe mencionarse: Erasmo, la personificación del humanismo. Los estudios eran largos, desde temprano en la mañana hasta las siete de la tarde… Los domingos y días santos las lecciones eran dedicadas a la Biblia o a algún padre de la iglesia".[6]

Bertius, amigo íntimo de Arminio, dice que fue durante ese período que Arminio, "de manera ejemplar, avanzó en sus estudios y piedad personal". Fue durante este período que el joven Arminio conoció a Johnannes Uiternboaert, quien sería su amigo íntimo, su defensor y, más tarde, un hábil apologista del arminianismo.

Segunda Crisis
Los Años de Estudio: 1576-1586

Con la muerte inesperada de Teodoro Aemilius, probablemente en 1575, el adolescente Jacobo quedó solo y sin ayuda para continuar sus estudios. En esa hora en que Arminio enfrentaba su segunda crisis, llegó al pueblo Rodolfo Snelius, originario de Oudewater y halló al joven Arminio desprovisto de toda ayuda humana y sin protector. Se lo llevó a Marburgo, en Alemania. Snelius, un matemático profundo, y poseedor de gran habilidad en los idiomas, matriculó a Jacobo en la Universidad de Marburgo.

Pero en agosto de 1575, sus estudios fueron interrumpidos con la triste noticia de la destrucción de Oudewater. Los españoles habían tomado la ciudad; mataron a todos los soldados y habitantes que pudieron encontrar y dejaron la ciudad en llamas. Arminio salió de Marburgo rumbo a Oudewater. Al llegar, solo halló ruinas y desolación; su madre, hermana, hermano y otras familias, habían muerto. Arminio regresó a Marburgo y parece que solo estudió en la universidad un año.

El 3 de octubre de 1574, las tropas de Guillermo de Orange liberaron la ciudad de Leyden del yugo español y del dominio de la Iglesia Católica Romana. El día siguiente, Guillermo entró triunfante en la ciudad. Día muy importante para Holanda, Leyden y Arminio. Guillermo, Príncipe de Orange, inmediatamente comenzó el proceso de realizar uno de sus sueños: abrir la primera universidad protestante de Holanda. "Para Orange la causa de la religión y la libertad eran los dos lados de la misma moneda".[7] La universidad fue dedicada el 8 de febrero de 1575.

Fue un evento nacional, rico en simbolismo y fuerte en su apelación a un nuevo sentido de nacionalidad. Ese día comenzaron las festividades muy temprano, con un servicio religioso a las siete de la mañana en el Pieterskerk, dirigido por Coolhaes. A las nueve de la mañana hubo una gran procesión desde el ayuntamiento en Breestraat, hasta la universidad. Al frente de la procesión iba una flamante escolta militar. Esta era seguida por una mujer vestida de blanco puro en una carreta acompañada por ayudantes. Ella representaba el santo Evangelio los ayudantes eran los cuatro evangelistas. Después venían cuatro figuras alegóricas representando las cuatro facultades: Teología, Leyes, Medicina y Artes.

La procesión pasó por los arcos de triunfo que se extendían por la ruta desde el pueblo hasta la universidad. El discurso inaugural fue presentado por Coolhaes. Así se inició la primera Universidad de Holanda, en la que, en breve, Arminio se abriría paso.[8]

Jacobo Arminio se matriculó en la recién fundada Universidad de Leyden, el 23 de octubre de 1576. Sus primeras materias fueron matemáticas, lógica, teología y hebreo. Para entender y apreciar mejor el pensamiento y obra subsecuente de Arminio, se tiene que tomar en cuenta por lo menos cuatro elementos que, sin duda, habrían de contribuir a la formación teológica de Arminio:

1. Uno de sus profesores de teología, Peterus Villerius, era calvinista moderado.

2. El pastor de Leyden, Coolhaes, no aceptaba el calvinismo rígido (*supralapsarianismo*) de Ginebra, a quien Arminio había de citar en apoyo de su tradición y que Rogge lo describe como el "precursor de Arminio".

3. El problema en la iglesia holandesa, sobre la relación entre la iglesia y el estado.

4. La controversia en la iglesia sobre la relación de la preordenación de Dios y el libre albedrío del hombre.

Pero la influencia más fuerte que Jacobo Arminio recibió durante sus estudios en Leyden, fue la de Pedro Ramus, profesor de lógica. La lógica silogística rígida de Aristóteles era el sistema lógico oficial, tanto en la Universidad de Leyden como en la Academia de Calvino en Ginebra. Ramus rechazaba la lógica aristotélica y enseñaba su propio sistema de lógica. Arminio estudió, enseñó y usó la lógica ramaniana en sus análisis teológicos y exegéticos. Además, Ramus no le dio mucha importancia a la doctrina de la predestinación. Bangs hace referencia a la queja del calvinista Pablo Lobstein: "¡Qué sediento y débil parece este tópico comparado con las afirmaciones atrevidas y sublimes de un Zwinglio y un calvinista!"[9] No se puede decir que Arminio deriva sus conceptos de la predestinación de Ramus. Jacobo Arminio terminó sus estudios en Leyden en 1581.

Estudios en Ginebra: 1582-1586

Arminio terminó sus estudios en Leyden a la edad de 22 años, habiendo dejado un récord de excelencia y dedicación académica. Pero debido a su edad no podía ser considerado para el pastorado. Sus amigos entonces buscaron cómo podría continuar sus estudios teológicos avanzados, pero para hacerlo tendría que salir de Holanda, porque Leyden era la única universidad protestante en las provincias del norte.

Bang, haciendo referencia a un manuscrito ya extinto, dice que en "este punto los burgomaestres y los clérigos de Ámsterdam fueron los que se interesaron en él".[10]

Arminio hizo un viaje a Ámsterdam y sostuvo una entrevista con las autoridades debidas, quedando satisfechos con sus respuestas y carácter, así como convencidos de que estaba listo para continuar sus estudios. Arminio firmó un contrato en el que aceptó ir a la Academia de Juan Calvino en Ginebra.

No existe copia del acuerdo, no se sabe cuáles fueron las condiciones específicas. Pero sí se puede decir con certeza que las personas que Arminio conoció, tanto laicos como ministros, jugarían un papel muy importante en su vida. Entre ellos estaba Laurens Jacobs Reael, prominente hombre de negocios y padre de Lijsbet. No se sabe con certeza, pero es probable que durante esos días de examen el joven Arminio conoció a Lijsbet, entonces de 12 años, quien sería su futura esposa.

Recomendado y becado por la Asociación de Comerciantes y los ministros de Ámsterdam, Arminio se inscribió en la academia de Calvino el 1 de enero de 1582. En la academia vio por primera vez a Teodoro Beza, yerno de Juan Calvino, heredero y sucesor. Beza tenía 62 años de edad y era el patriarca honrado de las iglesias reformadas.

En Beza, Arminio se enfrentaba cara a cara con un calvinismo, derivado no del maestro mismo (Calvino), sino de alguien que se esforzaba por ser fiel a su maestro, imponiéndole una cohesión interna estricta en lo que había sido una teología libre y creativa. Para Beza, la predestinación era el misterio inescrutable de la voluntad divina. Era un decreto que precedía a la creación (supralapsarianismo).

Arminio habría de rechazar y refutar el supralapsarianismo ("Dios decretó desde la eternidad, antes de la creación, quiénes serían los elegidos y quiénes los condenados", el supralapsarianismo modificado y el Sublapsarianismo [predestinación después de la creación, hoy conocido como infralapsarianismo]). Según progresaba en el estudio de la Biblia y la doctrina de la gracia en los padres de la iglesia, se intensificaban y aumentaban las acusaciones y ataques contra su persona y pensamiento.Hemos dejado para después la discusión de las controversias y debates que Arminio sostuvo durante los años de su pastorado y profesorado, Solo mencionaremos un incidente muy importante que revela algo de la transición metodológica y teológica por la cual pasaba Arminio en ese tiempo.

Arminio había llegado a Ginebra convencido de que la lógica de Petro Ramus presentaba una metodología mejor para hacer análisis y exposiciones teológicas. En Ginebra, Aristóteles era la autoridad final en asuntos de lógica. El conflicto era inevitable, pero no fue directamente entre Arminio y Beza. Arminio se atrevió a defender públicamente a Ramus.

"Un número de estudiantes, incluyendo a Uitenbogaert, le pidieron que diera clases privadas sobre Ramus en su estudio. Éste lo hizo, pero no sin despertar la ira de las autoridades. Según Uitenbogaert, fue el nuevo profesor de filosofía, Petrus Galesius, un español y aristotélico, el que particularmente se ofendió. Debido a ello, fue necesario que Arminio saliera de Ginebra por algún tiempo. Se fue a estudiar a Basilea"[11]

En Basilea, Arminio se ganó el favor de Jacobus Grynaeus, profesor de literatura bíblica y decano de la facultad teológica (1540-1617). Muy poco se sabe de la influencia de Grynaeus sobre Arminio, excepto que fue bajo su dirección que Arminio presentó exposiciones de varios capítulos de Romanos. Era práctica académica en Basilea que, durante los días de vacaciones de la cosecha, los estudiantes avanzados presentaran exposiciones. Uitenbogaert dice que Arminio expuso varios capítulos de Romanos y en ocasiones Grynaeus estuvo presente expresando su aprobación. Arminio comenzó su ministerio pastoral en Ámsterdam con sermones y exposiciones sobre la epístola a los Romanos. En pocos años sus exposiciones sobre Romanos 7 y 9, habían de ser la causa de acaloradas controversias con sus colegas más rígidos en su calvinismo. Veremos más sobre esto en páginas posteriores.

Tanto Bertius como Uitenbogaert dicen que cuando Arminio se preparaba para regresar a Ginebra, la facultad teológica de Basilea le ofreció el título de doctor "a costo de la universidad". Arminio rechazó la oferta, diciendo que era muy joven —tenía como unos 25 años— y que no podía hacerle honor al título. Arminio regresó a Ginebra el verano de 1584 y el 10 de octubre se matriculó por segunda vez en la academia. Aparentemente Arminio aprendió su lección, porque a su regreso a la academia dejó de dar conferencias sobre la lógica de Ramus y decidió portarse con más calma. Terminó sus estudios en Ginebra en 1586.

En el Pastorado: 1586-1603

Arminio había de pasar la mayor parte de su ministerio profesional como pastor en Ámsterdam (15 años, comparados con seis en Leyden como profesor). Su productividad teológica alcanzó su punto máximo en sus años pastorales y había de ser la base para sus clases, tratados teológicos y defensa en las controversias.

Después de un viaje a Roma, Arminio regresó a la ciudad de Ámsterdam y se presentó ante los oficiales de la ciudad e iglesia para contestar algunas acusaciones que se habían levantado en su contra, debido a ese viaje. Sus acusadores dijeron que en Roma él se había asociado con los jesuitas; que se hizo católico romano; que había besado el zapato del Papa; que se hizo amigo íntimo del Cardenal Bellarmine, un hábil apologista del catolicismo y enemigo del calvinismo rígido de Beza. Aun muchos años después de la muerte de Arminio, algunos calvinistas decían en Ámsterdam que éste había perdido su verdadera fe calvinista. Arminio pudo dar prueba de que todas esas acusaciones eran falsas.

La verdad fue que durante todo el viaje y estadía en Italia, Arminio no había hablado con nadie, solamente en presencia de su amigo Adrian Junius. Se aceptaron sus respuestas y se le concedió permiso para ir a Oudewater para arreglar algunos asuntos personales y visitar a familiares y amigos. Aún más, le dieron ayuda monetaria para su viaje. Pasó todos sus exámenes, práctica y predicación y el 7 de febrero de 1588 fue instalado oficialmente como pastor de la Iglesia Antigua de Ámsterdam.

Pronto se distinguió como pastor y predicador. Como pastor, se ganó el amor y la confianza de todos. Como predicador de la Palabra y sana doctrina, se ganó el respeto y admiración del pueblo, comerciantes, estudiantes y profesores; por supuesto, con la excepción de sus enemigos y personas con intenciones malignas. Comenzó una serie de sermones y estudios sobre la epístola de Pablo a los Romanos. Sus interpretaciones de Romanos 7 y 9 fueron motivo de acaloradas controversias con Beza y algunos ministros de la ciudad. Consideraremos las controversias más importantes en las cuales Arminio estuvo involucrado, en la Tercera Parte de nuestro estudio.

En todos los relatos del pastorado de Arminio no se habla mucho de sus emociones, sus contactos personales con otras personas, del hogar pastoral, sus gozos, tristezas y temores. Realmente hay muy poca información acerca de su vida personal. Sus cartas tratan casi exclusivamente sobre asuntos teológicos y eclesiásticos.[12] Arminio no fue como Agustín que nos ha dejado sus *Confesiones*, o como Martín Lutero que todo lo comparte en sus *Pláticas de sobremesa*.

Su Matrimonio

Para 1590, el huérfano de Oudewater y ahora pastor de una iglesia grande, ya no era una persona solitaria o aislada, pero le faltaba su "ayuda idónea".

Cómo y cuándo halló tiempo para cortejar a la señorita Elizabet Real, es uno de los secretos y silencios de la vida de Arminio. Tuvo éxito porque "para sentirse más animado, para proseguir con más empeño y respetabilidad su carrera terrenal y cumplir con sus obligaciones, a la edad de 30 años, después de haber principiado su ministerio, Arminio se casó con Lijsbet Reael el 16 de septiembre de 1590".[13] Su llamamiento por la iglesia de Ámsterdam y su matrimonio con Lijsbet, introdujeron a Arminio en un círculo y relaciones extendidas con gente profesional, política, religiosa y personas de poder e influencia comercial. Arminio no escribió nada acerca de su vida doméstica, pero sí se sabe que procrearon un total de nueve hijos.

Tercera Crisis: La Peste Bubónica

Otro evento muy significativo en la vida del pastor Arminio fue la peste bubónica de 1601-1602, la más devastadora en la historia de Ámsterdam. En esa peste murieron como 20,000 personas, en ocasiones hasta 1,000 por día. Fue motivo para que todos se examinaran a sí mismos y pensaran en el verdadero significado y propósito de la vida.

Durante ese tiempo Arminio vio la necesidad de la seguridad de la salvación y el testimonio del Espíritu Santo (Romanos 8:15-16). Ayudó a varios miembros de su iglesia a entender que el perdón de los pecados y la salvación son frutos de la fe, que la fe es la condición necesaria para la seguridad de la salvación. Fue la ocasión de mucha oración y especulación teológica. Algunos decían que la peste era castigo de Dios por el pecado del pueblo. Esto afectó profundamente al pastor Arminio, temiendo por la vida de su esposa e hijos; pensando en qué sería de ellos en caso de su muerte. También se preocupó mucho por todos sus escritos, notas de clases y cartas, etc. Arminio dejó todos sus escritos y papeles a su amigo Uitenbogaert y a su cuñado, Jacobus Bruno.

Sus visitas pastorales en ese tiempo de crisis, lo convencieron de que la teología tenía que ser precisa y práctica para que no hubiera confusión o inseguridad en el corazón de la persona. Jacobo Arminio manifestó gran valor y compasión, dando dinero, llevando agua y comida a los enfermos; entraba en las casas donde otros pastores no entraban. Fue un pastor de amor y compasión, no abandonó a sus ovejas en su hora de necesidad.

Sus Años Como Profesor: 1603-1609

Dos profesores de la facultad de teología en la Universidad de Leyden, murieron por motivo de la peste que devastó el sur de Holanda. La peste trajo cambios trascendentales para la vida y familia de Arminio. Uitenbogaert, amigo de Arminio, pronto le escribió diciéndole que debía considerar la oportunidad de ser profesor de teología. Arminio fue recomendado a las debidas autoridades, como profesor de teología. Su reacción inicial fue que no podía, dando cuatro razones:

1. Que estaba comprometido bajo contrato con la ciudad y la iglesia de Ámsterdam.

2. Que cultivar la "santificación personal" era muy difícil en el pastorado y que sería más difícil en el profesorado.

3. Que gozaba de una relación feliz con los magistrados de Ámsterdam, que no había razón para inquietarlos y que no podía forzar su conciencia por ninguna persona.

4. Que su familia era muy importante para él; que su salario era bueno y que estaba seguro de que la ciudad cuidaría de su esposa e hijos después de su muerte. Pero a pesar de toda objeción, prevalecieron sus amigos, aunque también aumentó la oposición de Francisco Gomarus, profesor de teología de la Universidad de Leyden. El 8 de mayo de 1603, fue nombrado profesor de teología y asumió sus obligaciones didácticas en septiembre de 1603.

Arminio fue hombre muy disciplinado y metódico, observaba una rutina y programa diario muy exacto. En una carta a Uitenbogaert del 3 de febrero de 1607: "Habla de leer hasta las 9:30 de la mañana, se supone que era madrugador; y de enseñar una clase de 10:00 a 1:30. A la casa otra vez. Si comparas su vida con la de un profesor moderno de Leyden, un almuerzo ligero con un vaso de vino y tal vez una siesta. Y después de nuevo a sus conferencias (habla de dar exposiciones sobre Mateo en este caso) de 4:00 a 7:30. A la casa de regreso y a escribir cartas. La ruta de su casa a la universidad requería de 5 a 10 minutos. A veces había un evento universitario en Pietersakerk, la iglesia grande que la universidad usaba para sus funciones. Los domingos asistía al culto".[14]

No podemos dar la historia en detalle de los seis años que Arminio estuvo de profesor en la Universidad de Leyden.

Solo presentaremos una breve cronología de los eventos principales relacionados con su teología.

1. 1602: La muerte de Trelcatius y Junius, profesores de teología en Leyden. Esto abrió una puerta para que Arminio fuera nombrado profesor.

2. 1603: Arminio fue nombrado profesor de teología en Leyden. El 19 de junio se presentó para los exámenes doctorales ante un comité en el que participó Gomarus. Todos quedaron satisfechos. El 10 de julio tuvo que defenderse, en un ejercicio académico en defensa oral, de una tesis usando la lógica formal. El tema era la naturaleza de Dios y en el debate expresó algunas ideas contrarias a las de Beza. Por ejemplo, dijo que la presciencia de Dios no predetermina los eventos. El siguiente día recibió el título de doctor en teología, presentó un discurso sobre el sacerdocio de Cristo basado en Hebreos.

A fines de septiembre comenzó oficialmente su carrera de profesor. Presentó tres discursos muy bien preparados y en ningún sentido controversiales: "El objeto de la teología", "El autor y fin de la teología" y "La certeza de la teología sagrada". El auditorio estaba lleno de profesores, oficiales y alumnos. Sus tres conferencias fueron muy bien recibidas.

3. 1604: El 31 de octubre, Gomarus sostuvo un debate público sobre la predestinación, fuera de orden y no como parte del horario establecido. Atacó, no por nombre, pero todos sabían a quién se refería. Aunque enfermo y en mucha angustia mental, Arminio preparó una respuesta a las tesis de Gomarus, que en sus obras se titula: *Un examen de las tesis de Gomarus sobre la predestinación.* Gomarus se defendió dando una respuesta.

4. 1605: En febrero, Arminio fue elegido *Rector Magnificus*, oficial principal de la universidad. Arminio escribe su respuesta a las "nueve preguntas", presentadas por los oficiales del Sínodo, para que cada profesor diera su respuesta.

5. 1606: El 8 de febrero terminó el período de Arminio como *Rector Magnificus* y como era la costumbre, dio el discurso rectoral: "La reconciliación de disensiones religiosas entre cristianos".

6. 1607: Continuaron y se intensificaron los ataques contra Arminio y su amigo Uitenbogaert. Fueron calumniados no solo en toda Holanda, sino también en Inglaterra y Francia.

Lo acusaron de recomendar a sus alumnos que leyeran los escritos jesuitas y de Coornhert, humanista holandés, quien se opuso al calvinismo. Arminio respondió a uno de los burgomaestres de Ámsterdam:

Afirmo que en la interpretación de las Escrituras, Calvino es incomparable y que sus comentarios son más valiosos que todo lo que ha llegado de los escritos de los padres, hasta tal punto que le concedo cierto espíritu de profecía en lo cual se distingue sobre otros, sobre casi todos. Sin embargo, en cuanto a las instituciones de Calvino, dice que deben leerse "con discriminación".

7. 1608: A principios del año, Sibrando Lubbertus, profesor en la Universidad de Franeker, de Frisia, dio un informe negativo sobre Arminio en una carta escrita a Heidelberg. Hipólito A. Collibus, el embajador del palatinado ante La Haya, decidió investigar el asunto e invitó a Arminio a La Haya para defenderse. Las defensas de Arminio le gustaron tanto que le pidió que las escribiera, lo cual Arminio hizo en una carta fechada el 5 de abril. La carta de Arminio representa sus conceptos teológicos maduros sobre la deidad del Hijo de Dios, la providencia de Dios y el problema relacionado con la necesidad del pecado, la predestinación, la gracia y el libre albedrío, así como el problema de la imputación respecto a la justificación.

El 30 de mayo, la Corte Suprema convocó a una reunión a Gomarus, Arminio, a cuatro de los delegados y a Uitenbogaert, para tratar de resolver las diferencias entre Arminio y Gomarus. Gomarus negó que existieran diferencias mayores entre ellos respecto a la justificación.

Finalmente, la Corte decidió que sus diferencias eran sutilezas. Pero en esa reunión Gomarus dijo que a él no le gustaría comparecer ante Dios, el juez, con las opiniones teológicas de Arminio y que a menos que fueran suprimidas, causarían disensión por todas las provincias. Se dice que un laico presente en la reunión dijo que preferiría comparecer ante Dios, el juez, con la teología de Arminio que con el amor mostrado por Gomarus.

8. 1608: El 30 de octubre, leyó su declaración de pensamientos ante la plena asamblea de los Estados de Holanda y Frisia Occidental en La Haya. La declaración representa sus opiniones maduras sobre las doctrinas de Dios y el hombre,

la gracia y el libre albedrío, la deidad del Hijo de Dios y la perfección evangélica. Se considera como uno de sus escritos más importantes; junto con sus otras obras apologéticas (la "Carta a Hipólito A. Collibus" y la "Apología contra 31 Artículos Difamatorios"), constituyen lo que casi podrían considerarse como los artículos de fe del arminianismo.

9. 1608: El 12 de diciembre, Gomarus lanzó su último ataque público contra Arminio. Lo acusó de pelagianismo y de ser partidario de la doctrina jesuita en todas las doctrinas principales de la fe reformada. El colmo ocurrió cuando dijo que Arminio no enseñaba todas estas herejías abiertamente en la universidad, pero que enseñaba algunas de ellas solo en privado a sus alumnos en su casa. Arminio, debido a la gravedad de su enfermedad, no pudo terminar su respuesta a las acusaciones de Gomarus. Jacobo Arminio murió el 19 de octubre de 1609.[15]

Sus años en el profesorado fueron fructíferos, pero también de mucha frustración y controversias, no solo teológicas, sino también de carácter político. Muchos fueron sus amigos, pero también muchos sus enemigos. Todo sirvió para definir y aclarar bien sus posiciones teológicas. Su último año fue de enfermedad, fuertes controversias y mucho dolor. Mantuvo su dignidad y disposición agradable, preocupado y preparando a su esposa para su partida.

Su Muerte

Arminio mantuvo su dignidad hasta el fin, estuvo ocupado arreglando sus asuntos lo mejor que pudo según las fuerzas que tenía. Su mente, lúcida; alegre en espíritu y paciente a pesar de la tristeza que veía en su esposa, hijos y amigos. Sabía que el fin había llegado. Estaba con mucho dolor, pero preocupado por las necesidades de su familia, preparando a Lijsbet lo mejor que podía para su partida, confiando "en el Dios de la viudas". A sus amigos les testificó de su esperanza en Cristo. Algunas veces oró en voz alta. Bertius, su amigo, menciona unas de sus oraciones:

"¡Oh, tú gran Pastor, quien por la sangre de tu pacto eterno fuiste traído otra vez de entre los muertos, Justo, mi Señor y Salvador, está presente conmigo, una oveja tuya que está débil y afligida!

"¡Oh, Señor Jesús, fiel y misericordioso sumo sacerdote, a quien le ha placido ser tentado en todas las cosas como nos- otros, pero sin pecado, siendo enseñado por tales experiencias cuán difícil y doloroso es obedecer a Dios en el sufrimiento, para ser tocado con el sentir de nuestras aflicciones, ten mi- sericordia de mí, socorre a tu siervo, quien está ahora en una cama de enfermedad y oprimido con numerosos males. Oh, tú, Dios de mi salvación, prepara mi alma para tu reino celestial y prepara mi cuerpo para la resurrección".[16]

Un profesor y amigo, Matías Martinus lo visitó cuando ya estaba en cama. Describe su visita como sigue: "Me dio la impresión de ser un hombre que verdaderamente temía a Dios, educado, muy experimentado en controversias teológicas, diestro en las Sagradas Escrituras, que temía expresar asun- tos teológicos en términos filosóficos".[17]

Arminio sufrió dolor agudo, pero sin perder su espíritu alegre, con una resignación en la voluntad de Dios, hasta el 19 de octubre de 1609. Ese día, como a mediodía, en las des- criptivas palabras de su amigo íntimo Pedro Bertius : "Con sus ojos levantados al cielo, entre las oraciones ardientes de los presentes, Arminio con serenidad dio su espíritu a Dios, mien- tras que cada uno de los espectadores exclamó: «¡Oh alma mía, déjame morir la muerte del justo»".[18]

Así, a la edad de 49 años, murió Jacobo Arminio, dis- tinguido entre los hombres por la virtud y amabilidad de su carácter privado, doméstico y social; entre los cristianos, por su caridad hacia los que diferían con él en opinión; entre los predicadores, por su celo, elocuencia y éxito; entre los teólo- gos, por sus penetrantes, pero amplias y comprensivas posi- ciones teológicas, su habilidad en el argumento y, candor y cortesía en la controversia. Su lema era: *Bona conscientia pa- radisus*" (La buena conciencia es el paraíso).

Pedro Bertius, hijo, termina su elogio de Jacobo Arminio con estas palabras: "Vivía un hombre a quien no era posible, para aquellos que lo conocían, estimar lo suficiente; aquellos que no lo estimaron, nunca lo conocieron lo suficiente para apreciar sus méritos".[19]

Notas

1 Muller Richard A., *God, Creation and Providence in the Thought of Jacob Arminius* (Baker Book House, Grand Rapids, Michigan, 1999), p. 3.
2 Carl Bangs, *Arminius, A Study in the Dutch Reformation,* p. 19.
3 Ibid., p. 18.
4 Ibid., p. 29.
5 Ibid., p.30.
6 Ibid., p. 35.
7 Ibid., p. 46.
8 Ibid., p. 47.
9 Ibid., p. 62.
10 Ibid., p. 64.
11 Ibid., p. 71.
12 Ibid., p. 171.
13 Wiley, H. O., Notas Inéditas, pp. 7-8.
14 Bangs., pp. 231-232.
15 *The Works of James Arminius, The London Edition,* (Beacon Hill Press of Kansas City, MO. 1986), Volume I, pp. 44-46.
16 Ibid., p. 47.
17 Bangs., p. 330.
18 *Works of James Arminius,*(Beacon Hill Press, Kansas City, MO) p. 46.
19 Ibid., p. 47.

SEGUNDA PARTE:

EL PENSAMIENTO TEOLÓGICO

DE ARMINIO

Capítulo 2: La metodología de Arminio   35
Metodología y hermenéutica arminiana   35
El sistema lógico de Petrus Ramus (1515-1572)   41

Capítulo 3: Introducción teológica   45

Capítulo 4: Sus tres discursos teológicos   53
Primer discurso: El objeto de la teología   54
Segundo discurso: Autor y Fin de la teología   67
Tercer discurso: Certeza de la teología   83

Capítulo 5: Una teología trinitaria   95
Trasfondo histórico   95
El Padre: Primera Persona trinitaria   96
El Hijo: Segunda Persona trinitaria   99
El Espíritu Santo: Tercera Persona trinitaria   102
La Trinidad   106

Capítulo 6: La doctrina de Dios   115
La existencia de Dios   116
La naturaleza de Dios   119
La esencia de Dios   121
Los atributos de Dios   122
La santidad de Dios   125
Los atributos de Dios y su voluntad   125
Los atributos morales   129
La perfección-bienaventuranza de Dios   130
La vida de Dios   132
El entendimiento de Dios   133
La voluntad de Dios   136
El poder de Dios   141

Capítulo 7: La creación y la providencia divina   145
La doctrina de la creación   146
La providencia de Dios   149

Capítulo 8: Doctrina del hombre   157
El hombre: Imagen de Dios   157
Libre albedrío del hombre   160

Capítulo 9: Doctrina del pecado   163
Dios no es el autor del pecado   164
Adán no tuvo que pecar   164
La transgresión de Adán y sus consecuencias   165
El pecado de nuestros primeros padres   166
Los efectos del pecado de Adán y Eva   168
El pecado original   170
El pecado actual   173
La providencia de Dios y el pecado   177

Capítulo 10: Doctrina de la redención   179
Orden de salvación   180
Universalidad de la gracia de Dios   181
Vocación o llamamiento   186
Arrepentimiento   189
¿Qué es arrepentimiento?   190
La causa de arrepentimiento   191
Doctrina de la fe   192
La fe que justifica   193

Capítulo 11: Doctrina de la justificación   197
La justificación del hombre ante Dios   197
La regeneración del hombre   200
El poder de la regeneración   203
Caer de la gracia   205
Adopción   206
Doctrina de la seguridad   208

**Capítulo 12: La doctrina arminiana
de la santificación**   211
La santificación   211
La perfección del creyente en esta vida   214

II

La Metodología de Arminio

Antes de examinar el pensamiento teológico de Arminio, debemos tratar de contestar la pregunta: ¿Cómo "hizo" teología Arminio? ¿Tuvo el pastor-profesor, una metodología, un método, una manera de hacer teología? ¿Tuvo Arminio una metodología teológica que nos puede servir como clave para entender y evaluar su pensamiento?

En este capítulo veremos brevemente: 1. La metodología y hermenéutica de Arminio y, 2. El sistema lógico de Petrus Ramus.

Metodología y Hermenéutica Arminiana

Arminio escribió ampliamente sobre la idea y el método de la teología. Con la excepción de la doctrina de la predestinación y su "Tratado sobre el capítulo 7 de Romanos", no hay tópico sobre el cual Arminio no haya considerado con más exactitud y extensión, que su concepto de la teología como una ciencia y disciplina práctica.[1]

Los tres discursos sobre teología y sus 79 Discusiones-Debates Privados, son un excelente ejemplo de la metodología de Arminio. Un análisis de estas obras revela que Arminio tenía un prolegómeno (introducción) de teología bastante desarrollado como sistema.[2]

Es imperativo que entendamos cómo Arminio define y usa el término teología. Muller afirma que: "Arminio está muy consciente de que el término «teología» no es bíblico y que los reformadores casi no usaban la palabra al referirse al contenido de sus escritos. Su término preferido era *Religo*. Sin embargo, la idea de teología es bíblica y Arminio toma en cuenta que teología es la «ciencia» identificada por Pablo como «*la verdad que es según la piedad* (Tito 1:1)»".[3] Arminio comienza diciendo: "Por la palabra «teología» nosotros no entendemos un concepto o discurso de Dios mismo, dicho significado probablemente se admite; pero nosotros entendemos por ella, «un concepto o un discurso sobre Dios y las cosas divinas», según su uso común".[4]

Pero en la misma discusión, Arminio inmediatamente da una definición revelando las demandas morales y prácticas de la teología. Declara que: "La «teología» puede ser definida como la doctrina o ciencia de la verdad que es según la piedad, la cual Dios ha revelado al hombre para que pueda conocer a Dios y las cosas divinas, pueda creer en él y por fe rendirle actos de amor, temor, honor, adoración y obediencia; a la vez, pueda obtener su bendición por medio de la unión con él para gloria divina".[5]

Con base en estas definiciones, Arminio hace dos deducciones, tanto interesantes como importantes, para entender mejor su convicción de que la teología es una ciencia práctica. El profesor asevera que:

1. El próximo e inmediato objeto de la teología, no es Dios mismo, sino el deber y acto que el hombre ha de rendirle a Dios. Por lo tanto, en teología Dios mismo debe ser considerado como el objeto de este deber.

2. Debido a esto, la teología no es una ciencia teórica, sino una práctica que demanda la acción total del hombre, una acción de tan trascendental descripción que solo corresponde a la excelencia del objeto (Dios), hasta donde la capacidad humana permita.

Para Arminio, lo dicho arriba significa que la teología no se puede estudiar y expresar según el ejemplo de las ciencias naturales, por las cuales Dios se conoce a sí mismo. La Teología más bien ha de ser, según la noción o idea que Dios voluntariamente concibió dentro de sí mismo desde la eternidad, el deber moral de esa obligación y todas las cosas necesarias para ello.[6]

En la *Segunda Discusión-Debate: Sobre la Manera en que se debe Enseñar Teología*, Arminio dice que es una máxima antigua de los filósofos maestros de método y orden, que las ciencias teóricas deben presentarse en orden sintético, pero la práctica en orden analítico. Por ser la teología una disciplina práctica, su metodología debe ser analítica. Las obras, debates, tratados, exposiciones y ensayos teológicos de Arminio, dan prueba abundante de su método analítico.

La teología, por ser una ciencia práctica y su propósito o fin la acción moral total del hombre, hizo que Arminio fuera muy específico respecto a la manera en que se debía enseñar.

1. Los medios para alcanzar el fin-objeto de la teología, han de enseñarse y recalcarse a través de todo el curso; toda la discusión ha de ser con el propósito de alcanzar este fin.

2. Todas las divisiones de la teología han de ser consideradas con este objetivo en mente. Todas sus partes o artículos han de colocarse en el lugar que el fin demanda. En otras palabras, la teología tiene un solo *telos*, es teleológica, tiene como meta-propósito, el ejercicio-acción moral del hombre. En su *Debate Privado Sobre la Bienaventuranza*, el fin de la teología (II:i-x), Arminio eleva su concepto de la teología como ciencia práctica al nivel espiritual. Explica y aplica su concepto de teología para el hombre, ahora como un ser espiritual y sobrenatural.

Hemos resumido esta discusión en los puntos que incluimos a continuación:

1. El fin de la teología es la bienaventuranza del hombre; el hombre, no como animal o natural, sino como espiritual y sobrenatural.

2. Consiste en deseo, el objeto del cual es un perfecto, mayor y bien suficiente bien, el cual es Dios.

3. El fundamento de esta fruición es la vida, dotada "Con entendimiento y afectos inteligentes", no con emociones sin verdad o razón.

4. La causa conectiva de esta fruición es la unión con Dios, por la cual esa vida es tan perfeccionada, que los que obtienen esta unión se dicen ser *"participantes de la naturaleza divina de la vida eterna"* (2 Pedro 1:4).

5. Los medios de fruición son entendimiento y afecto-emoción o sentimiento, no por especies o imagen, sino por visión clara, la cual es llamada visión cara a cara; y sentimientos que corresponden con la visión.

6. La causa de la bienaventuranza es Dios mismo, uniéndose con el hombre; esto es, dejándose ver, amado, poseído , y de esa manera el hombre puede gozar de él.

7. La causa antecedente o motora es la bondad y la justicia remunerativa de Dios, que tiene la sabiduría de Dios como precursora.

8. La causa ejecutiva es el poder de Dios, por el cual el alma es engrandecida según la capacidad de Dios y el cuerpo animal es transformado y transfigurado en cuerpo espiritual.

9. El fin, evento, o consecuencia es dual, (1) una demostración de la gloriosa sabiduría, bondad, justicia, poder y manera de la perfección universal de Dios; (2) su glorificación por los beatificados.

10. Sus propiedades auxiliares son, que es eterna, y se sabe que es así por los que la poseen; y que a la vez tanto satisface todo deseo, y a la vez es objeto de deseo continuo.

Hermenéutica de Arminio

La novena discusión privada : *Sobre el Significado e Interpretación de las Sagradas Escrituras* (II: 22-24), se puede entender como la expresión de los principios básicos de la hermenéutica arminiana. A continuación compartimos una traducción y resumen libre de la misma:

1. El sentido legítimo y genuino de las Sagradas Escrituras revela la intención que el Espíritu Santo, el autor de ellas, les dio; sentido que es transmitido por las mismas palabras, ya sea que se reciban en su sentido propio o en sentido figurado; esto es lo que se denomina como sentido gramatical.

Lo que Arminio está diciendo aquí es: No se ha de ignorar el sentido gramatical de las palabras, por dos razones:

(1) Es la puerta y camino para hallar el sentido legítimo y genuino de las Sagradas Escrituras y,

(2) Es la manera de llegar a conocer la intención del autor, el Espíritu Santo.

2. Solamente por el sentido gramatical, se puede buscar argumentos eficaces para prueba de la doctrina. Aquí Arminio está recalcando la importancia de la letra y gramática de la teología.

3. Pero, debido a la similitud analógica de las cosas terrenales, corporales, animales y naturales y aquellas pertenecientes a la vida presente, con cosas espirituales, celestiales, futuras y eternas, sucede que un significado doble, cada uno de ellos correcto y con la intención del autor, se hallan bajo las mismas palabras en la Escritura, de éstas a unas se les llama "tipos", a otras, "el significado prefigurado en el tipo" o

"el significado alegórico". Este significado también está referido al analógico, como opuesto de manera similar al tipo.

4. los siguientes significados, "el etiológico" (estudio de las causas) y "el tropológico" (estudio del lenguaje figurado o alegórico), no difieren; ya que el primero (el típico) proporciona la causa del sentido gramatical y, el segundo, contiene un acomodamiento a las circunstancias de personas, lugar, tiempo, etc.

5. La interpretación de las Escrituras está relacionado, tanto con sus palabras (sentido literal), como con su sentido o significado figurado.

6. La interpretación de sus palabras, es, ya sea de palabras individuales, o varias palabras combinadas , ambos métodos, constituye, ya sea una traducción de las palabras a otro idioma, o una explicación [o paráfrasis] por medio de palabras del mismo idioma.

7. Las traducciones han de ser tan exactas, que si la palabra original tiene alguna ambigüedad, la palabra traducida debe retener la misma ambigüedad. Si no es posible lograr esto, anote un equivalente en el margen.

8. En la explicación (o paráfrasis) que se hace con otras palabras, deben usarse las mismas Escrituras. Para este fin, la atención a los sinónimos y a la fraseología será de gran utilidad.

9. La interpretación de las palabras debe lograr que el significado esté de acuerdo tanto con el sentido sencillo de las palabras, como acomodarse al alcance e intención del autor en ese pasaje. Además de lo mencionado, se debe estudiar diligentemente el contexto. Se debe considerar la ocasión (de las palabras) y su propósito, la conexión con lo que le precede y lo que sigue; y debe también observarse las circunstancias de las personas y los tiempos.

Arminio está consciente de la necesidad de "contextualizar" la teología. La buena hermenéutica lo demanda.él estaría muy de acuerdo con el adagio: "Un texto fuera de contexto, es un pretexto".

10. Siendo "que ninguna profecía de las Escrituras es de interpretación privada" (2 Pedro 1:20), el intérprete debe esforzarse por proceder con el mismo espíritu que originalmente inspiró la profecía.

11. La autoridad de ninguna persona o de una iglesia es tan grande que pueda estorbar la interpretación de un indivi-

duo, al presentarla al pueblo como auténtica. Los oyentes están obligados a recibirla solo y cuando sea confirmada por la fuerza de la argumentación. La única excepción aquí son los profetas y apóstoles.

12. Por esta razón, ni el acuerdo de los padres, lo cual con dificultad se puede demostrar, ni la autoridad del pontífice romano, han de ser recibidos como regla de interpretación.

13. No se le debe dar licencia sin límite a cualquier persona, sea intérprete público o personal de las Escrituras, de rechazar sin causa cualquier interpretación presentada por uno o por más de un pastor. Pero deseamos que la libertad no sea impedida; deseamos que la libertad de profetizar (exponer públicamente la Escritura) sea preservada completamente y sin estorbo en la iglesia. Sin embargo, esta libertad debe sujetarse al juicio de Dios, quien tiene el poder de la vida y muerte, así como a la iglesia o a sus líderes dotados con el "poder de atar y soltar". Aquí Arminio está dando una interpretación hermenútica de Mateo 16:19.

Arminio está definitivamente en la tradición reformada en cuanto al contenido esencial de su teología, pero su metodología es escolástica. Usa el estilo tomista especialmente en sus argumentos sobre la existencia de Dios; y en la argumentación usa hábilmente la lógica aristotélica, modificada por la influencia de Ramus.

Lo importante es no olvidar que el propósito de la metodología y la hermenéutica de Arminio no es académico. Su deseo siempre fue hacer su teología tan práctica, que el lector sincero pudiera voluntariamente ofrecerle a Dios actos de temor, amor y adoración, etc. Y, por fin, alcanzar la bienaventuranza como hombre espiritual. Arminio no es teólogo encerrado en una torre de marfil. La teología es un medio, el instrumento que hace al hombre ver y entender la naturaleza de su obligación moral y espiritual ante Dios.

No cabe duda de que sus 15 años en el pastorado (1588-1603), las teologías predestinatarias que le quitaban al hombre su carácter y valor moral, sus estudios y debates, contribuyeron grandemente para la formación metodológica de Arminio. Su sensibilidad de conciencia, amor y respeto de las personas y su conocimiento de la Palabra de Dios, también fueron causas formativas de su persona y pensamiento.

Pero lo más importante es que en su hermenéutica las Escrituras siempre tienen el primer lugar. Sus obras dan evidencia clara de que para él, la Biblia es la prueba final de su teología. Sus tres discursos sobre la teología evangélica y sus debates, son buenos ejemplos del uso y conocimiento profundo de la Palabra de Dios.

El Sistema Lógico de Petrus Ramus: 1515-1572

Pierre de la Ramée (Petrus Ramus), nació cerca de Soissons, en 1515 y murió en París durante o poco después de la masacre del día de San Bartolomé. Se unió a la reacción humanista en contra de la ortodoxia medieval; especialmente en lógica, se hizo crítico de Aristóteles. Según se refiere, su tesis para la maestría en 1536, tenía una sola proposición: "Todo lo que Aristóteles ha dicho es falso"; sus jueces no pudieron refutar su defensa, porque para poder hacerlo tenían que citar a Aristóteles, lo cual sería un argumento inválido por citarlo a él mismo en defensa propia.[7]

Pero dice Muller: "Sería un error pensar de Ramus, ya sea como un adversario de todo lo aristotélico, o como un libertador humanista de la teología de las sutilezas escolásticas. El pensamiento de Ramus se entiende mejor como un aristotelismo modificado... La capacidad arquitectónica, sistematizadora de la lógica Ramista no se perdió en Arminio".[8]

Para entender y apreciar la hermenéutica de Arminio, es necesario examinar la influencia de Ramus en dos áreas particulares: Su concepto y propósito de la lógica y su definición de teología. Arminio aceptó, enseñó y usó la lógica ramaniana desde sus años como alumno en la Universidad de Leyden (1576-1581).

Pero Muller hace la siguiente evaluación del alcance de la influencia de Ramus: "Si bien Arminio, como muchos otros teólogos de su generación, expresaron una admiración de la lógica de Pedro Ramus, él (Arminio)no siguió a Ramus, ni al punto de permitir que su pensamiento fuera dominado por el sistema elaborado de las bifurcaciones lógicas típicas del pensamiento de Ramus, o al punto de dejar a un lado ninguno de los argumentos fundamentales de Aristóteles que había aprendido de los primeros escolásticos y de la escuela de Papua".[9]

La lógica deductiva de Aristóteles fue enseñada y usada en la mayoría de las universidades europeas desde la edad media. El propósito de Ramus era acabar con la rigidez de la lógica aristotélica, quería hacer de la lógica "una ciencia práctica". Su método era comenzar con la proposición-declaración más general posible, se procede a la menos general y más práctica, hasta que se llega a la conclusión particular más práctica y relevante.

Se le puede llamar a su método "dicotomista" o de "bifurcación", dividir en dos. La categoría general se divide en dos partes; cada parte es dividida en dos partes; las subdivisiones son divididas. Finalmente, cuando el proceso ha terminado, se llega al punto particular. Ramus quería aplicar su método a todas las ciencias para, finalmente, llegar a la teología como el punto u objeto final y así terminar todo proceso con Dios como la conclusión más práctica posible.[10]

Para Ramus la "teología debe ser ordenada-reorganizada, de acuerdo con las "tres leyes de contenido": Naturaleza, sistema y práctica. Debe dividirse en doctrina y disciplina; la doctrina consiste de fe y obras; las obras consisten de obediencia y oración por un lado y sacramentos por el otro".[11] Arminio tenía el mismo sentir de Ramus en cuanto al propósito de la teología. Sin duda, sus años en el pastorado lo hicieron ver que la vida misma demanda una teología practicable. El calvinismo rígido de Beza no dejaba lugar para las decisiones del hombre, todo dependía de la voluntad y decretos absolutos de Dios.

Otro aspecto de la lógica de Ramus, esta vez siguiendo a Aristóteles, era su énfasis en las causas. Decía: "La causa es la fuerza por la cual una cosa es, hace a la cosa lo que es. Por tanto, este primer lugar de invención es el fundamento de toda ciencia: Porque un asunto-cosa, es conocido perfectamente si se entiende su causa".[12]

Ramus quiere que se usen las cuatro causas de Aristóteles: La material, la formal, la eficiente y la final. Después veremos cómo Arminio las usa en varios de sus tratados teológicos.

En conclusión, podemos decir que Arminio adoptó el ramanismo como un espíritu y método nuevo que no era dogmático, abierto a los valores humanos e interesado en lo práctico, como un instrumento más eficaz para reinterpretar la doctrina de Dios, creación, providencia, al hombre y el orden de salvación. Pero, en su madurez teológica, afirmaba que la teología debe ser una "teología de gracia" y no de gloria, que el objeto de la teología, Dios, no es solo conocer a Dios, sino adorarle. "Por esta razón", dice Arminio, "tenemos que vestir el objeto de nuestra teología, de tal manera que nos incline a adorar a Dios, que completamente nos persuada a esa práctica".[13]

Notas

1 Muller, p., 55
2 *Ibid.*
3 *Ibid.*, p., 56.
4 Obras, II: 9.
5 I*Ibid.*, II: 9-10.
6 *Ibid.*, II: 10.
7 Bangs, p. 56. "La noche del día de San Bartolomé, el 24 de 1572, fue cuando, en París, miles de hugonotes (protestantes), y en otras provincias. El papa Gregorio XIII, ordenó que se cantara un Te Deum en celebración de la noche de San Bartolomé, y que se hiciera lo mismo cada año" (Justo L. González, *Historia del Cristianismo*, II: 109-110).
8 Muller, p. 16.
9 *Ibid.*, p. 276.
10 Bangs, p. 57.
11 *Ibid.*, p. 62.
12 *Ibid.*, p. 60.
13 *Ibid.*, p. 63.

III

Introducción Teológica

A PESAR DE SU IMPORTANCIA PARA LA HISTORIA de la doctrina protestante y de la gran cantidad de literatura que contrasta el punto de vista arminiano y calvinista del pecado, libre albedrío, gracia y predestinación, Arminio es uno de los más olvidados teólogos protestantes principales... Nunca se le ha concedido el lugar que merece en el desarrollo del protestantismo escolástico.[1]

Uno de los propósitos del presente capítulo, especialmente para el pueblo hispano, es remediar esta triste situación dándole a Arminio el lugar que merece en la historia del desarrollo de la teología cristiana.

Como introducción al pensamiento teológico de Arminio, citaremos a dos buenos "arminianos": Juan Wesley (1703-1791), sin duda alguna el más famoso e influyente heredero de Arminio; y, el Dr. J. Kenneth Grider, un exponente destacado del arminianismo del siglo XX. Consciente del peligro de demasiada repetición, creo que será más beneficioso entrar de lleno en el estudio de la formación de los conceptos teológicos de Arminio.

Juan Wesley como amante de la gracia contesta la pregunta: "¿Qué es un arminiano?".

1. Si alguien dice: "Ese hombre es arminiano", el efecto que producen estas palabras en quienes las escuchan, es el mismo que si se les hubiera dicho: "Ese perro está rabioso". Sienten pánico y huyen de él a toda velocidad y no se detendrán a menos que sea para arrojarle piedras al temible y peligroso animal.

2. Cuanto más incompresible resulta la palabra, mejor. Las personas que reciben el apodo no saben qué hacer: Como no saben lo que quiere decir, no están en condiciones de defenderse o de demostrar que son inocentes de los cargos en su contra. No es fácil acabar con prejuicios arraigados en perso-

45

nas que no saben otra cosa excepto que se trata de "algo muy malo" o de algo que representa "todo lo malo".

3. Por lo tanto, aclarar el significado de esta terminología ambigua puede ser de utilidad para muchos. Para los que con demasiada facilidad aplican el término a otros, para impedir que utilicen términos cuyo significado desconocen; a quienes escuchan, para que no resulten engañados por personas que no saben lo que dicen; y a quienes reciben el apodo de "arminianos", para que sepan cómo defenderse.

4. En primer lugar, creo necesario aclarar que muchos confunden "arminianos" con "arrianos". Pero se trata de algo completamente diferente; no existe ninguna semejanza entre uno y otro. Un arriano, es alguien que niega la divinidad de Cristo. Creo que no hace falta aclarar que nos referimos a su filiación con el supremo, eterno Dios, ya que no hay otro Dios fuera de él (a menos que decidamos hacer dos dioses: uno grande y otro pequeño). Ahora bien, nadie jamás ha creído con mayor firmeza, o afirmado con mayor convicción, la divinidad de Cristo, que muchos de los así llamados arminianos y así lo siguen haciendo hasta el día de hoy. Por lo tanto, el arminianismo (sea lo que fuere) es completamente diferente del arrianismo.

5. El origen de la palabra se remonta a Jacobo Harmensz, en latín Jacobus Arminius, que fuera ministro ordenado en Ámsterdam y, más tarde, profesor de teología en Leyden. Habiendo estudiado en Ginebra, en 1591 comenzó a dudar de los principios que le habían inculcado hasta ese momento. Cada vez más convencido de lo errado de los mismos, cuando fue nombrado profesor, comenzó a enseñar y a hacer público lo que él consideraba que era la verdad, hasta que falleció en paz en el año 1609.

Pocos años después de la muerte de Arminio, algunos fanáticos, liderados por el Príncipe de Orange, atacaron con furor a todos los que sostenían lo que ellos consideraban sus ideas. Habiendo logrado que este modo de pensar fuera formalmente condenado en el famoso Sínodo de Dort (menos numeroso y erudito que el Concilio o Sínodo de Trento, pero tan imparcial como aquél), algunas de estas personas fueron muertas, otras exiliadas, algunas condenadas a cadena perpetua; todos ellos perdieron sus puestos de trabajo y quedaron inhibidos de ocupar cualquier cargo público o eclesiástico.

6. Los cargos que los opositores presentaban en contra de estas personas (comúnmente llamadas "arminianos") eran cinco: (1) Negar el pecado original; (2) negar la justificación por la fe; (3) negar la predestinación absoluta; (4) negar que la gracia de Dios es irresistible, y (5) afirmar que es posible que un creyente se aparte de la gracia.

Con respecto a las dos primeras acusaciones se declararon inocentes. Los cargos eran falsos. Ninguna persona, ni el propio Juan Calvino, afirmaron la idea del pecado original o de la justificación por la fe de manera más decisiva, más clara y explícita que Arminio. Estos dos puntos están, por tanto, fuera de discusión; hay acuerdo entre ambas partes.

7. Existe, sin embargo, una clara diferencia entre los calvinistas y los arminianos con respecto a los otros tres puntos. Aquí las opiniones se dividen, los primeros creen en una predestinación absoluta y los últimos solo en una predestinación condicional.

Los calvinistas sostienen que: Dios decretó con carácter absoluto, desde la eternidad, que ciertas personas se salvarían y otras no; y que Cristo murió por ellas y por nadie más. Los arminianos sostienen que Dios decretó, desde la eternidad, respecto de todos los que poseen su Palabra escrita, que el que crea, será salvo; pero el que no crea, será condenado (Marcos 16:16). Para dar cumplimiento a esto, Cristo murió por todos (2 Corintios 5:15), por todos los que estaban muertos en sus delitos y pecados (Efesios 2:1), es decir, por cada uno de los hijos de Adán, ya que en Adán todos murieron (1 Corintios 15:22).

8. En segundo lugar, los calvinistas sostienen que la gracia de Dios que obra para salvación, es absolutamente irresistible; que ninguna persona puede resistirla así como no se puede resistir la descarga de un rayo. Los arminianos sostienen que si bien hay momentos en que la gracia de Dios actúa de manera irresistible, sin embargo, en general, cualquier persona puede oponer resistencia (y así perderse para siempre) a la gracia mediante la cual Dios deseaba otorgarle salvación eterna.

9. En tercer lugar, los calvinistas sostienen que un verdadero creyente en Cristo no puede apartarse de la gracia. Los arminianos, en cambio, sostienen que un verdadero creyente puede naufragar en cuanto a la fe y a la buena conciencia (1

Timoteo 1:19). Creen que el creyente no solo puede caer nuevamente en la corrupción, sino que esa caída puede ser definitiva, de modo que se pierda eternamente.

10. Estos dos últimos puntos, la gracia irresistible y la infalibilidad de la perseverancia son, sin duda, la consecuencia natural del punto anterior, la predestinación incondicional. Si Dios decretó con carácter absoluto, desde la eternidad, que solo se salvarían determinadas personas, esto significa que tales personas no pueden oponerse a su gracia salvífica (porque de otra manera perderían la salvación) y que así como no pueden oponer resistencia, tampoco pueden apartarse de esa gracia. De modo que, finalmente, las tres preguntas quedan reducidas a una: ¿La predestinación es absoluta o condicional? Los arminianos creen que es condicional; los calvinistas, que es absoluta.

11. ¡Acabemos entonces con toda esta ambigüedad! ¡Acabemos con las expresiones que solo sirven para crear confusión! Que las personas sinceras digan lo que sienten y que no jueguen con palabras difíciles cuyo significado desconocen. ¿Cómo es posible que alguien que no ha leído una sola página escrita por Arminio sepa cuáles eran sus ideas? Que nadie levante la voz en contra de los arminianos antes de saber lo que esta palabra significa; recién entonces sabrá que los arminianos y los calvinistas están en el mismo nivel.

Los arminianos tienen tanto derecho de estar enojados con los calvinistas, como los calvinistas con los arminianos. Juan Calvino era un hombre estudioso, piadoso y sensato, al igual que Jacobo Harmensz. Muchos calvinistas son personas estudiosas, piadosas y sensatas, igual que muchos arminianos. La única diferencia es que los primeros sostienen la doctrina de la predestinación absoluta y los últimos la predestinación condicional.

12. Una última palabra: ¿No es deber de todo predicador arminiano, primeramente, no utilizar nunca en público o en privado la palabra calvinista en términos de reproche, teniendo en cuenta que esto equivaldría a poner apodos o calificativos? Tal práctica no es compatible con el cristianismo ni con el buen criterio o los buenos modales.

En segundo lugar, ¿no debería hacer todo cuanto esté a su alcance para impedir que lo hagan quienes lo escuchan, demostrándoles que constituye a la vez un pecado y una tontería? ¿No es, asimismo, deber de todo predicador calvinista, primeramente, no utilizar nunca en público o en privado durante la predicación o en sus conversaciones, la palabra arminiano en términos de reproche?

Y, en tercer lugar, ¿no debería hacer todo cuanto esté a su alcance para impedir que lo hagan quienes lo escuchan, demostrándoles que se trata de un pecado y una tontería al mismo tiempo? En caso de que ya estuvieran habituados a hacerlo, mayor empeño y esfuerzo deberá ponerse para erradicar esta conducta que quizá fue alentada por el propio ejemplo del predicador.[2]

El Dr. J. Kenneth Grider en contestación a la pregunta: ¿Qué es el arminianismo?, da un excelente resumen de las diferencias principales entre el arminianismo y el calvinismo:

"El arminianismo es una corriente de teología protestante que fue enseñada por Jacobo Arminio (1560-1609) y por otros que concordaban con él en algunos aspectos básicos. Hace énfasis en la libertad humana, pero no afirma que ésta sea incondicional. Subraya la gracia de Dios, pero rechaza la idea de que la gracia es irresistible. Declara enfáticamente que estamos espiritualmente seguros en Cristo, pero se opone a la idea de la seguridad eterna y afirma que los creyentes pierden su regeneración si dejan de creer y desobedecen a Dios deliberadamente

"Jacobo Arminio, el más hábil exponente de esta corriente, se opuso al calvinismo de aquel tiempo que recalcaba la soberanía absoluta de Dios. El maestro de Arminio en la escuela calvinista de Ginebra fue el yerno de Calvino, Teodoro Beza, quien era seguidor del supralapsarianismo, De acuerdo a esto, Beza creía que aun el primer pecado de Adán, crucial para la raza humana, no fue decidido libremente sino determinado en forma incondicional por Dios. También, Beza sostenía que, previo al decreto que Dios pronunció para crear al hombre, fue el decreto para predestinar a algunos individuos para salvación y a otros para condenación.

"Francisco Gomarus, colega de Arminio en la facultad de la Universidad de Leyden, era también supralapsario. Agustín y Lutero habían sido únicamente sublapsarios, enseñando que el primer pecado de Adán fue cometido libremente, pero después de esa ocasión, o caída, el destino eterno de todo hombre era decretado por Dios.

"Respecto a Juan Calvino, no se puede determinar definitivamente si fue sublapsario o supralapsario. Sin embargo, Arminio rechazó las dos posiciones de la predestinación incondicional y presentó veinte argumentos contra esas enseñanzas en su Declaration de Sentimentos (declaración de opiniones), la cual pronunció en 1608 ante las autoridades de gobierno en La Haya. Arminio afirmó que los «veinte argumentos» se resumían en lo siguiente: Tales enseñanzas presentan a Dios como autor del pecado.

"En ese tratado, Arminio presenta su propio concepto de lo que llama decretos divinos. Dice que (1) el primer decreto fue enviar a Cristo al mundo pecador; (2) el segundo decreto fue recibir a los que se arrepienten y creen; (3) el tercer decreto fue conceder gracia preveniente para ayudar a las personas a arrepentirse y creer; y (4) el cuarto decreto fue salvar y condenar a individuos de acuerdo con la presciencia de Dios, que le permite saber si rechazarán la gracia ofrecida a través de Cristo o responderán libremente a ella.

"Es importante notar que Arminio creía que algunas personas están predestinadas para condenación aún antes de nacer, pero esto se basa únicamente en la presciencia de Dios acerca d la forma en que los individuos decidirán libremente durante su vida, en cuanto a la relación con Cristo. Actualmente, algunos evangélicos arminianos no aceptan el cuarto decreto señalado por Arminio. Afirman que Dios no conoce de antemano los actos libres del ser humano porque impediría que fueran libres.

"Sin embargo, los arminianos «regulares» creen que Dios conoce de antemano los actos libres. Para sostener esta afirmación citan, por ejemplo, las palabras de Pablo: «*Porque a los que conoció, también los predestinó para que fuesen hechos conforme a la imagen de su Hijo*» (Romanos 8:29). Asimismo, se preguntan de otra manera si podría cumplirse la profecía bíblica, como la que vemos en Zacarías acerca de la traición que sufrió Jesús y lo que harían con las treinta piezas de plata. Ciertamente, los enemigos de Jesús, Judas y los que más tarde recibieron las piezas de plata, no se propusieron cumplir las profecías bíblicas.

"Un aspecto indicado en el libro *Grace Unlimited* (gracia ilimitada), editado por Clark Pinnock, es que, en las Escrituras, la predestinación nunca es para ir al cielo o al infierno. Pinnock dice: «En la Biblia no existe predestinación para salvación o para condenación. Solamente hay predestinación para los que ya son hijos de Dios, con relación a ciertos privilegios que les esperan» (p. 18).

"Otro aspecto en esta obra, escrita mayormente por eruditos ampliamente relacionados con la posición calvinista, es que el calvinismo clásico tergiversa el significado de numerosos pasajes bíblicos con el fin de enseñar que Cristo murió únicamente para salvar a algunos, los elegidos.

"Donald M. Lake, profesor de Wheaton College, en su capítulo titulado «He Died for All» (él murió por todos), dice: «Es una realidad que estos eventos redentores en la vida de Jesús proveyeron una salvación tan vasta, tan amplia, que potencialmente incluye a la humanidad total del pasado, presente y futuro» (31). Pero, aunque Cristo dijo: «*Y yo, si fuere levantado de la tierra, a todos atraeré a mí mismo*» (Juan 12:32) , Juan Calvino comentó: «Cuando él dice 'todos' debe referirse a los hijos de Dios, a los que forman parte de su rebaño» (*Calvin's New Testament Commentaries: St. John, Part Two* [Comentarios del Nuevo Testamento de Calvino: San Juan, parte 2], 11-12 y 1 John [1 Juan] 4:3).

"Lake continúa comentando: «El juicio crítico persiste: ¿Ha sido Calvino consecuente con el texto y su significado obvio? Personalmente, solo puede dar una respuesta negativa a esta pregunta» (*Ibid.*, 37). De acuerdo con el calvinismo clásico, la expiación de Cristo fue eficaz solo para quienes Dios predestinó de antemano para ser salvos. Sus seguidores, como John Owen, generalmente han comprendido que los pasajes que dicen que Cristo murió por todos (véase 2 Corintios 5:15), significan «todos los elegidos». El arminianismo siempre ha enseñado una expiación ilimitada (universal): Que todo aquel que se arrepiente y cree, puede ser salvo por medio de la expiación de Cristo.

"En 1610, cuarenta y dos seguidores de Arminio redactaron un documento llamado La Remonstrance (la protesta), señalando sus diferencias con los calvinistas; estos respondieron y la controversia se convirtió en un asunto serio en los

Países Bajos Unidos. El príncipe Mauricio, quien estaba a favor del calvinismo, organizó un sínodo nacional que se reunió en Dort. En este sínodo, los delegados calvinistas oficiales redactaron los Cánones de Dort, el credo oficial.

"El arminianismo fue considerado ilegal en los Países Bajos Unidos hasta 1623, pero nunca desapareció por completo. Más tarde se extendió a Inglaterra, donde básicamente fue adoptado por Juan Wesley (1703-1791) y los metodistas. Incluso el metodismo fue calificado a veces como el «arminianismo ardiente».

"Así, a través del metodismo y el movimiento de santidad en general, el arminianismo se difundió ampliamente en Estados Unidos".[3]

Notas

1   Muller, Richard A., *God, Creation and Providence in the thought of Jacob Arminius* (Baker Book House, Grand Rapids, Michigan, USA, 1991).
2   *Obras de Wesley*, (Providence House Publishers, Franklin, Tennessee, 1998), VIII., pp. 425-529.
3   *Diccionario Teológico Beacon*, (Casa Nazarena de Publicaciones, Kansas City, MO.), pp. 63-65.

IV

Sus Tres Discursos Teológicos

Cuando Arminio principió su profesorado en Leyden, en septiembre de 1603, presentó tres discursos que revelan la metodología y contenido esencial de su pensamiento. El primero, El objeto de la teología; el segundo; El autor y fin de la teología; y, el tercero; La certeza de la teología. Bangs nos dice, "eran producciones refinadas, no controversiales, y bien aplaudidas. Arminio iniciaba su carrera didáctica, y las nubes tormentosas por lo pronto no eran visibles".[1] "Representan", declara Muller, "un momento en la carrea de Arminio en que fue libre de debates y abierto a la presentación y elaboración de ideas".[2]

Jacobo Arminio no escribió una "teología sistemática" en el sentido moderno del término. Su muerte prematura, a la edad de 49 años, no le permitió hacerlo. Sin duda que su intención era hacerlo. Lo extenso de sus investigaciones y lecturas, así como el orden lógico y el contenido de sus obras, revelan su espíritu, intención y capacidad de haber dejado una teología sistemática.

Muller sugiere que en sus tres discursos y las dos discusiones o debates (las disputaciones privadas y las públicas), Arminio incluye la discusión de las presuposiciones y tópicos fundamentales de un sistema teológico... a saber, en su definición de teología y en la doctrina de Dios, el tal llamado principium essendi de sistema teológico. Se cree que la intención de Arminio era producir un sistema completo de divinidad.[3] Además, Muller afirma que, "nuestra fuente básica para el concepto de Arminio sobre teología, Dios y creación, aparte de sus tres discursos inaugurales sobre el tema de teología, son los dos juegos de tesis para discusión en clase, las *Disputationes publicae* y las *Disputationes privatae*... Estos ensayos sobre *prolegómeno teológica* no solo dan una vista de definiciones básicas de Arminio, ellos también revelan, con consistencia extraordinaria, los temas básicos de su doctrina de

Dios, creación, y providencia —temas que son constituyentes de su teología y formativos en su desarrollo de una alternativa a la dogmatica Reformada de su época".[4]

¿En qué consiste el genio y unicidad teológica de Jacobo Arminio? ¿Cuál es su legado a la teología evangélica, especialmente a los que nos denominamos "arminianos-wesleyanos", o iglesias de santidad?

Clark H. Pinnock, teólogo contemporáneo, dice: "El lector moderno probablemente será impresionado con dos hechos de los escritos de Arminio: Sus obras teológicas involucran un estilo intrincado lógico y sus conceptos no parecen fuera de lo normal o aún problemáticos, mucho menos heréticos. El estilo lógico y silogístico de sus obras teológicas impresiona al lector moderno como algo seco. Sin embargo, hay una precisión de sus obras que revela una mente aguda y percepción de los problemas del día".[5]

El mismo autor sugiere que quizá la controversia y antagonismo en contra de Arminio, se debe en parte a lo lógico del estilo de sus escritos teológicos. Porque al leer y analizar los argumentos de Arminio y ver la fuerza lógica de sus posiciones, uno se queda maravillado de cómo sus acusadores podían defenderse ante la refutación de sus argumentos. Pero tristemente, la historia da evidencia abundante de que los debates teológicos no siempre se han ganado o perdido por su validez lógica o aún por su base bíblica".[6]

Hemos resumido los tres discursos de Arminio, con el propósito de que el lector pueda sentir el espíritu de humildad, reverencia e insuficiencia con el cual los presentó Arminio. El propósito de Arminio fue probar a sus oyentes, estudiantes y lectores, que la teología es superior a toda ciencia humana y digna de seria consideración y estudio.

Primer Discurso: El Objeto de la Teología

[Arminio comienza su discurso con un espíritu de humildad e insuficiencia que revela su verdadero sentir al asumir su nueva responsabilidad como profesor de teología. Introduce su discurso con las siguientes palabras:]

Al Dios Todopoderoso le pertenece el derecho inherente y absoluto, voluntad y poder de determinar tocante a nosotros.

Puesto que, le ha placido llamarme su siervo inútil de las funciones eclesiásticas que por años he desarrollado en la iglesia de su Hijo en la populosa ciudad de Ámsterdam y de darme el nombramiento del profesorado teológico en esta muy celebrada universidad, lo considero mi deber no manifestar demasiada resistencia a esta vocación, aunque estaba bien familiarizado con mi incapacidad para tal oficio, que con la mayor voluntad y sinceridad confesé entonces y que todavía tengo que reconocer. Adoptaré un estilo llano y sencillo de oratoria. Porque la teología no necesita ornamentos, pero está contenta con ser enseñada y porque está fuera de mi propio poder hacer un esfuerzo que sea digno en alguna medida de tal sujeto.

Al discutir la dignidad y excelencia de la sagrada teología, me limitaré a cuatro títulos. Hablaré primero del objeto de la teología, luego de su autor y su fin, finalmente de su certeza.

Oro a Dios que la gracia de su Santo Espíritu pueda estar presente conmigo mientras estoy hablando; y que le agrade dirigir mi mente, boca y lengua, de tal manera que me capacite para avanzar estas verdades que son santas, dignas de nuestro Dios y saludable a ustedes sus criaturas, para la gloria de su nombre y para la edificación de su iglesia.

I. Dios Como el Objeto de la Teología

La excelencia y superioridad de la teología consiste en que es la única ciencia que se ocupa con el Ser de los seres, la Causa de las causas, el principio de la naturaleza y de la gracia que existe en la naturaleza, que a la vez ayuda y rodea a la naturaleza. Todas las ciencias están sujetas a Dios; tienen su origen y dependen de él. La verdadera ciencia es alabarle, como dice en las palabras de su profeta: *"No se alabe el sabio en su sabiduría, mas alábese en esto: En entenderme y conocerme"* (Jeremías 9:23-24).

[Enseguida, Arminio presenta las tres condiciones que determinan la excelencia de Dios como el objeto de la teología y a la vez sujeto del estudio teológico:]

A. Él es el mejor y más grande e inmutable ser. Él solamente es bueno, tan bueno como la bondad misma y está listo a comunicarse como le es posible. Su liberalidad es igualada solamente por los tesoros infinitos que posee, siendo ambos infinitos y limitados solamente por la capacidad del recipiente, que él asigna como límite y medida de su bondad al comunicarse a sí mismo.

El es el ser más grande y el único grande porque solamente él puede aun subyugar a sus deseos la nada, de tal manera que llegue a ser un bien divino por medio de su comunicación de sí mismo. *"Y llama las cosas que no son, como si fuesen"* (Romanos 4:17), de tal manera que por su palabra pone estas cosas que sacó de la nada, en el número de seres y de las tinieblas sacó estas cosas a existencia (Isaías 40:17, 22, 23). Nada se le puede añadir a Dios y nada se le puede quitar. Por lo tanto, es placentero y muy deleitable contemplarlo debido a su bondad, en las gloriosas consideraciones de su grandeza y esto es de seguro con referencia a su inmutabilidad (Santiago 1:17).

B. La excelencia de Dios como objeto de la teología, se ve por su resplandor brillante. Él es la luz misma y llega a ser un objeto de la percepción más obvia de la mente y esto según la expresión del apóstol (Hechos 9:3; 22:6-11; 26:12-13). Siendo respaldado por estas verdades me aventuro a acertar que nada puede ser visto o realmente conocido en cualquier objeto, excepto que previamente hayamos visto y conocido a Dios mismo en ese objeto.

Se le llama "ser en sí mismo", porque se ofrece a sí mismo al entendimiento como objeto de conocimiento. Pero todos los seres, tanto visibles como invisibles, corpóreos como incorpóreos, proclaman en alta voz que ellos han derivado el comienzo de su esencia o condición de alguien fuera de sí mismos y no tienen su propia existencia hasta que la han tomado de otro: *"Los cielos cuentan la gloria de Dios, Y el firmamento anuncia la obra de sus manos"* (Salmos 19:1).

Esto no es asunto de maravilla, porque siempre están más cerca a la nada que a su Creador y aunque por propiedades que solo son finitas, están separados de la nada, nunca podrán ser elevados a una igualdad con Dios su Creador.

C. Solamente Dios puede llenar completamente la mente y satisfacer sus deseos (de otra manera) insaciables. (1) Porque es infinito en su esencia, sabiduría, poder y bondad. (2) Porque es la primera y mayor realidad; la verdad misma en abstracto.

(3) Porque la mente humana es finita en su naturaleza y solamente participa de lo infinito porque puede echar mano del ser infinito y de la verdad principal, aunque es incapaz de comprenderlos. *"¿A quién tengo yo en los cielos sino a ti?... Y fuera de ti nada deseo en la tierra"* (Salmos 73:25).

El que conoce todas las cosas, pero no conoce a Dios, es un vagabundo y no tiene paz. El que conoce a Dios aunque sea ignorante de todo lo demás, está en paz y tranquilidad; es como el que ha hallado una perla de gran precio (Mateo 13:46). Por esta razón el que investiga el objeto de la teología, siempre descubre abundantes ganancias. Pero tenemos que ver el objeto de nuestra teología y ponerlo como el fundamento de nuestro conocimiento. Esto implica tres consideraciones:

La **primera**, no podemos recibir este objeto en la infinitud de su naturaleza; nuestra necesidad, por lo tanto, requiere que sea presentado de tal manera que se acomode a nuestra capacidad.

La **segunda**, no es propio que en el primer momento de revelación, una gran medida de conocimiento sea dada y manifestada por la luz de gracia a la mente humana. Hay un proceso de iluminación por el cual nuestra capacidad es aumentada, porque por el uso correcto del conocimiento de la gracia procedemos hacia arriba, al más sublime conocimiento de gloria, según las palabras: *"Porque al que tiene, le será dado, y tendrá más; y al que no tiene, aún lo que tiene le será quitado"* (Mateo 25:29).

La **tercera**, este objeto no se presenta ante nuestra teología simplemente para que sea conocido, sino para que cuando sea conocido, sea adorado. Por esta razón tenemos que vestir el objeto de nuestra teología de tal manera que nos incline a adorar a Dios. Esto será posible cuando el corazón tenga cierta persuasión. (a) De que esta es la voluntad de Dios: Que sea adorado y que la adoración se le debe. (b) De que la adoración de Dios no será en vano sino que será recompensada grandemente. (c) De que un modo de adoración tiene que ser instituido según su mandato. A estos tres particulares, se debe añadir un conocimiento del modo prescrito.

Estas tres afirmaciones acerca del objeto de la teología, son necesarias y suficientes y deben ser conocidas a la luz de las consideraciones siguientes:

a. Tenemos que hablar acerca de la **naturaleza de Dios**. Dios es digno de recibir adoración; está capacitado para formar un juicio correcto de esa adoración debido a su justicia y sabiduría y es pronto y capaz para recompensar, debido a su bondad y a las perfecciones de su propia bienaventuranza. (Apocalipsis 4:10; 5:14; 14:7)

b. Es necesario hablar de las **acciones de Dios**. Se han atribuido dos acciones a Dios: Creación y providencia. (a) La creación de todas las cosas, especialmente del hombre, según la imagen de Dios, le da autoridad y soberanía sobre los hombres y el derecho de demandar adoración y obediencia por parte del hombre; y esto según la muy justa queja del profeta Malaquías: *"El hijo honra al padre, y el siervo a su señor. Sí, pues, soy yo padre, ¿dónde está mi honra?... Y si yo soy señor, ¿dónde está mi temor?... Dice Jehová de los ejércitos a vosotros"* (1:6). (b) La providencia. Dios por su providencia gobierna todas las cosas y tiene un cuidado santo, justo y sabio del hombre y de aquellas cosas que se relacionan con él, principalmente sobre la adoración y obediencia que el hombre está obligado a rendirle.

c. Finalmente, la **voluntad de Dios**. Ésta se expresa en el pacto que hizo con el hombre y consiste de dos partes: (a) Es placer de Dios recibir la adoración del hombre y a la vez prescribe el modo de tal adoración; es su voluntad que la adoración sea hecha por obediencia y no a discreción del hombre. (b) Dios promete compensar abundantemente al hombre por su adoración; esto no es solamente por los beneficios del pasado, sino también para que pueda recibir mayores cosas para su felicidad.

[Arminio afirma diciendo:] "Por lo tanto, no es suficiente saber que hay alguna clase de *naturaleza*, simple, infinita, sabia, buena, justa, omnipotente, feliz en sí misma, Creador y Gobernador de todas las cosas, y que es digno de recibir adoración, cuya voluntad es ser adorado, y que es capaz de hacer a sus adoradores felices".[7][Pero según Arminio esto no es suficiente, ahora declara:] "A esta clase de conocimiento general debe añadirse, un concepto seguro y firme, puesto en esa Deidad (Dios), y sujetos estrictamente al objeto de adoración religiosa a quien solo le pertenecen estas cualidades. La necesidad de tener ideas fijas y determinadas sobre este asunto, frecuentemente inculcado en las páginas sagradas: *"No tendrás dioses ajenos delante de mí"* (Éxodo 20:2). *"Yo soy Jehová, y ninguno más hay; no hay Dios fuera de mí"* (Isaías 45:5). *"Si Jehová es Dios, seguidle; y si Baal, id en pos de él"*(1 Reyes 18:21).[8]

II. La Teologia Legal

[Lo que Arminio ya ha dicho acerca de Dios como Objeto de la Teología sirve de base y transición para lo que él llama "Teología Legal". Dice:] Estas observaciones acerca del objeto de la teología tienen que ver con la teología legal, con el estado original del hombre, con su integridad primitiva. En este estado, el hombre podía adorar a Dios de acuerdo con la ley de la justicia legal, la cual decía, «Haz esto, y tu vivirás» (Génesis 2:16-17). Podía, de una conciencia de su integridad, poner confianza en el Dios bueno y justo; y era capaz de darle evidencia de un temor filial, y darle el honor placentero y merecido, como de un siervo a su Señor.[9] En este estado de justicia original Dios podía, debido a su bondad que requería el cumplimieto de la promesa, recompensar la obediencia y adoración del hombre según las condiciones de justicia legal y darle vida.

[Estando el hombre en este estado; y Dios habido hecho lo que hizo, dice Arminio que no había necesidad:] (1) No había ningún llamado por otra propiedad de su naturaleza, que pudiera por su agencia contribuir al complimiento de su propósito. (2) No había progreso adicional necesario de la bondad Divina además, de la que recompensara bien por bien, por el bien de felicidad perfecta, por el bien de completa obediencia. (3) No había necesidad de otra acción, excepto la de la creación, (lo cual ya se había hecho), y la de la providencia que preservando y gobernado de acuerdo con la condición en la cual el hombre su puesto. (4) No había necesidad de otra volición —acto de la voluntad, de Dios, solamente por la cual él pudiera tanto, requerir obediencia perfecta de la ley, y pudiera recompensar la obediencia con vida eterna.[10]

Pero cuando el hombre cayó de su integridad original por su desobediencia y llegó a ser hijo de ira; nada era suficiente para la salvación del hombre. Ni la creación, providencia o voluntad de Dios eran suficientes en el sentido legal para salvar al hombre; por lo tanto, esta teología legal no era en sí suficiente. El hombre necesitaba ser justificado, pero no podía serlo por la ley.

El pecado demandó que otros atributos fueran puestos en acción; su misericordia, benignidad, longanimidad, mansedumbre, paciencia y clemencia, para que el hombre pudiera ser reconciliado con Dios y restaurado a su favor. Se necesitaba otra acción, otra creación, otra providencia. Se necesitaba la formación de un nuevo decreto de la voluntad de Dios acerca de la salvación del hombre (Hechos 8:7-13; 10:20).

Se necesitaba un mediador que pudiera manifestar los nuevos atributos que demanda el pecado del hombre.

Por lo tanto, el justo y misericordioso Dios, nombró a Jesucristo, su Hijo amado como mediador. El Hijo obedeció, tomó el oficio impuesto por el Padre y aún está ocupado en su ejecución. Fue ordenado por Dios como el Redentor, Salvador, Rey y como la cabeza de los herederos de la salvación.

Sería injusto e irracional que después de tanto trabajo, sufrimiento, muerte y de haber ganado méritos para nuestro beneficio, el Hijo quedase sin ningún honor (Filipenses 2:1-11). Entonces es muy justo que el Hijo fuera reconocido, adorado e invocado y que recibiera la gratitud por su beneficio obtenido para la humanidad.[11]

III. La Necesidad de dos Objetos de la Teología

Todo esto levanta la necesidad de una nueva revelación respecto a la persona de Jesucristo; debido a esto, los dos objetos, **Dios** y su **Cristo**, han de ser puestos como fundamento de la teología que hará posible la salvación de los pecadores, de acuerdo con las palabras de nuestro Salvador: *"Y ésta es la vida eterna: Que te conozcan a ti, el único Dios verdadero, y a Jesucristo, a quien has enviado"* (Juan 17:3).

Ciertamente, estos dos objetos no son de tal naturaleza que uno puede separase del otro, o que uno pueda ser unido colateralmente con el otra; pero el último (Cristo) de ellos es, en una manera propia y conveniente, subordinada a la primera (Dios). Aquí entonces tenemos una teología que, por tener a Cristo como su objeto, es justa y dignamente denominada "cristiana"; que no es manifestada por la ley, porque primeramente fue revelada por promesa y en los últimos días por el evangelio. Consideremos ahora la unión y la subordinación de ambos objetos (de la teología).[12]

IV. La Unión de la Teología Cristiana y la Teología Legal

Puesto que tenemos a Dios y a su Cristo como objetos de nuestra teología cristiana, la manera en la cual la teología legal nos explica a Dios, es sin duda amplificada por esta adición, y nuestra teología es, por lo tanto, infinitamente ennoblecida sobre la que es legal.

Dios ha revelado en Cristo toda su bondad. *"Por cuanto agradó al Padre que en él habitase toda plenitud"* (Colosenses 1:19). El es *"el resplandor de su gloria, y la imagen misma de su sustancia"* (Hebreos 1:3). Cristo mismo le dijo Felipe, *"El que me ha visto a mí, ha visto al Padre"* (Juan 14:9). Las cosas que antes estaban escondidas e inperceptibles dentro del Padre, ahora en Cristo pueden verse distintamente como un sello gravado profundamente en la sustancia donde se va a imprimir.

A. En esta teología, Dios es presentado en el grado más alto, como el mejor y más grande de los seres. (1) Es el mejor porque está dispuesto a recibir en su favor y reconciliar a sí mismo a los pecadores y darles vida eterna cuando se arrepienten. (2) Es el más grande porque ha efectuado un triunfo sobre el pecado por medio del perdón y todo por una segunda creación y una regeneración que sobrepasa la capacidad de la ley (1 Corintios 1:24). (3) En esta nueva teología, Dios es descrito como inmutable en todo sentido, no solamente en cuanto a su naturaleza, sino también a su voluntad. Una voluntad que se presenta en el evangelio como perentoria y conclusiva, siendo que es la última revelación y no puede ser corregida por otra voluntad (Hebreos 1: 2; 13:8; 7: 22; 8:6).

B. Esta teología presenta a Dios en Cristo como objeto de nuestra vista y conocimiento, con tal claridad, esplendor y sencillez que *"nosotros todos, mirando a cara descubierta como en un espejo la gloria del Señor, somos transformados de gloria en gloria en la misma imagen, como por el Espíritu del Señor"* (2 Corintios 3:18). Y ciertamente esto es *"sabiduría de Dios en misterio, la sabiduría oculta, la cual Dios predestinó antes de los siglos para nuestra gloria"* (1 Corintios 2:7). Sin embargo, grande e inescrutable es este misterio: *"Dios fue manifestado en carne, justificado en el Espíritu, visto de los ángeles, predicado a los gentiles, creído en el mundo, recibido arriba en gloria"* (1 Timoteo 3:16). No era posible que Cristo se manifestara sin carne (Juan 1:1-14).

C. Esta es la razón por la que el objeto de nuestra teología llena y satisface los deseos de la mente; el apóstol Pablo *tuvo que declarar: "Pues me propuse no saber cosa alguna entre vosotros sino a Jesucristo y a éste crucificado"* (1 Corintios 2:2). A los filipenses les dijo: *"Y ciertamente, aún estimo todas las cosas como pérdida por la excelencia del conocimiento de Cristo Jesús, por amor del cual lo he perdido todo, y lo tengo por basura, para ganar a Cristo... a fin de conocerle y el poder de su resurrección, y la participación de sus padecimientos, llegando a ser semejante a él en su muerte"* (Jeremías 9:24; 1 Corintios 1:1-30; Filipenses 3:8, 10; Colosenses 2:3, 9).

V. La Subordinación que Existe Entre la Teología Cristiana y la Legal

[Habiendo hablado sobre la unión de la teología cristiana y la legal, en seguida hablará sobre la subordinación que existe entre ambas. Divide su análisis de la siguiente manera; dice:] Primero veremos la naturaleza de esta subordinación, después su necesidad.

Primero. Su naturaleza consiste en que toda comunicación redentiva de Dios con el hombre, o de nosotros con él, es efectuada por medio de la intervención de Cristo.

A. La comunicación que Dios sostiene con nosotros es (a) ya sea de su afecto benévolo hacia nosotros, (b) en su decreto de gracia respecto a nosotros, o (c) en su eficacia salvadora en nosotros. En todos estos particulares, Cristo viene a nosotros como el hombre en medio de las personas.

Porque, (a) cuando Dios está dispuesto a comunicarnos los afectos de se bondad y misericordia, ve a su Ungido (Efesios 1:6). (b) Está dispuesto a hacer un decreto de gracia bondadosa, interponiendo a Cristo en medio del propósito y el cumplimiento, para anunciar su buena voluntad (Efesios 1:5). (c) Cuando, por la abundancia de su afecto, Dios está dispuesto a impartir alguna bendición de acuerdo con su decreto de gracia, es a través de la intervención de la misma persona, el Hijo. Porque en Cristo como nuestra cabeza, el Padre ha reservado todos estos tesoros y bendiciones, las cuales no descienden a nosotros, excepto por Cristo, como substituto, y son administradas con autoridad y las distribuye según su buena voluntad.

B. La comunicación que tenemos con Dios también es a través de la intervención de Cristo. Consiste de tres grados: Acceso a Dios, asirnos de él y el gozo que se tiene de él. Tres condiciones son necesarias para este acceso: (a) Que Dios esté en un lugar al cual podamos acercarnos; (b) El camino por el cual llegamos a él tiene que ser seguro; (c) Que se nos dé libertad y confianza para entrar. Todas estas condiciones han sido cumplidas para nosotros por la mediación de Cristo. (1) El Padre mora en luz inaccesible, estando sentado en su trono de justicia rígida; sin embargo, ha nombrado a Cristo como *"propiciación por medio de la fe"* (Romanos 3:25). El Padre, en el Hijo, ha sido provisto acceso fácil para nosotros. (2) Es el mismo Señor Jesucristo, quien nos ha consagrado camino nuevo (Hebreos 10:20), él mismo es el camino (Juan 14:6). (3) Tenemos libertad por la sangre de Jesús, libertad de acceso y se nos permite entrar hasta el lugar santísimo, donde Cristo *"entró por nosotros como precursor"* (Hebreos 4:16; 6:20; 10:22).

Pero no es suficiente que nos acerquemos a Dios; es bueno que descansemos en él. Para confirmar este acto y darle perpetuidad, debe depender de la comunicación de una naturaleza. Pero con Dios no tenemos tal comunicación; sin embargo, Cristo posee la naturaleza divina y hemos sido hechos participantes de la naturaleza divina con Cristo:

"Así que, por cuanto los hijos participaron de carne y sangre, él también participó de lo mismo" (Hebreos 2:14; 5: 7; 1 Timoteo 3:16; 2 Pedro 1:4; Juan 1: 14). Cristo como nuestra cabeza, nos imparte de su Espíritu, que nosotros siendo sus miembros, y asidos de él como, *"hueso de sus huesos y carne de su carne"* (Génesis 2:23), podamos ser uno con él, y por el con el Padre, y con ambos podamos ser *"un Espíritu"* (Efesios 4:4; Juan 17:20-23).

El gozo que se tiene en Dios es un sabor verdadero, sólido y perdurable de la bondad y dulzura divina en esta vida, no solo percibido por la mente y entendimiento, sino de igual manera por el corazón, el cual es el asiento de todos los afectos. Pero esto es nuestro solo en Cristo, por su Espíritu que mora en nosotros y da testimonio (Romanos 8:16). Al oír este testimonio interno, un gozo inefable posee nuestro espíritu y clamamos a Dios, *Abba Padre*, con una esperanza sincera de nuestro acceso final a Dios, de la consumación de haber estado en él y nuestra unión con él. Y la bendición más gloriosa será una visión clara de Dios mismo.

En segundo lugar, veamos ahora la necesidad de la subordinación de las dos teologías. La necesidad tiene su origen en la comparación de nuestra contaminación y depravación viciosa con la santidad de Dios, la cual no se puede corromper y con el rigor inflexible de su justicia que completamente nos separa de él, por un abismo tan grande que es imposible unirnos o que se haga camino para nosotros a él, solo que Cristo haya derramado su sangre por nosotros: "¿Cuánto más la sangre de Cristo, el cual se ofreció a sí mismo sin mancha a Dios, limpiará vuestras conciencias de obras muertas para que sirváis al Dios vivo" (Hebreos 9:14); que *siendo así santificados y, "librados de nuestros enemigos, Sin temor le serviríamos en santidad y en justicia delante de él, todos nuestros días"* (Lucas 1:74-75).

La necesidad de esta subordinación es tan grande, que *si nuestra fe no está en Cristo, no puede estar en Dios: "Y mediante el cual creéis en Dios, quien le resucitó de los muertos y le ha dado gloria, para que vuestra fe y esperanza sean en Dios"* (1 Pedro 1:21). Esta fe no fue dada por la ley, sino por el evangelio de la gracia de nuestro Señor Jesucristo. La consideración de esta necesidad de utilidad infinita se ve por dos razones: (1) Para producir confianza en la conciencia de los creyentes, temblando al ver sus pecados según las observaciones anteriores; y (2) para establecer la religión cristiana.[13]

[Arminio termina su primer discurso haciendo algunas observaciones tanto importantes como interesantes. Haremos un resumen de ellas:] 1. La fe de Cristo es necesaria como requisito para que el hombre pueda recibir la salvación, pero no fe que bajo una noción general, reconoce la sabiduria , poder, bondad y misericordia de Dios, la fe de los apóstoles presentada en sus epístolas, y en un salvador como fue predicado por los primeros heraldos de salvación.

2. Fe en la cruz de Cristo —su sacrificio, se requiere según el decreto de Dios; y se predica para que todos los que creen puedan ser salvos. Pero no solamente por el decreto de Dios, sino también por la promesa dada a Cristo, según el pacto que fue rectificado entre ambos —el Padre y el Hijo, (Salmos 2:8; 110:3; Gálatas 3:8-9; Isaías 53:10-11).

3. Arminio no acepta el argumento de algunos de los que dicen, que no se puede limitar la salvación a las condiciones del evangelio. Porque esto no está de acuerdo, ni con la amplitud de la misericordia, ni con las condiciones de su justicia, siendo que miles que nunca en esta vida oyeron el evangelio de Cristo. La respuesta de Arminio precisa y concisa: "Las razones y términos de la divina justicia y misericordia no han de ser determinadas por nuestras capacidades o sentimientos tenemos que dejar en Dios la libre administración y defensa justa de estos atributos, *de ninguna manera; antes bien sea Dios veraz, y todo hombre mentiroso; como está escrito: «Para que seas justificado en tus palabras, Y venzas cuando fueres juzgado»* (Romanos 3:4)".[14]

4. La necesidad de tener fe en Cristo, es según la justa misericordia y misericordia justa de Dios: "El que cree en el Hijo tiene vida eterna; pero el que rehúsa creer en el Hijo no verá la vida, sino que la ira de Dios está sobre él" (Juan 3:36). Esta no es le primer indicación de la ira de Dios sobre los incrédulos, el hombre ya había pecado bajo la ley y la ira de Dios estaba sobre él. (Juan 8:24; 17:3). El poder revelado en el evangelio es el *"poder de Dios para salvación a todo aquel que cree; al judío primeramente, y también al griego"* (Romanos 1:16).

5. El decreto, promesa y pacto de Dios requieren fe en Cristo para que todos los que crean puedan ser salvos. Arminio da bastantes citas bíblicas en apoyo de su declaración (Salmos 2:8; 110:3; Gálatas 3: 8-9; Isaías 53: 10-11; Juan 17:1-4).

6. Se requiere, por lo tanto, que contendamos seriamente por la necesidad de la religión cristiana (Judas 3), como altar y ancla de nuestra salvación, si no queremos que Cristo y el Padre sean quitados de nosotros y de nuestra fe, porque, *"todo aquel que niega al Hijo, tampoco tiene al Padre. El que confiesa al Hijo, tiene también al Padre"* (1 Juan 2:23).

7. Arminio proclama-levanta una advertencia, que aun nosotros en el siglo XXI debemos tomar muy en serio: "Pero si

nosotros en el grado mínimo limitamos o disminuimos esta necesidad, Cristo mismo será despreciado entre cristianos; y finalmente totalmente negado universalmente".[15]

8. Terminamos este resumen con la exhortación que Arminio dio a sus oyentes y ahora a nosotros los lectores: "Por lo tanto, la unión, de ambos objetos, Dios y Cristo, debe ser fuertemente impulsada y reforzada en nuestra Teología Cristiana; ni se ha de aguantar bajo cualquier pretexto que sean totalmente separados uno del otro, a menos que querremos que Cristo mismo sea separado y aparatado de nosotros, y que una vez para siempre sea él y nuestra salvación negada".[16]

VI. Conclusión del Discurso

Dado que la dignidad, majestad, esplendor y plenitud de la teología, especialmente de nuestra teología cristiana, es tan grande debido a su objeto doble —Dios y Cristo— es justo y propio que todos aquellos que se glorían en el título de hombres según la imagen de Dios, deban muy seriamente y con deseo ardiente, aplicarse al conocimiento de esta teología. ¿Qué es más digno del hombre, quien es la imagen de Dios, que estar perpetuamente meditando en Dios el Gran Arquetipo? ¿Cuál empleo es más digno y honorable para la criatura, siervo e hijo, que pasar días y noches enteras obteniendo conocimiento de su Dios, su Creador, su Señor y Padre? ¿Qué puede ser más decoroso y de gracia en los redimidos por la sangre de Cristo y santificados por su Espíritu, que diligente y constantemente mediten en Cristo y que siempre lo lleven en sus mentes, corazones y también en sus lenguas? Todos los interesados en la teología cristiana tienen que ver y reconocer la importancia del principio que se expresa en Mateo 6:33: *"Mas buscad primeramente el reino de Dios y su justicia, y todas estas cosas os serán añadidas"* (cp. Filipenses 3:8; 2 Timoteo 3:15).

Pero el estudio de la teología no solo requiere diligencia, sino también santidad y un deseo sincero de agradar a Dios. Porque el objeto que están considerando y examinando y que desean conocer es sagrado, no es el lugar santísimo. Mientras estén ocupados en este estudio, no dejen que la mente sea atraída por otros objetos; ejercitaos constantemente en este oficio, con una mente fija en el propósito de este discurso. Si hacen esto, vuestro progreso en el conocimiento del Señor será de edificación para otros, *"porque la comunión íntima de Jehová es con los que le temen, y a ellos hará conocer su pacto"* (Salmos 25:14). Y podrán decir que han escogido la mejor porción, la cual no les será quitada (Lucas 10:42). Vuestras mentes serán engrandecidas por el conocimiento de Dios y de su Cristo, que desde ahora en adelante serán habitación de Dios y de Cristo por el Espíritu.

Segundo Discurso: Autor y fin de la Teología

La teología sagrada es la materia cuya excelencia y dignidad celebro ahora en este breve discurso. Estoy convencido de que para todos ustedes es el objeto de mayor consideración; sin embargo, deseo levantarla, si es posible, aún más en vuestra estimación; esto lo demandan sus propios méritos y la naturaleza de mi oficio lo requiere.

Al hablar del autor de la teología, lo haremos bajo las siguientes divisiones: El autor y el fin de la teología evangélica.

I. El Autor de la Teología

Ya hemos considerado el objeto de la teología con relación a dos elementos particulares. Para que cada una de las partes de nuestra materia pueda corresponder exactamente a la otra, también podemos considerar al autor en un sentido dual a saber: El autor de la teología legal y el de la teología evangélica. En ambas, la misma persona es el autor y el objeto y la persona que revela la doctrina es de la misma manera su materia y argumento. Esta peculiaridad no le pertenece a ninguna de las numerosas ciencias. Ninguna de las otras numerosa ciencias tienen a Dios como su causa eficiente al mismo grado que lo hace la teología. Por lo tanto, Dios y su Cristo, o Dios en Cristo es el autor de teología evangélica y de la teología legal.

II. El Testimonio de las Escrituras

Las Escrituras dan testimonio de esto, pero la misma naturaleza del objeto requiere que cada una de estas teologías se consideren por separado.

A. Las Escrituras describen la teología legal antes de la caída, en estas palabras: *"Y mandó Jehová Dios al hombre, diciendo: De todo árbol del huerto podrás comer; más del árbol de la ciencia del bien y del mal no comerás; porque el día que de él comieres, ciertamente morirás"* (Génesis 2:16-17). Una amenaza fue añadida en palabras exactas, por si acaso el hombre transgrediera la ley de Dios, pero también una promesa fue añadida al presentarle el árbol de la vida si cumplía con los mandamientos.

Pero hay dos cosas que precedieron este acto de legislación, que previamente habían sido conocidas por el hombre: 1. Adán conocía la naturaleza de Dios, que es sabio, justo, bondadoso y poderoso; 2. La autoridad de Dios por derecho de creación. Estas dos cosas eran conocidas previamente por el hombre, por la manifestación que había hecho Dios, a quien consideraba como familia y por la comunión que sostenía con el espíritu del hombre, el cual fue creado de acuerdo con la imagen de Dios.

El apóstol también atribuye conocimiento de estas cosas al hombre, diciendo que era por fe y, por lo tanto, por la revelación de Dios al hombre (Hebreos 11:6). ¿Cómo es posible que Adán y Eva se acercaran a Dios si no creían que existía? Ellos creían en su existencia, esto es fe. Si es galardonador de los que le buscan, reconocían que era un Dios sabio, bueno, justo, poderoso y guardián de los asuntos de la humanidad. Esto es aun más evidente en la repetición de la ley moral por Moisés después de la caída (Éxodo 20:1-17; Deuteronomio 4:8). Moisés también declaró ante el pueblo: *"Las cosas secretas pertenecen a Jehová nuestro Dios; mas las reveladas son para nosotros y para nuestros hijos para siempre, para que cumplamos todas las palabras de esta ley"* (Deuteronomio 29:29).

B Lo mismo es evidente por la naturaleza del objeto; puesto que Dios es el autor del universo, por una operación voluntaria y externa, imparte a su creación lo que desea y esto de la nada de donde vino la creación su excelencia y dignidad necesariamente sobrepasan la creación del universo y por la misma razón, al hombre. Por esta razón se dice que *"habita en luz inaccesible, a quien ninguno de los hombres ha visto ni puede ver"* (1 Timoteo 6:16).

No solamente es Dios inaccesible, sino también lo son sus pensamientos y caminos: *"Porque mis pensamientos no son vuestros pensamientos, ni vuestros caminos mis caminos, dijo Jehová. Como son más altos los cielos que la tierra, así son mis caminos, y mis pensamientos más que vuestros pensamientos"* (Isaías 55:8-9). *"!Oh profundidad de las riquezas de la sabiduría y ciencia de Dios! ¡Cuán insondables son sus juicios, e inescrutables sus caminos!"* (Romanos 11:33). De esto, consiste la teología legal; y puesto que no podían conocerse antes que fueran reveladas por Dios, prueban que Dios es el autor.

III. La Teología Evangélica

El autor de esta teología es Cristo y Dios; las mismas Escrituras que presentan a Dios como el autor de la teología legal, pueden ser usadas para establecer a Cristo como el autor de la teología evangélica. Esto se requiere por la misma naturaleza del objeto y también porque esto está escondido en las profundidades de la divina sabiduría y porque la mente humana está rodeada y envuelta en las sombras de la ignorancia.

A. Un gran número de pasajes bíblicos nos ayudan y fortalecen esta opinión. Primero, los que adscriben la manifestación de esta doctrina-teología evangélica a Dios el Padre y luego aquellos que la adscriben a Cristo. *"Hablamos sabiduría de Dios en misterio, la sabiduría oculta, la cual Dios predestinó antes de los siglos para nuestra gloria. Pero Dios nos la reveló a nosotros por el Espíritu; porque el Espíritu todo lo escudriña, aun lo profundo de Dios"* (1 Corintios 2:7-10).

También el apóstol dice: *"Y al que puede confirmaros según mi evangelio y la predicación de Jesucristo, según la revelación del misterio que se ha mantenido oculto desde tiempos eternos, pero que ha sido manifestado ahora, y que por las Escrituras de los profetas, según el mandamiento del Dios eterno, se ha dado a conocer a todas las gentes para que obedezcan a la fe"* (Romanos 16:25-26). Cuando Pedro confeso que Cristo era *"el Hijo del Dios viviente"*, el Señor le dijo: *"Bienaventurado era, Simón, hijo de Jonás, porque no te lo reveló carne ni sangre, sino mi Padre que está en los cielos"* (Mateo 16:16-17).

B. En segundo lugar, algunos pasajes que presentan a Cristo como el autor de la teología evangélica. Juan atribuye lo mismo a Cristo cuando dijo: *"A Dios nadie le vio jamás; el unigénito Hijo, que está en el seno del Padre, él le ha dado a conocer"* (Juan 1:18). Y también: *"He manifestado tu nombre a los hombres que del mundo me diste; tuyos eran, y me los diste, y han guardado tu palabra... Porque las palabras que me diste les he dado; y ellos las recibieron, y han conocido verdaderamente que salí de ti, y han creído que tú me enviaste"* (Juan 17:6, 8).

IV. La Necesidad de Esta Manifestación Según la Naturaleza de su Objeto

Cristo lo indicó con estas palabras: *"Nadie conoce al Hijo, sino el Padre, ni al Padre conoce alguno, sino el Hijo, y aquel a quién el Hijo quiera revelar"* (Mateo 11:17). Por lo tanto, ningún hombre puede revelar al Padre o al Hijo; sin embargo, en el conocimiento de ellos tenemos las buenas nuevas del evangelio, las cuales dice el apóstol, están en un misterio: *"Mas hablamos sabiduría de Dios en misterio, la sabiduría oculta, la cual Dios predestinó antes de los siglos para nuestra gloria, la que ninguno de los príncipes de este siglo conoció; porque si la hubieran conocido, nunca habrían crucificado al Señor de gloria. Antes bien como está escrito: Cosas que ojo no vio, ni oído oyó, ni han subido en corazón de hombre, son las que Dios ha preparado para los que le aman"* (1 Corintios 2:7-9).

Esta teología no viene por entendimiento, ni está mezclada con las primeras nociones e ideas impresas en la mente a la hora de su creación, ni se adquiere en conversaciones o razonamientos, sino que se conoce por medio de las palabras enseñadas del Espíritu Santo: *"Para que la multiforme sabiduría de Dios sea ahora dada a conocer por medio de la iglesia a los principados y potestades en los lugares celestiales"* (Efesios 3:10), de otra manera permanecería incógnita aún a los ángeles.

En otro lugar Pablo habla de esta teología que ha sido propuesta como objeto de nuestro descubrimiento: *"Para que seáis plenamente capaces de comprender con lodos los santos cuál sea la anchura, la longitud, la profundidad y la altura [del amor de Cristo]"* (Efesios 3:18). Aquí es muy evidente que el objeto de la teología evangélica tuvo que ser revelado por Dios y Cristo; de otra manera hubiera permanecido escondido y rodeado de perpetua oscuridad, o la teología evangélica no hubiera llegado al nivel de percepción de la capacidad de nuestro conocimiento.

Pero, para que ninguno tome ocasión de mis palabras para pensar o sostener una sospecha injusta o error de que solamente el Padre, con exclusión del Hijo sea el autor de la teología legal, y el Padre por el Hijo sea el autor de la teología cristiana, tenemos que añadir algunas observaciones para que no haya dificultad en este punto. Así como Dios por su Palabra (que es su Hijo) y por su Espíritu creó todas las cosas, aún al hombre según su imagen, de la misma manera no puede haber intercambio entre Dios y el hombre sin la agencia del Hijo y del Espíritu Santo. ¿Cómo es posible esto siendo que las obras *ad extra* de la deidad son indivisibles y cuando la orden de operación *ad extra* es la misma que la orden de procesión *ad intra*?[17] Por lo tanto, por ningún medio podemos excluir al Hijo quien es la *"Palabra"* del Padre y al Espíritu Santo, quien es el *"Espíritu de profecía"*, de eficacia en esta revelación.

Pero hay otra consideración en la manifestación del evangelio, no en cuanto a las Personas, sino en cuanto a la manera en la cual ellas llegan a ser consideradas. Porque el Padre y el Hijo y el Espíritu Santo no solo tienen una relación entre ellos mismos, sino que también tienen otra que se origina en la voluntad y la última está de acuerdo, naturalmente, con la primera. Hay una procesión interna en las Personas y también una externa, que en las Escrituras y en los escritos de los padres se llama "misiones", o "ser enviado".

Esto se debe tener en mente, especialmente cuando se considera el asunto de la revelación; porque el Padre manifiesta su evangelio por su Hijo y por su Espíritu. Lo ha manifiesta por el Hijo, en cuanto fue enviado con el solo propósito de cumplir con el oficio de mediador entre Dios y los hombres pecadores; y puesto que es el Verbo hecho carne y Dios manifestado en la carne; y como habiendo muerto y resucitado a vida nuevamente. También lo ha manifestado por el Espíritu Santo, por haber enviado el Espíritu de Cristo el cual había pedido del Padre, en virtud de su pasión y muerte y que lo obtuvo en su resurrección y cuando se sentó a la diestra del Padre.

Para que entiendan mejor esta distinción, les daré la oportunidad de que la examinen y prueben por el uso de los pasajes más claros de las Escrituras. *"Todas las cosas me fue-*

ron entregadas por mi Padre; y nadie conoce al Hijo sino el Padre, ni al Padre conoce alguno sino el Hijo, y aquel a quien el Hijo lo quiere revelar" (Mateo 11:27). Todas las cosas le fueron entregadas por el Padre al Hijo como mediador; "Por cuanto agradó al Padre que en él habitase toda plenitud... Porque en él habita corporalmente toda la plenitud de la deidad" (Colosenses 1:19; 2:9).

Las palabras registradas por Juan han de interpretarse en el mismo sentido: "Porque las palabras que me diste les he dado; y ellos las recibieron, y han conocido verdaderamente que salí de ti, y han creído que tú me enviaste" (Juan 17:8). Esto indica que el Padre dio esas palabras al Hijo como mediador; por eso en otro lugar dice: "Porque aquel a quien Dios envió, las palabras de Dios habla; pues Dios no da el Espíritu por medida" (Juan 3:34). Estas palabras están de acuerdo con las de Juan el Bautista: "Pues la ley por Moisés fue dada, mas la gracia y la verdad por Jesucristo vinieron" (Juan 1:17).

Las Escrituras mismas testifican que el Espíritu Santo, como el Espíritu de Cristo el mediador, ha revelado el evangelio: "Pero vivificado en espíritu, en el cual fue y también predicó a los espíritus encarcelados" (1 Pedro 3:19). ¿Y qué les predicó? ¡Arrepentimiento! Y esto fue por el Espíritu Santo en su capacidad de mediador, porque en ese sentido solamente el Espíritu de Dios exhorta al arrepentimiento.

Este era el Espíritu de Cristo, en su carácter de mediador y cabeza de la iglesia, del cual los profetas habían hablado con suficiente evidencia. Los siguientes pasajes excluyen toda duda; porque se dice: "Las cosas que ahora os son anunciadas por los que han predicado el evangelio por el Espíritu Santo enviado del cielo; cosas en las cuales anhelan mirar los ángeles" (1 Pedro 1:12). El Espíritu fue enviado del cielo cuando el Hijo fue elevado a la diestra de Dios el Padre (Juan 16:7-8; Hechos 2:33). "Esto dijo del Espíritu que habían de recibir los que creyesen en él; pues aún no había venido el Espíritu Santo, porque Jesús no había sido aún glorificado" (Juan 7:39).

Esta es la razón por la cual el Espíritu de Cristo, el mediador, es por lo tanto el autor de la teología evangélica; esto no quiere decir que el Espíritu Santo no había estado activo antes del día de Pentecostés; sencillamente quiere decir que no había sido dado en su plenitud hasta que Cristo ascendió.

V. El Espíritu Santo Como Sustituto y Abogado de Cristo

Arminio afirma: "Pero la revelación de la teología evangélica es atribuida a Cristo respecto a su oficio mediatorio, y al Espíritu Santo por haber sido nombrado sustituto y Abogado de Cristo el Mediador. Esto se hace consistentemente por una razón muy justa, tanto porque Cristo, como Mediador, es puesto como la obra básica de esta doctrina, y había de llevar acabo ciertas acciones, aguantar sufrimientos, y pedir y obtener bendiciones, todo esto es revelado en gran parte en el evangelio de Cristo.

"¿No es entonces una maravilla que, en este sentido, Cristo no solamente sea el objeto del evangelio, sino que de la misma manera sea el revelador del evangelio y la persona en quien se hallan todas las gracias evangélicas y el Señor y comunicador de ellas? Puesto que el Espíritu de Cristo, nuestro mediador y cabeza, es el vínculo de nuestra unión con Cristo, en este sentido es justo y razonable que Cristo se revele a nuestras mentes y selle nuestros corazones por la fe que mora en nuestros corazones.

"Estas consideraciones revelan la razón de por qué Dios puede esperarse con gran paciencia hasta que el evangelio sea obedecido por aquellos a quienes se les predique; y también da gran consolación a nuestra ignorancia y debilidades".[18]

La dignidad de la nuestra teología es grande, además de la que ya posee por la consideración de su Autor. Nuestra teología la vez revela la gran sabiduría, bondad y poder de Dios cuando instituyó su teología. Consideremos qué-cuál sabiduría y bondad Dios usó cuando instituyó y reveló esta teología; le dará mayor importancia a nuestro proposición.

A. La **sabiduría** de Dios. Ciertamente ciencias de toda clase tienen su origen en la sabiduría de Dios, y son comunicadas al hombre por su bondad y poder. Pero todas las ciencias se han originado por un grado inferior de la sabiduría de Dios, y se han revelado por un grado menor de bondad y pode. La teología evangélica es la excepción. Así como la sabiduría de Dios, por la cual él se conoce así mismo, es mayor por la cual conoce otras cosas; de la misma manera la sabiduría que él uso en la manifestación de sí mismo es mayor que la que uso en la manifestación de cosas.

B. La **bondad** por la cual el permitió ser conocido por el hombre como su Bien Mayor, es más grande que la cual por imparte el conocimiento de otras cosas.

C También el **poder**, por el que la naturaleza se levanta al conocimiento de cosas sobrenaturales, es más grande que aquel por el que investiga cosas de la misma especie y origen consigo mismo. Por tanto, anque todas puedan jactarse de Dios como su autor, la teología se levanta sobre todas ellas, dejándolas atrás a una distancia inmensa.

Nuestra teología es superior en dignidad a todas las otras ciencias:

1. Porque revela la grandeza de la sabiduría de Dios, pues es mayor que aquella por la cual él conoce las otras cosas; también porque es la que usa para manifestarse a sí mismo y para manifestarse a otras cosas.

2. La bondad de Dios es mayor, porque por ella se permite a sí mismo ser conocido y aceptado por el hombre como el Bien Supremo y es mayor que aquella que imparte al conocimiento de las cosas.

3. El poder de Dios es mayor porque da conocimiento de las cosas sobrenaturales; es mayor que aquel poder que solo investiga el origen y la especie de las cosas. Por lo tanto, la teología evangélica se eleva se eleva por sobre todas las otras ciencias y las deja atrás a una gran distancia. Pero esta consideración no solamente eleva la dignidad de la teología evangélica sobre todas las otras ciencias sino que, de igual manera demuestra que sobrepasa a la teología legal.

Detengámonos un poco en este punto para considerar nuestra teología en esta relación.

a. La sabiduría, bondad y poder de Dios, por las cuales creó al hombre según su imagen que consiste en alma racional y cuerpo, son grandes, y son a la vez el reclamo de la teología legal. Pero la sabiduría, bondad y poder de Dios por las cuales *"el Verbo fue hecho carne"* (Juan 1:14) y *"Dios manifestado en la carne"* (1 Timoteo 3:10) y *"se despojó a sí mismo, tomando forma de siervo, hecho semejante a los hombres"* (Filipenses 2:7), hacen que la teología evangélica sea mayor y le dan derecho de procedencia.

b. La sabiduría y bondad por la operación de las cuales se revela el poder de Dios para salvación, son grandes; pero aquello por el cual se revela *"el poder de Dios como salvación a todo aquel que cree"* (Romanos 1:16), lo sobrepasa.

c. Ciertamente grande es la sabiduría y bondad por la cual *"la justicia de Dios es manifestada por la ley"* y por la cual la justificación de la ley fue adscrita de deuda a obediencia perfecta; pero son sobrepasadas infinitamente por la sabiduría y bondad por la cual la justicia de Dios por la fe es manifestada y por la cual está determinado que el hombre es justificado, no por obras, sino según la más gloriosa riqueza de su gracia.

d. La sabiduría y bondad que indican la manera de unión con Dios, en la cual la justicia legal de conformidad con la imagen de Dios, según fue creado el hombre, eran muy conspicuas y excelentes. Pero un triunfo solemne y sustancial fue alcanzado por la fe en la sangre de Cristo, por la cual la sabiduría y bondad, que de manera maravillosa califica la justicia y misericordia, indica la manera de unión con Cristo y en su justicia, el cual es *"el resplandor de su gloria, y la misma imagen de su sustancia"* (Hebreos 1:3).

e. Finalmente, la sabiduría, bondad y poder que nos han sacado de las más densas tinieblas de ignorancia y de la muerte y profundidad del infierno, a la luz maravillosa del evangelio, han *"sacado vida e inmortalidad, a luz"*. Esto sobrepasa todo lo que la teología legal pueda presentar como recompensa a los mandamientos de la ley. Una consideración más a fondo os obliga a adoptar una confianza más atrevida y a dar a la sabiduría, bondad y poder de Dios que se reveló en la teología legal, el título de "natural". En este sentido la sabiduría, bondad y poder de Dios son simplemente el principio de la relación de Dios hacia el hombre, quien es según su imagen. Los otros se han manifestado en el evangelio y sin temor les llamo: Sabiduría, bondad y poder "sobrenaturales" y el punto final y revelación completa y perfecta de Dios al hombre.

Aquí parece que Dios se ha sobrepasado a sí mismo y ha manifestado todas sus bendiciones. Admirable fue la bondad de Dios que admitió al hombre en la íntima comunión consigo mismo; un privilegio lleno de gracia y misericordia, después de que sus pecados lo habían hecho indigno de esta revelación. Pero esto fue requerido por la infeliz y miserable condición del hombre, quien por su indignidad tan grande, llegó a ser más indigno por la profundidad de su ceguera, requirió una iluminación más fuerte para que se manifestara su debilidad y a la vez la necesidad de un poder mayor para su restauración.

No hay desvío tan grande del cual Dios no nos pueda llamar a sí mismo; no hay caída tan profunda de la cual no nos pueda levantar y ponernos de pie; no hay maldad de tal magnitud que no pueda ser conquistada por su bondad. Y esto de su puro placer, con la condición de que permitamos que nuestra ignorancia y debilidad sean corregidas por su luz y poder y nuestra maldad sea subyugada por su bondad.

La manera de la manifestación divina parece ser triple, de acuerdo con los tres instrumentos u órganos de nuestra capacidad: (a) Los sentidos. En ocasiones Dios se revela a sí mismo y su voluntad por una imagen o representación externa, o por palabra audible o discurso dirigido al oído. (b) Otras veces, se introduce a sí mismo a la imaginación por el mismo método. Y, (c) en otras, se introduce en la mente de una manera inefable, la cual se llama inspiración. Por supuesto, de todos estos modos, las Escrituras dan ejemplos claros".[19]

VI. El Fin de la Teología

A la luz de lo dicho se puede notar la excelencia del fin de la teología. Por lo tanto, esta ciencia es más ilustre y trascendente que las otras, porque solamente ella tiene una relación con la vida que es espiritual y sobrenatural; también tiene su fin más allá de los linderos de la vida presente, mientras que todas las otras ciencias se relacionan con la vida animal y presente y tienen su fin en sí mismas.

Por eso se puede decir de la teología evangélica, "que vuela muy alto y deja todo como en las sombras" . Por esto tenemos que admitir que la misma persona quien es el autor y objeto, también es el fin de la teología. Puesto que el autor es el primer y supremo ser, es necesario que también sea el primer y supremo bien y que se sujete, se humille y se presente a sí mismo como un objeto a algún poder o facultad de la criatura racional, para que por su acción pueda ocuparse de él y en un sentido ser unido a él.

No es posible que después de que la criatura haya hecho todo lo que está de su parte, quiera irse (volar) y buscar otro bien mayor. Es entonces, por necesidad, que se refrene a dentro de sí mismo, porque es dentro de esta limitación donde halla su felicidad y también nota que le es imposible pasar más allá, debido a la infinitud del objeto; permanece allí, porque también ve la importancia de su objeto; pero también nota que no puede pasar más allá de su fin y de su bien, por aquellos que son los mayores en grado; ni desea, ni es capaz de desear otra cosa, con la condición de que este objeto le sea unido, hasta donde la capacidad de la criatura le permita. Por lo tanto, el fin de nuestra teología puede ser llamado con toda propiedad: la unión de Dios con el hombre.

Pero no es una unión esencial, como si dos esencias estuvieran unidas o mezcladas en sí mismas o unidas en una; el hombre no es absorbido por Dios; la misma naturaleza de las cosas no permite tal hecho. No es una unión formal, como la del espíritu uniéndose a su cuerpo para darle vida y movimiento.

Es una unión objetiva, por la cual Dios por medio de la agencia de sus facultades y acciones preeminentes y fieles, da pruebas muy convincentes de sí mismo al hombre que se puede decir que Dios es "todo en todo" (1 Corintios 15:28).

Esta unión es inmediata, sin ninguna vinculación que sea diferente de los límites mismos. Dios se une a sí mismo al entendimiento y a la voluntad del hombre por medio de sí mismo, sin la intervención de imagen, especies o apariencias; la naturaleza de esta última y suprema unión requiere esto, porque en esto consiste el bien supremo de la criatura racional y sin la cual no puede descansar. Por medio de esta unión el entendimiento contempla en visión clarísima, como si estuviera viendo "cara a cara" a Dios y todas sus bondades e incomparable belleza, no puede menos que ser amada por sí misma; de esta consideración, la voluntad la abraza (la visión) con un amor más intenso en proporción al grado del conocimiento que la mente haya obtenido.

"Pero aquí se levanta una doble dificultad que debe ser removida para que no sea "piedra de tropiezo" y para allanar el camino por el cual hemos de caminar. (1) ¿Cómo es posible que el ojo del entendimiento humano no sea opacado y nublado cuando un objeto tan trascendente de luz se le presenta? (2) ¿Cómo puede el entendimiento recibir y contener el objeto que se le presenta en tan grande medida y proporción? La causa de la primera es que la luz se manifiesta a nuestro entendimiento, no en la infinitud de su propia naturaleza, sino en una forma templada. ¿A qué se acomoda esta luz? ¿No es a nuestro entendimiento? Pero no de acuerdo con la capacidad que tenía antes de la unión; de otra manera, no pudiera recibirla y contenerla como para llenar el entendimiento y hacerlo feliz. Es modificada de acuerdo con la medida del engrandecimiento del entendimiento para recibir esa gloriosa luz, de acuerdo con el propósito por el cual fue creado. En este acto de la mente y voluntad, consiste la salvación y perfecta felicidad del hombre. De aquí también se levanta la gloria infinita de Dios, sobrepasando toda otra gloria que ha sido manifestada en las funciones anteriores. **Por lo tanto, el fin de la teología es la unión de Dios con el hombre, para salvación de él y gloria de Dios.**

Mas tenemos que considerar el fin de la teología como se presenta en la teología evangélica. Este fin es triple: Dios y Cristo. La unión del hombre con ambos. También la visión y gozo de ambas para la gloria de Cristo y Dios. Sobre cada uno de estos particulares tenemos que hacer algunas observaciones, que concuerdan con la doctrina evangélica.

Pero antes de que consideremos estas observaciones, tenemos que mostrar que la salvación del hombre para la gloria de Cristo mismo, consiste también en el amor, la visión y la perfección de la obra de Cristo. El siguiente pasaje impone esta necesidad sobre nosotros, porque aparentemente excluye a Cristo de esta consideración: *"Luego el fin, cuando entregue el reino al Dios y Padre, cuando haya suprimido todo dominio, toda autoridad y potencia"* (1 Corintios 15:24).

De este pasaje surgen tres dificultades que deben ser removidas con una explicación correcta, estas son: (1) Si Cristo va a entregar el reino a Dios, no va a reinar en persona. (2) Si va a sujetar todo al Padre, no va a presidir sobre la iglesia. (3) Si Dios será todo en todo, entonces nuestra salvación no será puesta en unión, visión y realización de él. Voy a proceder a contestar por separado cada una de estas objeciones.

El reino de Cristo abraza dos elementos: La función como mediador del oficio real y la gloria real. La función real será puesta a un lado porque ya no habrá necesidad de su uso; pero la gloria real permanecerá, porque fue obtenida por las obras del mediador y le fue conferida por el Padre de acuerdo con el pacto. Lo mismo es declarado por la expresión "se sujetará" que indica la función de Cristo como mediador, siendo esta una función temporal. Sin embargo, cuando haya entregado este poder, él permanecerá como la cabeza y esposo de su iglesia; esto indica que, de la misma manera, Dios inmediatamente comunicará su propio bien a sus criaturas, Por lo tanto, nada será quitado de Cristo que le hayamos atribuido en los discursos anteriores según las Escrituras (1 Corintios 15:24).

Ahora mostraré esto con algunos pasajes, en los cuales Cristo promete una unión consigo mismo. *"El que me ama, mi palabra guardará; y mi Padre le amará, y vendremos a él, y haremos morada con él"* (Juan 14:23). Aquí tenemos una promesa de bien, por la cual el bien de la iglesia se pone en unión con Cristo y una morada es prometida, no admitiendo terminación por los vínculos de esta vida, pero que continuará en el cielo después de que esta vida termine.

Con referencia a esto, el apóstol dice: *"Teniendo deseo de partir para estar con Cristo, lo cual es muchísimo mejor"* (Filipenses 1:23). Cristo mismo dice: *"Padre, aquellos que me has dado, quiero que donde yo estoy también ellos estén conmigo, para que vean mi gloria que me has dado; porque me has amado desde antes de la fundación del mundo"* (Juan 17:24). Juan nos dice que el fin del evangelio es: *"Para que tengáis comunión con nosotros y nuestra comunión verdaderamente es con el Padre, y con su Hijo Jesucristo"* (1 Juan 1:3). Y en esta comunión hallamos vida eterna.

Si alguno tiene dudas acerca de la visión de Cristo, escuche su declaración: *"Y el que me ama, será amado por mi Padre y yo le amaré, y me manifestaré a él"* (Juan 14:21). ¿Se ha de manifestar solamente en este mundo? Escuchemos de nuevo a Cristo al interceder ante el Padre por los fieles: *"Padre, aquellos que me has dado, quiero que donde yo estoy también ellos estén conmigo, para que vean mi gloria que me has dado; porque me has amado desde antes de la fundación del mundo"* (Juan 17:24). Por lo tanto, Cristo promete a sus seguidores una visión de su gloria y de su poder; y su Padre está obligado a concederle este favor.

La misma verdad está confirmada por Juan: *"Amados, ahora somos hijos de Dios, y aún no se ha manifestado lo que hemos de ser; pero sabemos que cuando él se manifieste, sere-*

mos semejantes a él, porque le veremos tal como él es" (1 Juan 3:2). Este pasaje se puede entender como refiriéndose a Cristo sin ninguna impropiedad; sin embargo, no a la exclusión de Dios el Padre. *"La ciudad no tiene necesidad de sol ni de luna que brillen en ella, porque la gloria de Dios la ilumina, y el Cordero es su lumbrera. Y las naciones que hubieren sido salvas, andarán a la luz de ella"* (Apocalipsis 21:23-24; 19:1-10), donde Juan habla más acerca de la luz de la gloria de Cristo.

Para terminar con la consideración del tema de la unión, veamos las Escrituras que nos hablan más a fondo de ella: *"Y los dos serán una sola carne. Grande es este misterio; mas yo os digo esto respecto de Cristo y de la iglesia"* (Efesios 5:31-32). Será una unión o vínculo matrimonial la que unirá a Cristo con la iglesia. Las desposadas de la iglesia en la tierra son contratadas por la agencia del cortejo marital de Cristo que son los profetas, apóstoles y sus sucesores, especialmente el Espíritu Santo que en este asunto es el mediador y árbitro. La consumación seguirá cuando Cristo introduzca su esposa al cielo (Salmos 40:9; Cantares 6:8-10).

Si volvemos nuestra atención a la visión, encontraremos dos características sobresalientes y peculiares de a la teología evangélica:

1. La gloria de Dios será presentada a nuestra vista como si fuera acumulada y concentrada en un solo cuerpo. De otra manera, esta gloria estaría dispersa por todos los espacios del cielo, de la misma manera como la luz fue esparcida en el primer día de la creación; pero en el cuarto día fue colectada, unida y concentrada en un solo cuerpo y ofrecida a la vista de nuestros ojos como un objeto conspicuo y brillante. Con referencia a esto se dice de la Jerusalén celestial en Apocalipsis, *"que no tiene necesidad de sol ni de luna que brille en ella; porque la gloria de Dios la ilumina y el Cordero es su lumbrera"* (21:23).

2. No solamente contemplaremos en Dios mismo las más excelentes propiedades (atributos) de su naturaleza, sino que percibiremos todas aquellas que fueron empleadas y dedicadas para procurar este bien para nosotros que ahora ya es nuestro en esperanza, pero que después vamos a poseer en realidad por medio de esta unión y visión abierta.

La excelencia de esta visión sobrepasa a aquella que hubiera sido posible por la ley, porque así como la luz del sol es más brillante que las estrellas, también así es la vista del sol cuando el ojo humano es capaz de soportarla, más agradecido y aceptable; y el gozo de ella mucho más placentero. De tal visión de los atributos divinos, la más deliciosa dulzura de sus frutos será duplicada: (a) Se levantará deleite de la contemplación de las propiedades tan excelentes. (b) De la consideración de la inmensurable condescendencia por la cual le ha placido a Dios manifestar todas sus propiedades y el total de sus bendiciones que posee en la inmensurable tesorería de sus riquezas; y dar esta explicación para que pudiera procurar la salvación del hombre y así impartirla a la más miserable criatura (Filipenses 3:21; 1 Corintios 15:49; 2 Corintios 5:17; 2 Pedro 3:13; Apocalipsis 2:17; 3:12; 5:9). ¿Quién, entonces, no puede ver ahora la grandeza de la felicidad que ha sido preparada para nosotros por Cristo y ofrecida por la teología evangélica, que sobrepasa a aquella que hubiera venido a nosotros por "la justicia de la ley", si hubiera sido posible cumplirla?

En tal caso, seríamos semejantes a los ángeles elegidos; pero ahora seremos superiores a ellos, si se me permite hacer esta declaración para alabanza de Cristo y nuestro Dios en esta célebre asamblea, en la cual tenemos unos de estos espíritus benditos como espectadores. Ahora ellos se unen con Dios y Cristo y probablemente estarán más unidos cuando llegue el tiempo de la restauración de todas las cosas. Pero no habrá nada entre ellos y Dios semejante a la unión conyugal que nos unirá a él y dejará ver su gloria (Hebreos 1:3; 2:16; 1 Juan 3:2). Entre tanto, consideremos con mente devota y atenta la obligación que impone esta doctrina sobre nosotros. Requiere que sea recibida con el entendimiento, que sea creída, cumplida en toda obra y en toda realidad. Es digna de toda aceptación por motivo de su autor y es necesario que se acepte por motivo de su fin.

1. Puesto que ha sido dada por un autor tan grande, es digna de ser recibida con una mente humilde y sumisa; se ha de tener mucha diligencia y cuidado para conocerla y percibirla y no ha de ser dejada a un lado, ni de mano, ni de mente, ni de corazón, hasta que hayamos obtenido el fin de ella: La salvación de nuestras almas. ¿Por qué se ha de hacer esto? ¿Abrirá el Espíritu Santo su boca y permanecerían nuestros oídos cerrados? ¿Estará dispuesto nuestro Maestro a comuni-

car instrucción y nosotros rehusarnos a aprender? ¿Hemos de tomar el mandato del Padre que dice: *"A él oíd"*, al cual se le añade una amenaza: *"Y toda alma que no oiga a aquel profeta, será desarraigada del pueblo"*? (Deuteronomio 18-19; Hechos 3:23). Que ninguno de nosotros caigamos en la comisión de una ofensa tan horrenda, *"porque si la palabra dicha por medio de los ángeles fue firme, y toda transgresión y desobediencia recibió justa retribución, ¿cómo escaparemos nosotros, si descuidamos una salvación tan grande?"* (Hebreos 2:2-3).

2. A todas las consideraciones anteriores, unamos el fin de esta doctrina. Reflexionemos sobre la causa o por qué Dios nos ha sacado de las tinieblas a su luz maravillosa; nos ha dado una mente, entendimiento y razón y nos ha adornado con su imagen. Dejemos que estas preguntas sean resueltas en nuestras mentes: ¿Con qué propósito o fin Dios ha restaurado al caído a un estado prístino de integridad, reconciliado a los pecadores consigo mismo y recibido a sus enemigos a su favor? Si reflexionamos sobre esto, pronto descubriremos que todo ha sido hecho para que participemos de la salvación eterna y para cantarle alabanzas a su nombre para siempre. Pero no hubiéramos podido aspirar a este fin, mucho menos alcanzarlo, excepto en la manera como ha sido señalado por la doctrina teológica, que ha sido el tema de nuestro discurso. Si nos desviamos de este fin, nuestros desvíos se extienden no solamente más allá de la tierra y mar, sino aún más allá de los mismos cielos.

Esta doctrina es la "puerta del cielo", la "puerta del paraíso", la "escalera de Jacob" (Géneses 28:10-17), por la cual Cristo desciende a nosotros y nosotros ascendemos a él; es la "cadena de oro", que une el cielo con la tierra. Entremos por esta puerta; ascendamos por esta escalera; tomémonos de esta cadena. Amplia y espaciosa es la puerta y fácilmente admitirá a los creyentes; la posición de la escalera es inmovible y los que por ella ascienden no serán sacudidos o movidos; la unión de un eslabón con otro en la cadena, es inseparable y no permitirá que caigan quienes de ella están asidos, hasta que lleguemos a aquél que es *"el Hijo del Dios viviente"* (Juan 6:69).

Pero en ustedes, oh juventud escogida , este cuidado es la incumbencia peculiar; porque Dios los ha destinado para que sean colaboradores en la manifestación del evangelio e instrumentos para administrar la salvación a otros En contemplar el fin, descubrirán que no es posible conferir a la humanidad un oficio de mayor dignidad y utilidad que éste, por el cual se pueden conducir del error al camino de la verdad, de la iniquidad a la justicia, de la miseria más profunda a la felicidad más elevada y por el cual podamos contribuir hacia su salvación eterna.

Todo esto solamente lo enseña la teología. Que las Sagradas Escrituras sean, por lo tanto, vuestros modelos (1 Timoteo 4:6; 2 Timoteo 3:15; Tito 3:1; 2 Pedro 1:8;). ¡Que la alabanza y gloria sean, desde ahora y para siempre, para nuestro Señor Jesucristo! ¡Amén!

Tercer Discurso: Certeza de la Teología

En este discurso, el último presentado en su inauguración como profesor de teología en la Universidad de Leyden, Arminio se propone probar y describir la certeza de la teología sagrada; certeza que no puede tener ninguna otra ciencia.

Ahora, vamos a considerar la certeza de la teología sagrada. Pero para que nuestra oración proceda de manera ordenada se requiere, en primer lugar, describir la certeza en términos generales; y después considerar más a fondo la certeza de la teología.

I. Definición General de Certeza

Arminio comienza diciendo: "Certeza es una propiedad de la mente o entendimiento y un modo de conocimiento, según el cual la mente conoce un objeto tal como es y está segura de que conoce el objeto como es en realidad. Es distinta a la opinión; la opinión es acompañada con una sospecha de falsedad.

"Se requieren dos condiciones para que haya certeza: La veracidad (realidad) de la cosa en sí, y tal aprehensión de ella en nuestra mente, como la que hemos descrito. A la formación de esta aprehensión se le puede llamar verdad, debido a la similitud; así como la cosa (objeto) en sí, de seguro se debe a la acción del que la aprehende de la misma manera.

"La verdad puede considerarse en dos aspectos: Simple y compuesto. 1. La primera, en relación a una cosa estando en el número de entidades; 2. la última, en referencia a algo inherente en una cosa, estando presente con ella o siendo una de sus circunstancias. El proceso de la verdad en la mente se expresa de la misma manera: en un ser simple o entidad se le llama «una simple aprehensión» en un ser complejo, se le llama «composición». De igual manera, el modo de la verdad es realmente dual, necesario y contingente. La necesidad de una cosa simple es la existencia necesaria de la cosa, sea que tenga el lugar de sujeto o de atributo. La necesidad de una cosa compleja consiste en la relación necesaria entre el sujeto y predicado-atributo.

"La existencia de Dios es asunto de necesidad; su vida, sabiduría, bondad, justicia, misericordia, voluntad y poder, igualmente, tienen existencia necesaria. El fundamento de necesidad es la naturaleza de Dios; el principio de contingencia es la libre voluntad de la deidad. Lo más duradero que le ha placido a Dios es crear cualquier cosa, lo más cerca es su aproximación a la necesidad y lo más que se aleje, de contingencia; aunque nunca pasará los límites de contingencia y nunca alcanzará la inaccesible morada de necesidad.

"Las causas de esta certeza son tres. Se originan en la mente, ya sea por los sentidos, por razonamiento y discurso, o por revelación. La primera, es certeza de experiencia; la segunda, es la de conocimiento; y, la última, es la certeza de fe. La primera es la certeza de objetos particulares que están dentro o bajo la observación de los sentidos; la segunda es de las conclusiones deducidas de principios conocidos; y la última es la de la de cosas que están más del conocimiento tanto de los sentidos como de la razón".[20]

II. La Certeza de la fe: La Necesidad de una Revelación

Apliquemos ahora estas observaciones a nuestro propósito presente. El objeto de nuestra teología es Dios y Cristo, en virtud de ser Dios y hombre en su ser. Dios es un ser verdadero y el único necesario, por la necesidad de su naturaleza. Cristo es un ser que existe por la voluntad de Dios y también es un ser necesario, porque perdurará por toda la eternidad.

Todo lo que nuestra teología le atribuye a Dios, en parte pertenece a su naturaleza y en otra a su voluntad. Por su naturaleza, vida, sabiduría, bondad, justicia, misericordia, voluntad y poder, le pertenecen por una necesidad natural y absoluta. Todo lo demás existe por su libre voluntad. Pero nada de ello alcanza el grado de necesidad, de la necesidad de Dios y Cristo. La verdad y necesidad de nuestra teología, por lo tanto, excede la necesidad de todas las otras ciencias. Debido a esto, es por necesidad que el objeto de ninguna otra ciencia puede conocerse con más certeza que el de la teología.

A. El objeto (Dios) se puede conocer en un grado mayor si se presenta de una manera calificada y propia de acuerdo con la capacidad del entendimiento. Este objeto no es de tal naturaleza que se puede presentar a los sentidos externos. Es tan elevado, que la mente aún cuando sea ayudada por la razón, no puede conocerlo en su naturaleza o atributos. El objeto (Dios) es conocido solo por sí mismo, por Cristo (Juan 14:9) y por el Espíritu Santo (1 Corintios 2:10).

B. Se necesita, por lo tanto, una revelación por la cual Dios y su Cristo se puedan dar a conocer como un objeto de nuestro conocimiento y entendimiento. Se necesita una revelación, si es cierto que Dios y su Cristo han de ser conocidos y ambos dignos de ser adorados.

C. Pero, a menos que sea cierto y evidente que una revelación se ha hecho, será en vano inquirir y debatir acerca de la palabra (la Biblia) en la cual esa revelación ha sido hecha y es contenida.

1. Pero la naturaleza misma de Dios claramente da evidencia de que él y su Cristo se han revelado. Su naturaleza es buena (amor) y comunicativa de sus bendiciones. Pero no hay comunicación del bien divino, solamente que se dé a conocer al entendimiento para ser deseado por los afectos y la voluntad. Pero no puede ser objeto del conocimiento excepto por revelación. Una revelación, por lo tanto, es necesariamente instrumento de comunicación.

2. La necesidad de esta revelación se puede inferir por la naturaleza y condición del hombre:

    a. Porque, por naturaleza, el hombre posee una mente y entendimiento. Pero es necesario que la mente y el entendimiento giren hacia su Creador; lo cual no se puede hacer sin un conocimiento de su Creador; tal conocimiento no se puede obtener excepto por revelación.

b. Por el hecho de que Dios mismo creó al hombre según su imagen, con la capacidad de participar del bien supremo, pero esto sería en vano si en algún tiempo y manera no conociera a Dios. La necesidad de una revelación se hace obvia.

c. No es posible que el deseo que Dios ha implantado en el hombre fuera en vano y sin fruto.

D. Si la relación que existe entre Dios y el hombre se presenta, inmediatamente se dará a conocer para que el hombre pueda adorar a Dios como él demanda. Porque es la voluntad de Dios que reciba adoración de acuerdo con su voluntad.

E. Si fijamos nuestra atención en Cristo, es maravilloso qué grande es la necesidad de que se presente una manifestación divina.

De inmediato, se presentan muchos argumentos a favor de una revelación. La sabiduría desea ser reconocida como la que califica a la justicia y a la misericordia. La bondad y la gracia, como administradoras de beneficios tan inmensos, deben ser honradas; el poder, como siervo de una sabiduría tan estupenda, merece adoración. La sabiduría, la misericordia y el poder de Dios, por lo tanto, se han revelado y exhibido copiosamente en Cristo Jesús.

Tenemos, entonces , la verdad y la necesidad de nuestra teología de acuerdo con el grado más alto; tenemos una noción adecuada de ella en la mente de Dios y Cristo, según *la palabra implantada, la cual puede salvar nuestra alma*" (Santiago 1:21).

Tenemos una revelación de esta teología presentada al hombre por la palabra predicada, que concuerda con las cosas en sí mismas y con lo que hemos mencionado, pero en una manera templada y adecuada para la capacidad humana. Era necesario considerar todas estas nociones como preliminares e introductorias respecto a la certeza en sí de esta teología.

"(¿Pero cómo pasa Arminio, de la necesidad de la revelación a la certeza de la teología? ¿Cómo podemos estar seguros de la divinidad de la palabra de revelación? Lo hace por medio de un argumento en nueve puntos. Su argumento ciertamente es circular, mas para Arminio la necesidad de revelación y certeza de la teología, trasciende la evidencia de la experiencia, las deducciones de la lógica: es asunto de fe)".[21]

III. Argumentos que Prueban la Divinidad de las Escrituras

A. La Divinidad de las Escrituras

Las Escrituras explican la naturaleza de Dios de tal manera que no le atribuye nada ajeno a ella, nada que no esté perfectamente de acuerdo con ella. Describe a la persona de Cristo de tal manera que la mente humana, al contemplar la descripción, debe reconocer que "tal persona no pudo haber sido inventada por ningún intelecto humano". De igual manera, las Escrituras relatan el amor de Dios y Cristo hacia nosotros y los beneficios que recibimos (Efesios 1:3; 3:4).

Si consideramos el fin, claramente nos señalará la divinidad de esta doctrina. Este fin es divino, siendo nada menos que la gloria de Dios y la salvación del hombre.

B. El Acuerdo de Esta Doctrina en sus Partes

a. El acuerdo de todas la predicciones acerca de Cristo que se hallan desde Génesis 3:15: *"Y la simiente suya; esta te herirá en la cabeza"*, hasta Apocalipsis 12:9; 20:2: *"Y fue lanzado fuera el gran dragón, la serpiente antigua, que se llama diablo y Satanás"*.

b. El estilo y carácter de las Escrituras, inmediatamente reflejan la majestad de cosas tan divinas que están más allá del alcance de la imaginación del hombre, cosas que sobrepasan la capacidad del hombre; se presentan sin argumento, sin embargo es obvio que desean que sean entendidas y creídas por el hombre.

c. Si se examinan las recompensas y castigos se verán tanto las promesas de vida eterna, como una denuncia de castigos eternos; y pronto se confesará juntamente con Pablo: "Hablamos, no con palabras enseñadas por sabiduría humana, sino con las que enseña el Espíritu, acomodando lo espiritual a lo espiritual" (1 Corintios 2:13).

C. Las Profecías

"Entendiendo primero esto, que ninguna profecía de las Escrituras es de interpretación privada, porque nunca la profe-

cía fue traída por voluntad humana, sino que los santos hombres de Dios hablaron siendo inspirados por el Espíritu Santo" (2 Pedro 1:20-21).

Al examinar las profecías que están esparcidas a través de las Escrituras, se observará la elocuencia con la cual fueron presentadas las profecías de asuntos tan importantes que están más allá de la investigación de toda mente humana y angélica, que no podían ser pronosticadas, excepto por una deidad omnisciente. Solo un ejemplo es suficiente: Cuando Dios habló a Abraham en un sueño (Génesis 15:12-13) y su cumplimiento en Éxodo 12:41: *"Y pasados los cuatrocientos años, en el mismo día todas las huestes de Jehová salieron de la tierra de Egipto"* (Esdras 1:1). Dios mismo declara por el profeta Isaías, que la divinidad de las Escrituras puede probarse, y se debe concluir, de esta clase de profecías. Estas son sus palabras: *"Dadnos nuevas de lo que ha de ser después, para que sepamos que vosotros sois dioses"* (Isaías 41:23).

D. Los Milagros

Los milagros que Dios ha hecho por medio de sus siervos, los profetas, apóstoles y por Cristo, tienen como propósito confirmar y establecer la autoridad de su doctrina. Estos milagros exceden infinitamente el poder combinado de todas las criaturas y poder de la misma naturaleza. Pero el celo del Dios de verdad, por su propia gloria nunca hubiera dado testimonio tan fuerte a los falsos profetas y a sus doctrinas. Por eso Cristo dijo: *"Si no hago las obras de mi Padre, no me creáis. Mas si las hago, aunque no me creáis a mí, creed a las obras, para que conozcáis y creáis que el Padre está en mí, y yo en el Padre"* (Juan 10:37-38).

Es el caso de la viuda de Sarepta al decir: *"Ahora conozco que tú eres varón de Dios, y que la palabra de Jehová es verdad en tu boca"* (1 Reyes 17:24). Por la misma razón, el apóstol Pablo declaró: *"Con todo, las señales de apóstol han sido hechas entre vosotros en toda paciencia, por señales, prodigios y milagros"* (2 Corintios 12:12). En Apocalipsis 19:20 se nos advierte del falso profeta y del anticristo que harán milagros y señales con las cuales engañarán a los que reciben la marca de la bestia y adorarán a la bestia. Negar la realidad de estos milagros, los cuales aún los judíos y gentiles reconocen y quienes eran enemigos de la verdadera doctrina, es evidencia clara de imprudencia y abominable insensatez.

E. La Antigüedad de la Doctrina

Si se añade la antigüedad, la propagación, la preservación y la defensa admirable de esta doctrina, darán un testimonio brillante y claro de su divinidad. Si "aquello que es de la antigüedad más alta posee la porción más grande de verdad", como Tertuliano muy bien sabía y justamente observa, entonces esta doctrina es una de las verdades más grandes, porque puede trazar su origen a la más grande antigüedad.

Cuando se considera por separado la propagación, la preservación y la defensa de esta doctrina, se hallará que es de origen divino.

a. Si consideramos a los hombres entre los cuales esta doctrina sagrada florece, descubriremos que debido a su naturaleza corrupta, rechazaron esta doctrina por dos razones: Primero, en una de sus partes es completamente contraria a la sabiduría del mundo, que las mentes corruptas la acusan de necedad; segundo, es porque en otra de sus partes es decididamente enemiga de los deseos mundanos y carnales.

b. Esta doctrina tiene algunos enemigos poderosos: Satanás, el príncipe de este mundo, con todos sus ángeles y aliados terrenales.

c. También la manera en que su propagación, preservación y defensa se llevó a cabo, indica divinidad por pruebas irrefutables. Su propagación y defensa no fue con espada, lanzas, caballos o carretas, etc. Fue por hombres como Pablo: *"Instrumento escogido me es éste, para llevar mi nombre en presencia de los gentiles, y de reyes, y de los hijos de Israel; porque yo le mostraré cuánto le es necesario padecer por mi nombre"* (Hechos 9:15-16; Mateo 10:16; Filipenses 1:12-13; Salmos 118:22). Ciertamente "la sangre de los mártires es la semilla de la iglesia".

¿Quién hay, entonces, que no pueda ahora con ojos libres de todo prejuicio, ver tan claras pruebas de la divinidad de las Escrituras y que no confiese inmediatamente que el apóstol Pablo tenía las mejores razones para exclamar: *"Pero si nuestro evangelio está aún encubierto, entre los que se pierden está encubierto; en los cuales el dios de este siglo cegó el entendimiento de los incrédulos, para que no les resplandezca la luz del evangelio de la gloria de Cristo, el cual es la imagen de Dios"* (2 Corintios 4:3-4). Pero es imposible que estas tinieblas permanezcan; serán dispersas por esta luz que brilla con resplandor vencedor.

F. La Santidad de sus Administradores

La santidad de los que primero anunciaron la Palabra y por quienes fue escrita, conduce al mismo propósito: Probar su divinidad. Porque siendo evidente que a los que se les confió esta tarea se habían despojado de la sabiduría del mundo y de los deseos y afectos de la carne, completamente despojados del hombre viejo; y estaban completamente consumidos por su celo por la gloria de Dios y la salvación de la humanidad, es manifiesto que santidad como ésta había sido inspirada e internada, solo por él quien es el Santo de los santos.

Comencemos con Moisés: Fue tratado de manera muy indigna por gente muy ingrata; sin embargo, estaba preparado para comprar su salvación con su propia muerte intercediendo ante Dios: *"Que perdones ahora su pecado. Y si no, ráeme ahora de tu libro que has escrito"* (Éxodo 32:12; 32:33; Números 14:16; Romanos 9:1-5).

David no se avergonzó de confesar públicamente sus enormes crímenes y escribirlos como testimonio memorial eterno para la posteridad. Samuel no evitó dejar escritos a perpetuidad sobre la conducta detestable de sus hijos.

Al recibir de la mano de Dios su compromiso a este oficio, al momento de despedirse de todo el mundo y de todos los deseos que hay en él cada uno dijo de su padre y de su madre: *"Nunca los he visto; y no reconoció a sus hermanos, ni a sus hijos conoció; pues ellos guardaron tus palabras, y cumplieron tu pacto"* (Deuteronomio 33:9).

G. La Constancia de sus Testigos y Mártires

¿Pero qué diremos de la constancia de los testigos y mártires que manifestaron ante los tormentos y sufrieron por la verdad de esta doctrina? Si sujetamos esta constancia al examen de los enemigos inflexibles, oiremos de jueces indispuestos testimonios de confesión de su divinidad. Para que la fuerza de este argumento pueda ponerse en luz más clara, la mente tiene que ser dirigida hacia cuatro aspectos particulares:

El primero, referido al número de testigos. Tenemos que dirigir nuestra investigación a la multitud de ellos, que es innumerable, sobrepasando miles de millares; a la luz de esta realidad, está fuera del poder de cualquiera decir que porque fue la decisión de unas pocas personas debe ser considerado como fanatismo o cansancio de una vida llena de problemas.

El segundo, la condición de los testigos. Si indagamos al respecto, hallaremos a nobles, campesinos, gentes de autoridad, esclavos, educados, ricos, pobres, etc. Muchos de los primeros mártires eran personas honorables de esta descripción, que ninguno piense que estaban encendidos con el deseo de gloria o queriendo ganar aplauso por la perseverancia y magnanimidad que fue evidenciada por sostener las convicciones que abrazaron.

El tercero, el nivel de los sufrimientos. Algunos de los tormentos que padecieron los testigos fueron de los más crueles : algunos fueron crucificados, ahogados, quemados en fuegos lentos, molidos, aserrados y otros sufrieron castigos tan degradables que no se pueden expresar.

El cuarto, la perseverancia de los testigos. Gracias a su paciencia, estos santos testigos soportaron todas las torturas con constancia y calma; las soportaron con tal gozo de corazón que aún causaron la furia de sus perseguidores, al grado de que al fin se rindieron a su paciencia inconquistable y fueron vencidos.

¿Cuál es entonces la razón de la gran paciencia manifestada bajo sus sufrimientos agudos? Ellos creían que cuando esta breve vida terminara, después de los dolores y aflicciones que soportaran en la tierra, recibirían una bendita inmortalidad.

H. El Testimonio de la Iglesia

Dios es el autor de la iglesia y Cristo es su Cabeza, y también ella por su testimonio añade a la divinidad de esta palabra. La iglesia no es autora de ella, solo es una niña de esta palabra, siendo posterior a ella. Nosotros no escuchamos a los que levantan esta objeción: "La iglesia es de antigüedad mayor que las Escrituras, porque antes que la Palabra fuera escrita, la Iglesia ya tenía existencia". La iglesia no es más antigua que estas palabras: *"La simiente suya; ésta te herirá en la cabeza, y tú le herirás en el calcañar"* (Génesis 3:15). La iglesia ciertamente es el pilar de la verdad (1 Timoteo 3:150), pero está edificada sobre esa verdad como sobre fundación, y de esta manera lleva la verdad al hombre. De esta manera, la Iglesia la hace la obra de un director y testigo de esta verdad; y su guardián, heraldo e intérprete. Pero en sus actos de interpretación, la iglesia está confinada al sentido de la palabra en sí y ligada a las expresiones de las Escrituras: Porque de acuerdo con la prohibición de San Pablo no le conviene *"pensar más de lo que está escrito"* (1 Corintios 4:6).

"Dejemos, entonces, que la iglesia se conforme con el honor que Cristo le ha conferido cuando la hizo guardiana de sus palabras y la nombró como directora y testigo de ella, así como heraldo y el interprete".[22]

I. El Testimonio Interno del Espíritu Santo

Nosotros, por lo tanto, continuamos repitiendo la declaración hasta que las puertas del infierno repitan el sonido del eco, "que el Espíritu Santo, por la inspiración de hombres santos de Dios que han hablado esta palabra y por sus impulsos y dirección han escrito la palabra; que este Espíritu es el autor de la luz y con su ayuda obtenemos una percepción y entendimiento del significado divino, asimismo es el productor de aquella certeza por la cual creemos que estos significados son verdaderamente divinos; y que él es el autor necesario y el productor suficiente".[23]

a. Las Escrituras demuestran que él es el autor necesario al declarar: *"Así tampoco nadie conoció las cosas de Dios, sino el Espíritu de Dios".* (1 Corintios 2:11; 12:3)

b. Las Escrituras también lo han presentado como el ejecutor suficiente y más que suficiente cuando declaran: *"Mas hablamos sabiduría de Dios en misterio, la sabiduría oculta... Pero Dios nos la reveló a nosotros por el Espíritu; porque el Espíritu todo lo escudriña, aún lo profundo de Dios"* (1 Corintios

2:7, 10; véase también Juan 5:10; Romanos 10:7; Efesios 4:11; 1 Juan 2:27; 1 Juan 5:8; Hebreos 4:12).[24]

IV. Conclusión del Discurso

Mis muy ilustres y hábiles oyentes, ya hemos percibido que las páginas de nuestra sagrada teología están llenas de Dios y Cristo y ambas del Espíritu. Si indagamos por el **Objeto**, Dios y Cristo por el Espíritu serán señalados a nosotros. Si buscamos por su **autor**, Dios y Cristo por la operación del Espíritu aparecerán espontáneamente. Si consideramos el **fin** propuesto, nuestra unión con Dios y Cristo se ofrece a sí misma, un fin que no se obtiene solo respecto a la verdad y certeza de la doctrina; Dios en Cristo, por los medios de la eficacia del Espíritu Santo, claramente convencerán nuestras mentes de la verdad y de manera poderosa sella la certeza en nuestros corazones.

Nunca tengamos alguna duda respecto a la verdad de esta revelación: *"Hasta que todos lleguemos a la unidad de la fe y del conocimiento del Hijo de Dios, a un varón perfecto, a la medida de la estatura de la plenitud de Cristo"* (Efesios 4:13). Tengo que humildemente suplicar y rogar a Dios nuestro Padre misericordioso, que le plazca concedernos esta gran bendición, por el Hijo de su amor y por la comunicación de su Santo Espíritu. Que a él sea adscrita toda alabanza, honor y gloria, por siempre jamás. Amén.

Notas

1   Muller, pp. 25, 41.
2   Ibid., p. 49.
3   Pinnock, p. 232.
4   Ibid.
5   Pinnock, p. 232.
6   Ibid.
7   I: 62.
8   Ibid.
9   Ibid., p, 65.
10 Ibid., p. 66
11 Ibid., pp. 66-68.
12 Ibid., pp. 68-69.
13 Ibid., pp. 72-75.
14 Ibid., 76.

15 Ibid., 78.

16 Ibid.

17 *ad extra*, viene del latín, significa "de lo exterior" o "fuera de". *ad intra* es lo opuesto, "dentro de". Lo que está diciendo Arminio es que no hay conflictos o problemas en las relaciones y acciones internas y externas de las tres personas de la Trinidad. Hay una armonía perfecta en la vida de la Trinidad. Tanto las relaciones interiores, como las exteriores (misiones o acciones) de la Trinidad, estan en perfecta armonia; las tres personas divinas siempre obra en perfecta unidad.

18 Ibid., p. 94.

19 Ibid., pp.95-98.

20 I: 114-117.

21 Ibid., 117-123.

22 Ibid., p. 140.

23 Ibid.

24 Ibid., pp. 140141.

V

Una Teología Trinitaria

I. Trasfondo Histórico

ARMINIO TUVO QUE LUCHAR Y DEFENDERSE EN VARIOS FRENTES. Uno de ellos fue el de la doctrina de la Trinidad. Sus enemigos, que no le faltaban, lo acusaron de muchas herejías antitrinitarias. Solo haremos referencia a dos casos.

En 1591, Vogelsangh, teólogo laico autodidacta, comenzó a enseñar "que Dios es corporal como un hombre... Que Adán era la imagen de Dios porque Dios era hombre y que su esposa Eva no fue creada según la imagen de Dios... Que el Hijo de Dios no es eterno... Que el bautismo infantil es incorrecto"[1] En su pequeño libro, *La luz del mundo* (1591), Vogelsangh interpreta la Biblia en sentido literal, hallando falta en varias doctrinas, especialmente la de la Trinidad.

Entre los teólogos que trataron de convencerlo de sus errores y que se retractara, estuvo Arminio. Le advirtieron que el consistorio estaba listo para excomulgarlo. Por fin, después de varias advertencias, las que Vogelsangh ignoró, lo hallaron culpable de "antropomorfismo, sabelianismo, arrianismo y samosatenismo . Lo excomulgaron y el 29 de enero de 1598 lo desterraron, sin embargo, eso no lo silenció. El 14 de noviembre de 1598 se le permitió regresar a Ámsterdam.[2]

Vogelsangh tenía muchos problemas con la doctrina de la Trinidad, pero no era sociniano. A principios de agosto de 1598 llegaron a Ámsterdam dos socinianos, Chistophorus Ostorod y Andreas Voidoxius. Pronto tuvieron problemas con las autoridades por sus enseñanzas antitrinitarias. Arminio fue acusado de haber establecido amistad con Voidoxius y de haber dicho que "estos dos hombres, Ostorod y Voidoxius, eran tan expertos en la Palabra de Dios que jamás había visto cosa semejante, que tenía argumentos tan fuertes para su posición, que ni Calvino o Beza podían refutarlos y que claramente habían probado que si el Señor es de una sustancia con el Padre y el Espíritu Santo, necesariamente sigue que el Padre y el Espíritu se hicieron hombre, así como el Hijo".[3]

Nada de esto se pudo documentar. Además, en todas las obras de Arminio no se halla ni la mínima indicación de tales enseñanzas. Pero esto no detuvo a los de mala voluntad hacia Arminio de acusarle de ser sociniano. Bangs declara que: "Arminio leyó la literatura socinianista y presentó a sus estudiantes argumentos persuasivos en contra de ella".

Laelius Socinus y Faustus Socinus, tío y sobrino respectivamente, enseñaron una forma de unitarismo relacionado estrictamente con el arrianismo primitivo. Cristo fue considerado como un hombre ordinario, aunque de nacimiento milagroso, a quien Dios le dio revelaciones extraordinarias y lo exaltó a los cielos después de su muerte. Fue, por lo tanto, un mero hombre, solo que divinizado. El error aquí consiste en la negación de la deidad de Cristo, lo que destruye efectivamente la base de la expiación.[4]

Arminio presentó dos debates públicos o disputaciones, la V y la VI; la primera, "Sobre la Persona del Padre y el Hijo"; la segunda, "Sobre el Espíritu Santo". Estas, juntamente con otros tratados, nos indican que Arminio fue muy ortodoxo en sus conceptos trinitarios. Los dos debates públicos son los más específicos y tan claros que una lectura y estudio meditados serán bien recompensados.

II. El Padre: Primera Persona Trinitaria. Debate Publico V. Sobre la Persona del Padre y el Hijo

A. Aquí no usamos el nombre del "Padre", como algunas veces se usa en las Escrituras respecto a la adopción, según la cual Dios ha adoptado a los creyentes como hijos (Gálatas 4:6). Tampoco lo usamos respecto a la creación de cosas en el sentido de que aún los mismos gentiles conocían a Dios el Padre y le daban ese nombre (Hechos 17:28). Más bien, por este nombre queremos decir Dios, según la relación que él tiene con su Unigénito y propio Hijo, quien es nuestro Señor Jesucristo (Efesios 1:8). Por lo cual, nosotros lo describimos así: "Él es la primera persona en la sagrada Trinidad, quien desde toda la eternidad, de sí mismo engendró su Palabra, la cual es su Hijo, por comunicarle su propia divinidad".

B. Le llamamos "Persona", no con referencia al uso de esa palabra personificado [presentándose en una máscara], lo cual denota la representación de otro; le llamamos Persona en el sentido de ser definido como una *subsistens individuum*, es decir, una subsistencia indivisible e incomunicable, de una naturaleza que vive, inteligente, volitiva y activa.

En las Escrituras cada una de estas propiedades es atribuida al Padre de nuestro Señor Jesucristo.

Subsistencia: *"Del que es y que era y que ha de venir"* (Apocalipsis 1:4).

Vida: *"Como me envió el Padre viviente, y yo vivo por el Padre"* (Juan 6: 53, 57).

Inteligencia: *"!Oh profundidad de las riquezas de la sabiduría y de la ciencia de Dios!"* (Romanos 11:33).

Voluntad: *"Y esta es la voluntad del Padre"* (Juan 6:39; 4:34 esta última es referencia).

Poder: *"Porque tuyo es el reino, y el poder, y la gloria, por todos los siglos"* (Mateo 6:13).

Acción: *"Mi Padre hasta ahora trabaja"* (Juan 5:17). No contendemos sobre palabras. Bajo el término "Persona", comprendemos cosas como las que hemos descrito; y siendo que están de acuerdo con el Padre, el título de "Persona" no se le puede negar justamente a él.

C. Le llamamos "una persona en la santa Trinidad", una persona divina, la cual como nosotros posee tanta fuerza como si fuéramos a llamarle a él Dios. Porque aunque la deidad del Padre ha sido reconocida por casi todas aquellas personas que han cuestionado la del Hijo, sin embargo, es negado por quienes han declarado: por un lado, que el Dios del Antiguo Testamento es diferente al del Nuevo Testamento y, por el otro, que el Padre de Jesucristo es un ser diferente del Creador del cielo y la tierra.

A los de la primera clase les proponemos las palabras de Cristo: *"Te alabo, Padre, Señor del cielo y de la tierra"* (Mateo 11:25). A los últimos les oponemos otras palabras del mismo Cristo: *"Mi Padre es el que me glorifica, el que vosotros decís que es vuestro Padre"* (Juan 8:54).

A estas dos clases de personas les proponemos la declaración de toda la iglesia de Jerusalén: *"Soberano Señor, tú eres el Dios que hiciste el cielo y la tierra... Que por boca de David tu siervo dijiste... Porque verdaderamente se unieron en esta ciudad contra tu santo Hijo Jesús, a quien Herodes y Poncio Pilato...*" (Hechos 4:24-27).

D. Lo ponemos a él "primero" en la santa Trinidad: Porque así nos ha enseñado Cristo, ordenándonos a bautizar, *"en el nombre del Padre, y del Hijo, y del Espíritu Santo"* (Mateo 28:19). "El primero", no es con relación al tiempo, sino al orden; y cuyo orden tiene su fundamento en esto: El Padre es la fuente y origen de toda la divinidad y la causa principal del Hijo mismo, lo que implica la palabra "Padre" (Juan 5:26, 27). La antigüedad piadosa estuvo atenta para ilustrar este misterio por la similitud de una fuente y riachuelo, por el sol y sus rayos, la mente y sus razones, de la raíz y su tallo y por comparaciones similares.

Por esta razón se le llama al Padre "no engendrado" y los padres cristianos le adscriben autoridad y preeminencia suprema. Esta es también la raíz de por qué en las Escrituras el nombre de Dios es atribuido peculiarmente y por la manera de eminencia, al Padre.

E. Le atribuimos a él "generación activa", la cual de igual manera es incluida en la palabra "Padre"; pero de su modo y relación, de buena gana confesamos que somos ignorantes. Sin embargo, siendo que toda generación propiamente llamada, se hace por la comunicación de la misma naturaleza que él posee y es quien engendra correctamente, decimos que "el Padre de sí mismo engendra al Hijo", por comunicarle su deidad, la cual es su propia naturaleza. El principio, por lo tanto, que engendra, es el Padre; pero el principio por el cual la generación es efectuada es su propia naturaleza. Pero, ni se dice que la naturaleza engendra, ni que es engendrada, sino que es comunicada. Cuando se entiende correctamente esta comunicación, hace vana la objeción de los antitrinitarios, que acusan a los [miembros de la iglesia universal], de tener una cuaternidad de personas divinas en la deidad.

F. Nosotros decimos: "que desde la eternidad él engendró, porque no fue el Dios de Jesucristo, antes que fuera su padre, ni fue simplemente Dios antes que fuera su Padre. Porque no podemos imaginar una mente que carece de razón, de igual manera decimos que es impío formar un concepto en nuestras mentes de un Dios sin su palabra (Juan 1:1-2). Además, de acuerdo con los sentimientos de la antigüedad, de la iglesia universal, desde que esta generación es una operación interna y ad intra, de igual manera es desde la eternidad. Porque tales operaciones todas son eternas, a menos que queramos sostener que Dios es propenso a cambio.

III. El Hijo: Segunda Persona Trinitaria

Ya hemos considerado al Padre. El Hijo es la segunda Persona en la santa Trinidad, la Palabra del Padre, engendrado por el Padre desde la eternidad y procedente de él por comunicación de la misma deidad que el Padre posee sin origen (Miqueas 5:2; Mateo 28:19; Juan 1:1). Decimos, "que él no es el Hijo por creación". Porque todas las cosas creadas, fueron creadas por él (Juan 1:3;). Y que no fue por adopción; porque todos somos adoptados por él (Juan 1:12; Efesios 1:5, 6). Pero decimos que procedió del Padre por generación. Él es el Hijo, no por creación de entes que no existen, o de elementos no creados, ni por adopción, como si previamente hubiera sido otra cosa antes de ser Hijo; porque [illi primum] es su nombre primitivo e indicativo de su naturaleza más interna; pero es por generación y, como el Hijo, participante de toda la divinidad del Padre.

A. Le llamamos al Hijo "una Persona", con el mismo significando de la palabra que le hemos predicado al Padre. Porque es una indivisible e incomunicable subsistencia: Juan 1:1-2 dice que *"en el principio era la Palabra, y la Palabra era con Dios"*, de una naturaleza viva. *"Como... yo vivo por el Padre"* (Juan 6:57). Inteligente: *"El Hijo, que está en el seno del Padre, él le ha dado a conocer"* (Juan 1:18). Voluntad: *"Y aquél a quien el Hijo lo quiera revelar"* (Mateo 11:27). *"Así también el Hijo a los que quiere da vida"* (Juan 5:21). Poderoso: *"Por el poder del cual puede también sujetar a sí mismo todas las cosas"* (Filipenses 3:21). Activo: *"Y yo trabajo"* (Juan 5:17).

B. Le llamamos al Hijo "una Persona en la santa Trinidad", quien es una persona y Dios. Y, con la ortodoxia antigua, probamos nuestra afirmación por medio de cuatro argumentos: primero, de sus nombres en las Escrituras ; segundo, de los atributos divinos que las Escrituras le atribuyen; tercero, de las obras que las Escrituras le atribuyen haber sido hechas por él, así como por hacer milagros (Juan 14:14; 1 Pedro 3:19); cuarto, por una transferencia de aplicación de los pasajes de las Escrituras, que habiendo sido dichos en el Antiguo Testamento respecto al Padre, son adjudicados al Hijo en el Nuevo Testamento.

1. La divinidad de la persona del Hijo es evidente por los nombres que se le atribuyen en las Escrituras.

a. Porque se le llama Dios y esto no solo en forma de atributo como *"la Palabra era Dios"* (Juan 1:1), *"el cual es Dios sobre todas las cosas, bendito por los siglos"* (Romanos 9:5); sino, también, subjetivamente: *"Dios fue manifestado en la carne"* (1 Timoteo 3:16). *"Te ungió Dios, el Dios tuyo, con óleo de alegría más que a tus compañeros"* (Hebreos 1:9). Él es llamado, también, *"nuestro gran Dios"* (Tito 2:13).

b. La palabra "Hijo" es prueba de la misma verdad, especialmente porque este nombre le pertenece, apropiadamente, y solo a él, según lo cual se le llama *"Hijo de Dios"* (Romanos 8:32) y *"el unigénito Hijo"* (Juan 1:18), expresiones que afirmamos equivalen a llamarle por naturaleza el Hijo de Dios.

c. Porque es llamado *"Rey de reyes y Señor de señores"* (Apocalipsis 17:14; 19:16), y *"el Señor de gloria"* (1 Corintios 2:8). Estos nombres prueban mucho más fuerte lo que queremos establecer, si son comparados con las Escrituras del Antiguo Testamento, en el cual los mismos nombres son adscritos al que es llamado Jehová (Salmos 24:8-10; 95:3).

d. La piadosa antigüedad estableció la misma verdad del nombre "la Palabra"; la cual no puede significar la palabra externa que carece de su propia subsistencia, debido a las cosas que le son atribuidas en las Escrituras. Porque se dice haber "estado con Dios en el principio con Dios y ser Dios" y haber "hecho todo las cosas", etc.

2. Los atributos esenciales de la deidad que son adscritos al Hijo de Dios, también declaran esto con claridad: **Inmensidad**: (Juan 14:23; Efesios 3:17; 28:20). **Eternidad**: (Juan 1:1; Apocalipsis 1:11; 2:8). **Inmutabilidad**: (Hebreos 1:11-12). **Omnisciencia**: (Mateo 12:25; Juan 21:17; Apocalipsis 2:23). **Omnipotencia**: (Filipenses 3:21). Finalmente, **majestad y gloria**: (Juan 5:23; Apocalipsis 5:13).

3. Las obras divinas que le son atribuidas a él, establecen la misma verdad. La creación de todas las cosas: (Juan

1:3; 1 Corintios 8:6; Hebreos 1:2). La preservación de todas las cosas: (Juan 5:17; Hebreos 1:2). El hacer milagros: (Juan 16:14; 1 Pedro 3:19). Añadimos las obras que se relacionan con la salvación de la iglesia, que no pueden ser hechas por un mero hombre.

4. Una comparación de los pasajes que en el Antiguo Testamento son adscritos a Dios, quien reclama para sí mismo el nombre de Jehová, con los pasajes en el Nuevo, que son atribuidos al Hijo de Dios, nuestro Señor Jesucristo. Debido a la cantidad, presentaremos solo algunos. En Números 21:5-7, dice: *"Y habló el pueblo contra Dios... Y Jehová envió entre el pueblo serpientes ardientes... Y murió mucho pueblo de Israel"* (véase 1 Corintios 10:9; Efesios 4:8 lo aplica el apóstol a Cristo; Hebreos 1:10-12 se aplica a Cristo; Salmos 68:18; Salmos 102:25-26 habla del verdadero Dios). Juan 12:40-41 interpreta la visión de Isaías 6:9-10 (Isaías 8:14; Lucas 2:34; Romanos 9:33; 1 Pedro 2:8).

5. Llamamos a Cristo "segunda Persona", según el orden que ha sido indicado en Mateo 28:19, porque el Hijo es del Padre, como de quien se dice haber venido. El Hijo vive por el Padre (Juan 6:57). *"El Padre... ha dado al Hijo el tener vida en sí mismo"* (Juan 1:18; 3:32; 5:19; 5:20; 5:26; 14:10; 17:7; 19:11; Filipenses 2:6-8).

6. Decimos "que el Hijo fue engendrado por el Padre desde la eternidad". Porque, *"sus salidas son desde el principio, desde los días de la eternidad"* (Miqueas 5:2). Puesto que el Hijo es eterno, como ya hemos indicado; y puesto que no tenía existencia antes que existiera como hijo y es propio a un hijo ser engendrado, correctamente afirmamos sobre estas bases que "él fue eternamente engendrado".

7. Puesto que "la Palabra (Verbo)" era *"en el principio con el Padre"* (Juan 1:1-9), tiene que necesariamente haber estado con el Padre desde el principio; (solamente que queramos sostener que la Palabra es colateral con el Padre); en verdad, según el orden de la naturaleza, tenía que haber sido del Padre, antes que estuviera con el Padre. Pero él no es del Padre, excepto según el modo de generación; porque de otra manera, "la Palabra sería del Padre de un modo, y "el Hijo" de otro, lo contradice la eternidad del Hijo que ya ha sido establecida. Por lo tanto, "la Palabra es eternamente engendrada".[5]

De estas posiciones percibimos que un acuerdo y una distinción existe entre el Padre y el Hijo. Un acuerdo con referencia en la una y misma naturaleza y esencia, según la cual se dice que el Hijo es "en la forma de Dios e igual con el Padre" (Filipenses 2:6); y de acuerdo con el Concilio de Nicea, ser de la misma sustancia, "consustancia con el Padre", "y no como la sustancia"; porque la comparación de (las) cosas en esencia tienen que ser referidas no a similitud o disimilitud, sino a igualdad o desigualdad, según la misma naturaleza de las cosas y la verdad misma. Una distinción según el modo de existencia y subsistencia, por la cual ambos tienen su divinidad: Porque el Padre la tiene de nadie, el Hijo la tiene por comunicación del Padre. Según la primera, se dice que el Hijo es uno con el Padre (Juan 10:30); según la última, se dice que él es "distinto al Padre" (Juan 10:32); pero según ambas, se dice que el Hijo y el Padre han *venido a aquellos a quienes aman, para hacer morada con ellos*" (Juan 14:23), por el Espíritu del Padre y del Hijo *quien mora en los creyentes*" (Romanos 8:9-11), y *a quien el Hijo envía del Padre*" (Juan 15:26). Que el Dios de nuestro Señor Jesucristo, el Padre de toda consolación, se digne darnos la comunión de su Espíritu, por el Hijo de su amor. ¡Amén!

IV. Debate VI. "Sobre el Espíritu Santo": I: 473-479. El Espíritu Santo: Tercera Persona Trinitaria

A. La palabra *Espíritu* significa principal, propia y adecuadamente una cosa que en su primer acto y esencia es muy sutil, pero en su segundo acto y eficacia es sumamente activa; es decir, poderosa y enérgica. Por lo cual, esta palabra es recibida como distinción y oposición, a veces como hipostática, una energía y poder personal y auto existente e inherente a alguna otra cosa según su modo de cualidad o propiedad: Pero esta palabra pertenece principal y propiamente a un poder auto existente; y a un poder o energía inherente, solo secundariamente y por una comunicación metafísica (2 Reyes 2:9; Salmos 104:4; Lucas 1:35; Juan 3:8).

B. Pero, en primer lugar y con gran verdad, es adscrito a Dios (Juan 4:24), tanto porque él es según esencia un espíritu puro y muy simple; y porque según eficacia es sumamente activo y muy pronto y poderoso para actuar, esto es porque es el primer y supremo ser, tanto como el primer y supremo agente. Pero es propiamente atribuido a la energía personal que existe en Dios y la cual es frecuentemente indicada al decir: *"El Espíritu de Dios"* (Génesis 1:2), *"el Espíritu de Jehová"* (Isaías 11:2), y *"su santo espíritu"* (Isaías 63:10). Estas expresiones significan que él es la persona por la cual Dios el Padre y el Hijo crearon todas las cosas en el cielo y en la tierra (Mateo 12:28; Lucas 11:20), que él es no solamente santo en sí mismo, sino de igual manera el Santificador de todas las cosas que en alguna manera son llamadas santas. Nuestro presente discurso respecto al Espíritu Santo se entiende según este último significado.

C. No debemos tratar de definir al Espíritu Santo, (porque tal esfuerzo no es aceptable) pero sí se nos permite describirlo según las Escrituras de la siguiente manera: él es la persona que subsiste en la sagrada e indivisible Trinidad, quien es tercero en orden, emana del Padre y enviado por el Hijo; por lo tanto, es el Espíritu que procediendo de ambos y, en cuanto a su Persona, distinta de ambos; un infinito, eternal, iluminador Espíritu y de la misma divinidad con Dios el Padre y su Hijo. Ahora consideraremos esta descripción según el orden de sus partes (Génesis 1:2; Salmos 136: 7-12; Mateo 28:19; Lucas 3:16; Juan 1:26; Juan 14:16; 1 Corintios 2:10-11).

D. Respecto a este asunto cuatro afirmaciones están bajo nuestra consideración y tienen que ser establecidas con argumentos validos. 1) Que el Espíritu Santo es subsistente y que es una persona; no algo según la manera de una cualidad y propiedad (como de bondad, misericordia, o paciencia), que existe dentro la deidad. 2) Que es una Persona que procede del Padre y del Hijo y, por lo tanto es, en orden, la tercera en la Trinidad. 3) Que según su Persona es distinto del Padre y del Hijo, por lo tanto, en orden, es la tercera en la Trinidad. Pareciera que el punto 3 es el mismo del punto 2, pero creo que son diferentes 4) Que es infinito, eternal, inmensurable y de la misma divinidad con el Padre y el Hijo; esto es no una criatura, sino Dios.

E. El primero es probado por aquellos atributos que toda la humanidad está acostumbrada a adscribir a una cosa [*subsistent*] que tiene existencia y la cual consideran bajo la noción de "una persona": Porque nosotros afirmamos que todas estas cosas le pertenecen al Espíritu Santo, sea que estén de acuerdo con una persona en el primer acto o en el segundo.

De estas cosas que concuerdan con el primer acto, con una cosa que tiene existencia y es una Persona, obtenemos las siguientes conclusiones: Que a lo que le pertenece esencia o existencia, vida, entendimiento, voluntad y poder, justamente se le llama "una Persona", porque nada en la naturaleza de las cosas puede recibir este nombre. Pero le pertenecen al Espíritu Santo: **Esencia o existencia**: Porque es Dios (1 Corintios 2:11), emana de Dios y es enviado por el Hijo (Juan 15:26). **Vida**: Porque se movía sobre la faz de las aguas (Génesis 1:2), como una gallina cubre sus polluelos con sus alas; y es el autor de los animales y de la vida espiritual en toda cosa viviente (Job 33:4; Juan 3:5; Romanos 8:2, 11). **Entendimiento**: *"Porque el Espíritu todo lo escudriña, aun lo profundo de Dios"* (1 Corintios 2:10). **Voluntad**: "Repartiendo a cada uno en particular como quiere" (1 Corintios 12:11). Finalmente, **poder**: Con el cual, los profetas y otras personas santas, en particular el mismo Mesías, fueron equipados y fortalecidos (Isaías 11:2; Miqueas 3:8; Efesios 3:16).

F. La misma cosa es probada, de esas que usualmente son atribuidas a una Persona en el segundo acto. Porque de esta descripción son las acciones que son adscritas al Espíritu Santo y usualmente pertenecen a nada excepto a subsistencia y a persona. Tales son como crear (Job 33:4; Salmos 104: 30), para preservar, para vivificar, otorgar conocimiento, fe, caridad, esperanza, el temor del Señor, fortitud , paciencia y otras virtudes (véase Jueces 14:6; 1 Samuel 16:14; Isaías 11:2; Isaías 61:1; Isaías 63:10; Joel 2:28; Mateo 12:31-32; Lucas 1:35; Lucas 3:22; Juan 20:22; Hechos 10:28; Hebreos 10:29).

G. Otros pasajes que tienen una relación similar con el Espíritu en la misma serie con el Padre y el Hijo, son: Mateo 28:19; 1 Corintios 12: 4-6; 1 Juan 5:7 Porque sería absurdo nombrar una cualidad interna que existe, o propiedad, en la misma serie con dos subsistencias o personas.

H. El segundo tópico de consideración contiene tres elementos: a) *Primero*, la procesión del Espíritu Santo desde el Padre, es probada por esos pasajes de las Escrituras en los cuales recibe el nombre de *"el Espíritu que es de Dios"*, y de *"el*

Espíritu quien es de Dios"; y por quien el Padre obra (Joel 2:28; Juan 15:26; 16:16, 26; Gálatas 4:6). b) **Segundo**, esto es la procesión desde el Hijo, es probada por pasajes similares que lo presentan como *"el Espíritu del Hijo"* (Gálatas 4:6) y que declaran que él es dado y enviado por el Hijo (Juan 15:26) y que, por lo tanto, recibe del Hijo y lo glorifica (Mateo 28:19; Juan 16:7-14; véase 20:22;). c) **Tercero**, por ser la tercera Persona en orden en la santa Trinidad, pero no en tiempo ni en grado, se nota en el hecho de que el Espíritu del Padre y del Hijo, se se afirma que es dado por el Padre y el Hijo.

I. Todos estos pasajes de las Escrituras que se han presentado en las tesis anteriores con otro propósito, prueban "que el Espíritu Santo es distinto del Padre y del Hijo, no solo en nombre, sino de igual manera, también según su persona"; que es la tercera parte de la descripción que fue dada. Entre otros pasajes, los siguientes claramente afirman esta distinción (Isaías 61:1; Juan 14:16, 26; 15:26). Hay numerosos pasajes de conformidad con esta distinción: Que la ceguera de Sabellius era tan maravillosa, ¿porque quién podría estar en tinieblas entre tal esplendor de luz?

J. Finalmente, la cuarta parte viene a ser considerada. a) La infinitud del Espíritu Santo es probada, tanto por su omnisciencia, por la cual se dice que *"escudriña, aun las cosas profundas de Dios y que conoce todas las cosas que están en Dios"* (Juan 16:13; 1 Corintios 1:10-11) y, por su omnipotencia, por la cual él ha creado y todavía preserva todas las cosas (Juan 23:4) y según ambas es llamado *"el Espíritu de sabiduría y conocimiento"* y *"el poder del Altísimo"* (Lucas 1:35). b) Su eternidad es establecida (Isaías 11:2), tanto por la creación de todas las cosas, porque es antes que todas las cosas que han sido hechas, a saber, eternas; y por los títulos por los cuales él es señalado, porque es llamado *"el poder del Altísimo"* y *"el dedo de Dios"* (Lucas 11:20). Estos títulos no se pueden aplicar a algo que tuvo su principio en el tiempo. c) Aquí se halla un argumento muy luminoso para su inmensidad. Se dice que *"nadie puede huir del espíritu de Dios"* (Salmos 139:7) y que "el Espíritu del Señor mora en todos sus santos, como en un templo" (1 Corintios 4:19).

K. Todos estos señalamientos indican claramente que el Espíritu Santo es de la misma divinidad con el Padre y con el

Hijo y ciertamente es distinguido por el nombre de Dios. Porque el que no es una criatura y sin embargo tiene subsistencia real, tiene que ser Dios; y el que (viene) de Dios y quien procede del Padre, no por una emanación externa ni por una creación hecha por la intervención de cualquier otro poder divino, sino por una emanación interna, él, siendo el poder de Dios, ¿por cuál derecho será privado del nombre de "Dios"? Porque cuando se dice que es dado, derramado y enviado, esto no indica ninguna disminución de su divinidad, sino que es una intimación de su origen de Dios, de su procesión del Padre y el Hijo y de su misióoficio. Una clara indicación de su deidad es expresada, también, cuando se dice que con pleno poder distribuye dones divinos según su voluntad (1 Corintios 12:11) y da sus dones con una autoridad igual con la cual se dice que "Dios", el Padre, "hace sus obras" y con la cual el Hijo, quien es llamado "el Señor", se dice "instituir administraciones" (1 Corintios 12:11, 5,6).

L. Esta doctrina de la sagrada e indivisible Trinidad contiene un misterio que sobrepasa muy lejos toda comprensión humana y angélica, si se considera según la unión interna que subsiste entre el Padre, el Hijo y el Espíritu Santo y según la relación entre ellos, de origen y procesión. Pero si se toma en cuenta la economía y dispensación por la cual el Padre y el Hijo y ambos por el Espíritu realizan nuestra salvación, la contemplación de una dulzura admirable produce en los corazones de creyentes los más exquisitos frutos de fe, esperanza, caridad, confianza, temor y obediencia, para la alabanza de Dios el Creador, el Hijo, el Redentor, el Espíritu Santo, el Santificador. Que *"la gracia del Señor Jesucristo, el amor de Dios y la comunión del Espíritu Santo sean con todos vosotros, Amén"* (2 Corintios 13:14).

V. La Trinidad

Un estudio y análisis del concepto arminiano de la Trinidad nos permite defender los siguientes puntos básicos: a. La unidad de Dios. b. La eternidad de las personas trinitarias. c. Las relaciones personales trinitarias; y, d. el orden redentor de la Trinidad. Las siguientes palabras de Arminio sirven de introducción que revelan su espíritu al considerar el tema:

A. La Unidad de Dios

Esta doctrina de la sagrada e indivisible Trinidad contiene un misterio que excede todo entendimiento humano y angélico, si se considerara según la unión interna que existe entre el Padre, el Hijo y el Espíritu Santo y según la relación de origen y procesión entre ellos. Pero si se le da consideración a la economía y dispensación por la cual el Padre y el Hijo, y ambos de ellos por el Espíritu Santo, realizan nuestra salvación, la contemplación es de una dulzura admirable y produce en los corazones de los creyentes los más exquisitos frutos de fe, esperanza, caridad, confianza, temor y obediencia, para la alabanza de Dios el Creador, el Hijo el Redentor y el Espíritu *Santo el Santificador. ¡Que "el amor de Dios el Padre, la gracia de Señor Jesucristo y la comunión del Espíritu Santo, sea con vosotros"* y con todos los santos. Amen! (2 Corintios 13:14).[6]

B. La Eternidad de las Personas Trinitarias

Arminio no deja lugar a dudas, respecto a cómo considera él a las personas trinitarias. En su carta del 5 de abril de 1608, a Hipólito A. Collibus, Embajador del Príncipe, el elector palatino, Arminio da respuesta a su petición de información acerca de algunos artículos de doctrina; el primero, "sobre la deidad del Hijo de Dios", es una mina con ricas vetas trinitarias. Arminio dice inequívocamente:

Acerca de la deidad del Hijo de Dios, he enseñado y todavía enseño, que el Padre nunca ha sido sin su Verbo y su Espíritu; pero el Verbo y el Espíritu no han de considerase en el Padre bajo la noción de propiedades, como son la sabiduría, la bondad, la justicia o el poder, sino bajo la de personas que existen realmente, a quienes pertenecen el ser, vivir, comprender, querer, ser capaces y hacer o actuar, todas las cuales, cuando se unen, son indicaciones y pruebas de una persona.

En su debate público IV, Arminio describe la unidad de Dios en los siguientes términos: "La unidad de la esencia de Dios es aquello según lo cual es posible, en cualquier manera, ser una en sí misma, ser del todo indivisible respecto a número, especie, género, partes, modos, etc." (Deuteronomio 4:35; 1 Corintios 8:4).[7]

107

C. Relaciones Trinitarias

En su segundo discurso, "Autor y fin de la teología", con motivo de su inauguración como profesor de teología en la Universidad de Leyden, Arminio menciona la naturaleza de las relaciones trinitarias al decir: "Porque el Padre, el Hijo y el Espíritu Santo, tienen no solamente una relación natural entre ellos, sino otra que de igual manera deriva su origen de la voluntad; sin embargo, la última está de acuerdo con la relación natural que existe entre ellos. Hay una procesión interna en las personas; y hay una externa, que en las Escrituras y en los escritos de los padres, lleva el nombre de "misiones", o "enviar".[8]

En respuesta y defensa de ciertos artículos (29), que habían sido motivo de intensa controversia entre algunos de la iglesia reformada, en el tercero: "Sobre Dios, respecto a la relación entre las Personas en la Trinidad" (II: 481-482). Arminio respondió:

1. Los padres antiguos no llaman al Hijo de Dios "Dios de sí mismo", esta es una expresión peligrosa. Porque autoteos, interpretado así, propiamente significa que el Hijo no tiene la esencia divina de otro. Pero esto es un mal o impropio uso de la palabra, (decir) que la esencia que el Hijo tiene no es de otro; porque la relación del sujeto es así cambiada: Por "el Hijo" y "la divina esencia", difieren en (su) relación.

2. La divina esencia es comunicada al Hijo por el Padre, y esto es propiamente cierto. Por lo cual, es incorrectamente afirmado "que la divina esencia es en verdad propiamente común al Hijo y al Padre, pero que no es correcto decir ser comunicada": Pero no puede ser común a ambos excepto con referencia a ser comunicada.

3. Se le llama al Hijo correctamente *autoteos*, "verdadero Dios", porque esta palabra es recibida por lo que es Dios mismo, verdadero Dios. Pero es designado erróneamente por ese epíteto, en cuanto a que signifique que tiene la esencia no comunicada por el Padre; sin embargo, tiene una en común con el Padre.

4. "El Hijo de Dios, respecto a su esencia, es de sí mismo", es una expresión ambigua y por ello peligrosa. La ambigüedad no es removida al decir "el Hijo, con respecto a su esencia absoluta o a su esencia absolutamente considerada,

108

es de sí mismo". Además, estas maneras de hablar son no solamente novedosas, sino también solo parloteo.

5. Las personas divinas no son modos de ser o de existencia, o modos de la esencia divina; porque ellas son personas con el modo de ser o existencia.

6. Las personas divinas son distinguidas por una distinción real, no por los grados y modos de la cosas.

7. Una persona es una subsistencia en sí, no una propiedad característica, ni es un principio individual; aunque no sea un individuo, ni una persona sin una propiedad característica o sin un principio individual.

8. Preguntas. ¿Que no es útil que la Trinidad sea considerada tanto como existe en la naturaleza misma, según la relación coesencial de las personas divinas, sino y también como se ha manifestado en la economía de la salvación? Y, ¿que no pertenece a la primera de estas consideraciones, a la religión universalmente y a lo que fue prescrito a Adán, según la ley? Pero la última consideración propiamente pertenece al evangelio de Jesucristo y no excluye lo que he mencionado que pertenece a toda religión universalmente; por lo tanto, a la que es cristiana.[9]

En la carta a Hipólito, citada antes, Arminio también le dice: Porque donde se establece el orden, es necesario hacer un principio de alguna primera persona o cosa, de otra manera habrá confusión que seguirá ad infinitum. Pero, en cuanto a origen, el que es el primero en este orden no tiene su origen de nadie: El que es el segundo, tiene su origen del primero; el que es el tercero tiene su origen del primero y del segundo, o del primero por medio del segundo. Si no fuera este el verdadero estado del asunto, habría una colateralidad, la cual haría a tantos dioses como hubiera personas colaterales propuestas; dado que la unidad de la deidad en la Trinidad se defiende contra los antitrinitarios, solo por la relación de origen y del orden según el origen.[10]

D. El Orden Trinitario Redentor

Antes de considerar el orden redentor de la Trinidad, es necesario ver cómo Arminio concibe, o el lugar que le da, a las personas a la luz de la unidad y simplicidad de Dios. En otras palabras, veamos cómo concibe el origen y orden de las personas trinitarias con relación al plan de redención. Aquí, en este punto, su carta a Hipólito nos ayuda a entender su posición. Arminio afirma que las personas: Son así en el Padre como para ser también del Padre; y que son del Padre, en un cierto orden de origen, no por colateralidad, para ser referidos al Padre; y que son del Padre, ni por creación ni por decisión, sino por una emanación interna muy maravillosa e inexplicable, la cual, con respecto al Hijo, la iglesia antigua llamaba generación, pero que respecto al Espíritu Santo era denominado espeiración o respiración, un término requerido por la misma palabra espíritu. Pero acerca de esta respiración no interpongo mi juicio, si es del Padre y del Hijo, como los padres latinos lo expresan. O del Padre por medio del Hijo, como los padres griegos prefieren definirlo; porque este asunto, confieso, es muy superior a mi capacidad. Si hay un tema sobre el cual debemos hablar y pensar con sobriedad, en mi opinión, debe ser este.[11]

Probablemente, fue durante sus 15 años en el pastorado en Ámsterdam (1588-1603) cuando Arminio comenzó a ver la soteriología como trinitaria, porque en su debate público, "sobre el Espíritu Santo" dice: "Pero si se considerara la economía y dispensación por la cual el Padre y el Hijo y ambos por el Espíritu Santo, realizaron nuestra salvación; la contemplación es de una dulzura admirable y produce en los corazones de creyentes los frutos más exquisitos de (la) fe, esperanza, caridad, confianza, temor y obediencia, para la alabanza de Dios el Creador, del Hijo el Redentor y del Espíritu Santo el Santificador. ¡Que *el amor de Dios el Padre, la gracia del Señor Jesucristo y la comunión del Espíritu Santo, sea con vosotros y con todos los santos. Amén*" (2 Corintios 13:14).[12]

Arminio, públicamente, había enseñado que la economía de nuestra salvación era administrada por el Padre, por el Hijo y por el Espíritu Santo. En la explicación de esta economía, él había dicho que debemos tener una consideración diligente de este orden, que las Escrituras religiosamente observan en todas partes; y que tenemos que considerar distintamente cuáles cosas son atribuidas como peculiares al Padre en este asunto, cuáles al Hijo y cuáles al Espíritu Santo.[13]

Hablando del orden redentor de la Trinidad, Arminio señala: "El Padre manifiesta el evangelio por su Hijo y el Espíritu.

Lo manifiesta por el Hijo, en cuanto a ser enviado con el propósito de realizar el oficio de mediador entre Dios y el hombre pecador; en cuanto a ser la Palabra encarnada y Dios manifestado en la carne; en cuanto a haber muerto y en cuanto a ser resucitado a la vida, sea que fue hecho en realidad o solo en el decreto y previo conocimiento de Dios. También lo manifiesta por su Espíritu, por ser el Espíritu de Cristo, que él pidió al Padre por su pasión y muerte y que obtuvo cuando fue levantado de la muerte y puesto a la diestra del Padre."[14]

Arminio ofrece una palabra final de exhortación:

"Los que saben que el Padre en el Hijo ha reconciliado al mundo consigo mismo y administra la palabra de reconciliación por el Espíritu, así mismo saben que en la dispensación de la salvación tiene que considerarse un orden entre las personas de la Trinidad y que sus atributos no deben ser confundidos, a menos que deseen caer en la herejía de los patripasionistas. "[15]

E. La Deidad del Hijo de Dios

El 13 de octubre de 1608, Arminio presentó un artículo titulado: "La deidad del Hijo de Dios", ante los Estados en Holanda, en La Haya. En él, Arminio trata de explicar el orden, relación y proceso de la esencia divina, la deidad en las tres personas de la Trinidad. Esto ocasionó mucha discusión y controversia. Arminio declaró:

"En cuanto a la deidad del Hijo de Dios y la palabra autotheos (Dios por derecho propio), ambas se han discutido en nuestra universidad en la forma regular de debates escolásticos, no puedo imaginarme cuál sea el motivo que ha creado un deseo en algunas personas de hacerme sospechoso a otras personas, o hacerme objeto de sospecha a ellos mismos. Esto es aún más maravilloso, puesto que esta sospecha no ha tenido el menor fundamento o probabilidad en qué descansar y está a una distancia tan inmensa de toda razón y verdad, que sean cuales fueren los informes que se han esparcido en cuanto a este asunto con prejuicio a mi carácter, no pueden llamarse nada mejor que «calumnias notorias»".

En un debate una tarde en la universidad, cuando la tesis que se había propuesto para discutir era la divinidad del

Hijo de Dios, un estudiante objetó "que el Hijo de Dios era autotheos y que Cristo, por lo tanto, tenía su esencia de sí mismo y no del Padre". En respuesta a esto, dije que la palabra autotheos admitía dos diferentes significados, siendo que podía significar: (1) "Uno que es verdadero Dios" o (2) "Uno que es Dios de sí mismo". Y que con gran propiedad y exactitud atribuida al Hijo según el primer significado, pero no según el segundo. El estudiante siguió en su argumento contestando violentamente, "que la palabra era justamente aplicable al Hijo de Dios, principalmente según el segundo de estos significados; y que la esencia del Padre no se dice ser comunicada al Hijo y al Espíritu Santo, en ninguna otra forma sino en un sentido impropio; pero que era perfectamente correcto y la propiedad estricta en común tanto al Padre, al Hijo y al Espíritu Santo". A estas observaciones dije que esta opinión no está de acuerdo con la Palabra de Dios y con la iglesia antigua, tanto griega como latina, que siempre ha enseñado que el Hijo de Dios tenía su deidad del Padre por eterna generación. Además, añadí que de tal opinión, necesariamente seguían dos errores mutuamente en conflicto, el triteísmo y el sabelianismo.[16]

Probablemente se me preguntará: ¿No reconoce usted que ser Hijo de Dios y ser Dios, son dos cosas enteramente distintas una de la otra? Contesto, sin ninguna duda acepto tal distinción. Pero cuando los que lo hacen proceden aún más allá y dicen: "Puesto que ser el Hijo de Dios significa que deriva su esencia del Padre, de igual manera ser Dios significa nada más sino que él tiene su esencia de sí mismo y de ningún otro". Niego esta aserción y, al mismo tiempo, declaro que es un gran error, no solo en teología sagrada, sino también en la filosofía natural, porque estas dos cosas, sobre ser el Hijo de Dios, están en perfecto acuerdo la una con la otra; pero de derivar su esencia del Padre y al mismo tiempo de derivarla de ninguno, son evidentemente contrarias y mutuamente destructivas la una de la otra.

Dios es desde la eternidad, con la esencia divina desde la eternidad. El Padre no es de ninguno, con la esencia divina de ninguno. El Hijo es del Padre, con la esencia divina del Padre.

La palabra "Dios", por lo tanto, significa que tiene la esencia divina verdadera; pero la palabra "Hijo", significa que tiene la esencia divina del Padre. Debido a esto, el (Hijo) es correctamente denominado, tanto Dios como Hijo de Dios. Pero siendo que no se le puede llamar Padre, no es posible decir que tiene la esencia divina de sí mismo o de ninguno.

Por lo tanto, de ninguna manera puede esta frase significar que "el Hijo de Dios" es autotheos [Dios de sí mismo o en su propio derecho]. Ni puede llamarse una forma apropiada de oratoria, la que dice: "La esencia de Dios es común a tres Personas"; es inapropiado puesto que se declara que la esencia divina es comunicada por una de ellas a otra".[17]

F. Resumen

No hay duda alguna de que Arminio es ortodoxo en su doctrina de la Trinidad. Afirma la unidad de la deidad pero también defiende la eternidad y deidad de las personas trinitarias. No hay una subordinación trinitaria esencial; no se le puede acusar del sabelianismo, una forma de monarquianismo, que afirma que no había tres personas en la deidad, que había un solo Dios manifestado en tres maneras o formas: Primero como Padre, después como Hijo y, finalmente, como Espíritu. Tampoco se le puede acusar de arrianismo, otra forma de monarquianismo que niega la deidad de Jesucristo. El Hijo es "Verbo" creado por Dios, es como Dios, pero no es Dios.

El punto fuerte de Arminio es que sostiene una Trinidad redentora, cada persona de la Trinidad tiene un rol único. Podemos decir que Arminio aboga por una "subordinación redentora", pero no por una subordinación esencial. En otras palabras, hay un orden redentor en las personas de la Trinidad. Podemos decir que el origen y plan se halla en el amor, la bondad y la gracia del Padre; la provisión se halla en el Hijo, la sangre; y la posesión, es por el Espíritu.

Notas

1 Citado por Bangs, p. 160.
2 Ibid., pp. 160-161, 164-165. Pablo de Samosata, obispo de Antioquía en el año 260, enseñaba que el Hijo no existió antes de la encarnación —que no es eterno, solo el Padre es Dios.
3 Ibid., pp. 165-166.
4 Wiley, H.O., Introducción a la Teología Cristiana (Casa Nazarena de Publicacio-

nes), p. 216.

5 *Obras*, I: 478.
6 *Obras*, II: 461.
7 *Obras* Ibid., I: 441.
8 Ibid., I: 90-91.
9 *Obras*, II: 481-482.
10 Ibid., II: 464.
11 Ibid., II: 461.
12 *Obras* Ibid., I: 478.
13 *Obras* Ibid., II: 463.
14 *Obras* Ibid., I: 91.
15 *Obras*., II: 463. Patriteismo enseña que el Padre sufrió en la cruz juntamente con Cristo. Esta herejía se levanto a principios del tercer siglo.
16 El triteismo enseña que hay tres dioses o tres seres en la deidad; el sabelianismo dice solamente hay un Dios, pero que se manifiesta o revela, primero como Padre, después como Hijo, y finalmente, como Espíritu Santo. No es una trinidad real, es una trinidad de manifestaciones.
17. *Obras* I: 257-262.

VI

LA DOCTRINA DE DIOS

AUNQUE ARMINIO NO ESCRIBIÓ UN SERMÓN, discurso o tratado sobre la doctrina de Dios, sin embargo, en sus tres discursos de inauguración al profesorado (Dios como objeto de la teología; Como autor y fin; y La certeza de la teología), así como en sus debates privados y públicos, tenemos abundante material para extraer su concepto de: I. La existencia de Dios. II. La naturaleza de Dios. III. La esencia de Dios. IV. Los atributos de Dios. V. La santidad de Dios. VI. Los atributos de Dios y su voluntad. VII. Los atributos morales. VIII. La perfección-bienaventuranza de Dios. IX. La vida de Dios.[1]

En vista de que Dios es el "objeto de la religión y la teología cristiana", como revelado en Cristo, la persona esencial para una teología evangélica, Arminio se puede mover directamente de sus tres discursos a una doctrina de Dios más completa; y, en realidad, lo hace como veremos en breve. En otras palabras, sus "discursos" sirven como su *prolegómeno teológico.*

La doctrina de Dios de Arminio tiene un fundamento bíblico muy claro y fuerte, lo vemos especialmente en sus 79 debates privados que eran ejercicios teológicos en los cuales los estudiantes defendían tesis presentadas por los profesores; los tópicos eran presentados en secuencia de dos o tres años y constituirían una "teología sistemática". El lector es impresionado por la abundancia de referencia a la Palabra de Dios, están "rociadas de citas bíblicas". Y, aún más, llevan como propósito la salvación del hombre. Sus debates privados (79), fueron preparados por Arminio como sílabos para sus conferencias privadas; están incompletas. En el prefacio de la primera edición, se dice que más de 20 tesis se habían perdido (II: 2). Fueron preparadas y presentadas con el propósito de formar "un cuerpo de divinidad". Las 25 disputaciones públicas, son tesis que Arminio presentó a sus alumnos en las clases de teología en la universidad de Leyden en los años 1603-1609. Fueron publicadas 1610 después de su muerte

Dejaremos que Arminio hable por sí mismo; estaremos citando directamente de sus escritos para que el lector vea cómo usa la metodología escolástica y lógica de Pedro Ramus, su profesor de lógica.

I. La Existencia de Dios

En su tercer discurso sobre la certeza de la teología sagrada (I: 113-145), lo primero que hace Arminio después de la introducción es asentar la necesidad de la existencia de Dios. Su argumento es filosófico. Comienza dando una definición de lo que él entiende por certeza: "Es una propiedad de la mente o entendimiento y un modo de conocimiento según el cual la mente conoce un objeto como es en sí y está segura (la mente) que conoce el objeto que es (en sí)". El argumento procede así: Se requieren dos cosas para constituir certeza. Primero, la verdad de la cosa misma; y segundo, una aprehensión de la verdad en nuestra mente. A esta aprehensión, formada de la verdad de la cosa misma, también se le llama verdad. Pero en realidad la verdad se puede considerar bajo dos aspectos: Verdad simple o verdad compuesta El proceso-acción de la verdad por la mente también es dual: Sobre un ser o entidad simple, es de "simple aprehensión". De un ser compuesto, es "aprehensión por composición", por unir las partes. El modo de la verdad en realidad es de igual manera, dual: Verdad necesaria y verdad contingente. La necesidad de una cosa simple, es la necesidad de existencia de la cosa en sí, ya sea como sujeto o como atributo.

Por lo tanto, la necesidad que acabamos de declarar... existe, en nada excepto en Dios y en aquellas cosas que, aunque concuerden con él en su naturaleza, son, sin embargo, distintas de él por nuestra manera de considerarlas. Todas las otras cosas, cualesquiera que sean sus cualidades, son contingentes debido a la circunstancia de haber llegado a ser por (algún) poder; no son contingentes solo por haber tenido un principio, sino también por su duración continua. Por lo tanto, la existencia de Dios es asunto de necesidad; su vida, sabiduría, bondad, justicia, misericordia, voluntad y poder, de igual

116

manera tienen existencia necesaria... El fundamento de necesidad es la naturaleza de Dios.[2] En su debate privado, XIV. II: 30-32: "Sobre el objeto de la religión cristiana", Arminio presenta 10 argumentos, "axiomas", para la existencia de Dios. Realmente lo que hace Arminio aquí es usar la razón y la filosofía como instrumentos hermenéuticos, siguiendo el ejemplo de los escolásticos; es obvio que tienen las "cinco vías" de Aquino en mente. A diferencia de sus contemporáneos, que usaban las "pruebas" más para refutar a los ateos, Arminio les da un uso positivo, sistemático y no tanto apologético. [3]

Según Arminio, si la "naturaleza de Dios no tiene existencia, la religión sería un mero fantasma de la concepción del hombre... Cuando los términos de estos axiomas son entendidos, serán conocidos como ciertos, merecen el nombre [*notionum insitarum*] de "ideas implantadas" (*ideas innatas*). Es obvio que Arminio cree en lo que más tarde algunos teólogos y filósofos llamarían "la idea intuitiva de Dios". El lector ha de notar el uso que hace Arminio de "causas", en sus argumentos.

Primer axioma: "Nada es o puede ser de o por sí mismo". Porque así al mismo tiempo, sería y no sería, sería tanto antes como después de sí mismo y sería, a la vez, tanto la causa como el efecto de sí mismo. Por lo tanto, alguien tiene que ser necesariamente pre-existente, de quien, como la causa primaria y suprema, todas las cosas derivan su origen. Este ser es Dios.

Segundo axioma: "Toda causa eficiente y primaria es mejor o más excelente que su efecto". De esto sigue que, como las mentes creadas son en el orden de efectos, alguna mente es suprema y más sabia, de la cual todas las demás tienen su origen. Esta mente es Dios.

Tercer axioma: "Ninguna fuerza finita puede hacer algo de la nada; y la primera naturaleza ha sido hecha de la nada". Porque si fuera de otra manera, no podría ni debería ser cambiada por una eficiente o (fuerza) anterior. De esto, sigue una de dos cosas, que todas las cosas que existen han sido desde la eternidad y son primarias, o que hay un ser primario. Este ser es Dios.

La misma verdad es probada por el **axioma práctico**, la conciencia que tiene su asiento en todas las criaturas racionales. Ella excusa al hombre en acciones buenas, en aquellas que son malas, lo acusa y atormenta; aún en aquellas cosas que no han venido y que nunca vendrán al conocimiento de ninguna criatura. Esto está de pie como una indicación manifiesta, que hay algún juez supremo, quien instituirá una investigación y pasará juicio. Este ser es Dios.

La magnitud, la perfección, la multitud, la variedad y el acuerdo de todas las cosas que existen, nos provee con **el quinto argumento**, que fuertemente proclama que todas estas cosas proceden de uno y el mismo ser y no de muchos seres. Este ser es Dios.

El **sexto argumento** es del orden perceptible en las cosas y de la disposición ordenada y dirección de ellas a un fin, aún de aquellas que carecen de razón ellas mismas, no puede obrar según un fin, o por lo menos, no puede intentar un fin. Pero todo orden es de un ser y dirección a un fin, es de un ser sabio y bueno. Este ser es Dios.

La preservación de la sociedad política, eclesiástica y económica entre la humanidad provee nuestro **séptimo argumento**. Entre tan grande perversidad y locura de Satanás y hombres malvados, la sociedad humana nunca podría llegar a alguna estabilidad o firmeza, excepto si no fuera preservada salva e intacta por Uno que es supremamente fuerte. Este Uno es Dios.

El **octavo argumento**: De los milagros; los cuales creemos haber sido hechos y que percibimos ser hechos. La magnitud de los cuales es tan grande que excede toda la fuerza y poder del universo creado. Por lo tanto, una causa tiene que existir que trascienda al universo y sus poderes o capacidad. Esta causa es Dios.

El **noveno argumento**: Predicciones del futuro y cosas contingentes y su cumplimiento exacto y estricto, prueban que proceden de nadie excepto de Dios.

En último lugar, es añadido el perpetuo y universal consenso de todas las naciones; tal consenso general tiene que ser considerado como equivalente a una ley, no a un oráculo divino.

Arminio termina sus argumentos para la existencia de Dios dejando un corolario: Debido a las disensiones de hombres muy educados, dejamos esta pregunta para ser discutida: "Del movimiento que se ve en el mundo y del hecho de que todo lo que es movido es movido por otro, ¿puede concluirse que hay un Dios"?[4]

Preguntas para discutir: (1) ¿Qué tan válidos son los argumentos de Arminio en el siglo XXI? (2) ¿Cuáles y cuántos argumentos son de Tomás de Aquino? (3) ¿Cuál es el más fuerte? ¿Cuál es el más débil?

Habiendo establecido la existencia de Dios como una simple y necesaria verdad, Arminio enseguida hace un análisis de la naturaleza de Dios.

II. La Naturaleza de Dios. Debate Público IV., I: 434-436

A. La naturaleza misma de las cosas y las Escrituras y tanto como el consenso general de todos los hombres sabios y naciones, testifican que se le atribuye correctamente una naturaleza a Dios (Gálatas 4:8; 2 Pedro 1:4; Aristóteles, de *República*, 1. 7; Cicerón de *Nat. Deor.*).

B. La naturaleza de Dios no puede ser conocida *a priori* (antes de la experiencia): Porque es la primera de todas las cosas y estaba sola por edades infinitas (es eterna), antes de todas las cosas. Solamente es conocida adecuadamente por Dios y Dios por ella; porque Dios es igual a ella. En una medida menor es conocida por nosotros, pero en grado infinitamente menor de lo que es en sí; porque somos de ella por una emanación externa (creación). (Isaías 44:6; 1 Corintios 2:11; 1 Corintios 13:9; 1 Timoteo 6:16; Apocalipsis 1:8).

C. Pero esta naturaleza es conocida por nosotros, ya sea inmediatamente (directamente) por una visión clara de cómo es ella. A esto se le llama *"cara a cara"* (Deuteronomio 34:10; 1 Corintios 13:12) y es peculiar a los bienaventurados en el cielo (1 Juan 3:2). O, mediatamente, por imágenes y señales analógicas, las cuales no son solamente los actos externos de Dios y las obras que Dios hace a través de ellos (Salmos 19:1-8; Romanos 1:20), pero de igual manera por su palabra (Romanos 10:14-17), especialmente en lo que se refiera a Cristo (el Verbo o Palabra), *"quién es la imagen del Dios invisible"* (Colosenses 1:15) y el *"resplandor de su gloria"* (Hechos 1:3). Esto nos da un conocimiento adicional, que *"nosotros todos, mirando a cara descubierta como en un espejo la gloria del Señor, somos transformados de gloria en gloria en la misma imagen, como por el Espíritu del Señor"* (Éxodo 33:20; 2 Corintios 3:18; véase también 2 Corintios 5:6).

D. "Pero hay dos modos de esta segunda percepción de las obras y de la Palabra de Dios. La primera, por afirmación, según la cual las perfecciones sencillas que están en las criaturas, siendo creación de Dios, son atribuidas a Dios de acuerdo con alguna similitud (Salmos 94:9-10; Isaías 49:15; 40:15, 22, 25, 178; Mateo 7:11). La segunda, por negación o remoción, por la cual las perfecciones relativas y todas las imperfecciones que le pertenecen a las criaturas, habiendo sido producidas de la nada, son removidas de Dios (Isaías 55:8-9; 1 Corintios 1:25). Al modo de afirmación se le tiene que añadir pre-eminencia por la cual las perfecciones que son predicadas de las criaturas se entiende que son infinitamente más perfectas en Dios (Isaías 40:15, 17, 22, 23). Aunque este modo sea afirmativo o positivo en sí (porque la naturaleza de Dios necesariamente existe), es necesariamente conocida en forma positiva y no en negación; sin embargo, no puede ser expresada por nosotros, excepto por una negación. Por lo cual, parece que el modo de pre-eminencia no difiere en especies del modo de afirmación y negación (I: 434-436)".[5]

En su discurso sobre la certeza de la sagrada teología, Arminio dice que se le puede llamar a una cosa "necesaria", o "contingente". Afirma que: "La necesidad de una cosa simple es la necesidad de existencia de la cosa en sí, sea que tenga el lugar de sujeto o predicado. La necesidad de una cosa compleja es la inevitable y esencial disposición y relación que existe entre sujeto y atributo.

"La necesidad, que acabamos de declarar, ha de ser considerada en cosas sencillas, existe solo en Dios y en aquellas cosas que, aunque concuerden con él en su naturaleza, sin embargo, se distinguen de él por nuestra manera de considerarlas. La existencia de Dios es asunto de necesidad; su vida, sabiduría, bondad, justicia, misericordia, voluntad y poder, igualmente, tienen existencia necesaria. El fundamento de necesidad es la naturaleza de Dios; el principio de contingencia es la voluntad libre de la deidad. Dios es ser verdadero y el único necesario por virtud de la necesidad de su naturaleza".[6]

E. Además, en toda la naturaleza de las cosas y en las Escrituras mismas, solo se hallan dos sustancias, las cuales contienen toda perfección de las cosas. Ellas son esencia y vida, la primera constituye la perfección de toda criatura existente; la segunda, solo de algunas; y estas las más perfectas (Génesis 1; Salmos 104:29; Hechos 17:28). La mente humana no puede elevar ningún otro concepto más allá de estos dos: Porque ella misma está circunscrita dentro de los límites de la naturaleza creada, de la cual forma una parte, por lo tanto, no es capaz de pasar más allá del círculo que encierra el todo (Daniel 4:26; Apocalipsis 1:8; 4:8). Por lo cual, en la misma naturaleza de Dios, solo estas dos causas de movimiento esencia y vida, pueden ser objetos de nuestra consideración.

F. Pero en Dios ambas serán consideradas en el modo de pre-eminencia a saber en la excelencia que sobrepasa la esencia y vida de todas las criaturas (1 Timoteo 6:16; 1 Juan 1:5).

Preguntas para discusión: ¿Tienen las esencias corpóreas y vegetales y una vida sensitiva, alguna analogía con la esencia y vida de Dios, aunque la analogía sea menos que una esencia espiritual y vida intelectual? Si la tienen, ¿cómo es que tanto el cuerpo como los sentidos, son simplemente removidos de Dios?[7] Si no tienen esta analogía, ¿cómo ha podido Dios crear esta clase de esencia y vida?

III. La Esencia de Dios. Debate Público, IV., I: 436-442

A. La esencia de Dios es aquello por lo cual Dios existe; o es la primera [momentum] causa de movimiento de la naturaleza divina por la cual se entiende que Dios [esse] existe.

B. Porque toda esencia que está, ya sea en la naturaleza superior o inferior de las cosas, es dividida en espiritual y corpórea (Colosenses 1:16), de las cuales la primera denota perfección sencilla, la segunda una defección o defecto de esta perfección. Debido a ello, separamos esencia corporal de Dios según el modo de remoción y al mismo tiempo todas las cosas que pertenecen a la esencia corporal como tal, ya sea simple o compuesta, tal como magnitud, figura, lugar o partes, sean sensibles o imaginarias. Por lo cual él no puede ser percibido por los sentidos corporales, ya sea los que son externos o por los internos, porque es invisible, intocable e incapaz de ser representado (Deuteronomio 4:12; 1 Reyes 8:27; Lucas 24:39; Juan 4:24; 1 Timoteo 1:17). Pero le adscribimos una esencia espiritual y esto en el modo de pre-eminencia, como *"el Padre de los espíritus"* (Hechos 12:9).

C. Debemos enunciar negativamente el modo por el cual la esencia de Dios es pre-eminente, tanto como es y cómo es espiritual ; para que se pueda hacer inmediatamente en una sola frase, "Él es sin principio y sin causa sea externa o interna" (Isaías 43:10; 44:8,24; 46:9; Romanos 11:5,35-36; 1 Corintios 8:4-6; Apocalipsis 1:8). Siendo que no puede haber un progreso in infinitum (porque si pudiera, no hubiera ninguna esencia, ni conocimiento), debe haber una esencia, sobre y antes de la cual ninguna otra (esencia) pudiera existir; pero tal esencia tiene que ser de Dios; porque, a cualquier cosa que esta esencia pueda ser atribuida, será por ese mismo acto de adscripción de Dios mismo. [8]

IV. Los Atributos de Dios. Debate Público IV., I: 438-442

En su IV debate público, "Sobre la naturaleza de Dios", Arminio presenta una clasificación o división de los atributos divinos. La teología reformada hablaba de los atributos comunicables y los incomunicables, pero Arminio no está del todo satisfecho con esta manera de considerar los atributos de Dios. Ni tampoco aceptaba el concepto de los luteranos. Los luteranos habían rechazado el concepto reformado diciendo que era deficiente cristológicamente. Ellos sostenían que no se podía aceptar que ningún atributo fuera incapaz de ser comunicado de la persona divina de Cristo a su naturaleza humana.

Pero Arminio está consciente de las limitaciones del lenguaje analógico de Aquino, también reconoce el peligro de un énfasis continuo en la trascendencia de la esencia divina. "En vez de predicarle atributos a Dios como si fueran accidentes distinguibles de la esencia de Dios, Arminio declara que predicación es posible solo en una manera supereminente (*modus supereminentiae*)". [9] Arminio tiene que evitar que un atributo o la suma de ellos, sea mayor que Dios. ¿Cómo lo hace? Por usar el modus supereminentiae, de esta manera puede hablar de la simplicidad de Dios como el modo pre-eminente de la esencia divina. "Simplicidad", le da a Dios prioridad, no solo en un sentido físico y temporal, sino también en el sentido metafísico y lógico. Después de asentar y describir la naturaleza de la simplicidad e infinitud de Dios, Arminio da una lista de lo que teólogos subsecuentes llamarían "atributos absolutos y relativos".

Porque la esencia de Dios carece de toda causa, de esta circunstancia se levanta en primer lugar, simplicidad e infinitud de ser en la esencia de Dios.

Simplicidad, es un modo pre-eminente de la esencia de Dios, por la cual carece de toda composición y partes, sea que pertenezcan a los sentidos o al entendimiento (Isaías 40:12, 22; Hechos 2:10; Romanos 11:35-36). Por lo cual, Dios es su propia esencia y su propio ser. Todo lo que es predicado absolutamente de Dios, es entendido esencial y no accidentalmente.

Infinitud de ser, es un modo pre-eminente de la esencia de Dios, que no tiene ninguna limitación o lindero (Salmos 43:10; 45:3), sea de algo sobre la esencia o por debajo de ella, de algo antes o después de ella. No está limitada por algo arriba o sobre, porque no ha recibido su ser de alguien. Ni por cualquier cosa debajo de ella, porque la forma, la cual es ella misma, no está limitada por la capacidad de cualquier cosa que pueda ser su recipiente. Ni por cualquier cosa antes de ella, porque no es nada eficiente; no después de ella, porque no existe por causa de otro fin. Pero su esencia es determinada internamente por derecho propio, según lo cual es lo que es y nada más (Éxodo 3:14; Isaías 44:9; Romanos 11:35, 36; Proverbios 16:4).

De la simplicidad e infinitud de la esencia divina, se levanta infinitud respecto al tiempo, que se llama *"eternidad"*; y con respecto a lugar, que se llama *inmensidad, impasividad, inmutabilidad e incorruptibilidad.*

Eternidad, es un modo pre-eminente de la esencia de Dios, por la cual carece de tiempo respecto a los límites de principio y fin, porque es de ser infinito, también carece de tiempo respecto a la sucesión de primero y después, de pasado y futuro, porque es ser sencillo, el cual nunca es capacidad [potencialidad], siempre es acto o acción (Génesis 21:33: Salmos 90:2; Isaías 44:6; 1 Timoteo 1:9). Todas las cosas que son predicadas absolutamente respecto a Dios, le pertenecen a él desde la eternidad. Las cosas que no le pertenecen a él desde la eternidad, le son predicadas no absolutamente, sino con referencia a las criaturas, porque "El es el Creador, el Señor y el Juez de todos los hombres".

Inmensidad, es el modo pre-eminente de la esencia de Dios, por el cual carece de espacio y límites (1 Reyes 8; 17; Job 11:8-9).

De la inmensidad sigue la *omnipresencia o ubicuidad* de la esencia de Dios, según la cual Dios está en cualquier lugar donde están las criaturas, esto es una similitud exacta como un punto totalmente presente a toda la circunferencia y a cada una de sus partes, pero sin ninguna circunferencia. Si hay alguna diferencia, surge de la voluntad, habilidad y acto de Dios (Salmos 139:8-12; Isaías 66:1; Jeremías 23:24; Hechos 17:27-28).

Impasividad, es un modo pre-eminente de la esencia de Dios, por el cual es carente de [*passionis*] sufrimiento o sentir; no solo porque nada puede obrar en contra de esta esencia, sino también porque no recibe el acto de nadie o nada, porque es de simple entidad. Por lo tanto, Cristo no ha sufrido según la esencia de su deidad.

Inmutabilidad, es un modo de pre-eminencia de la esencia de Dios, por el cual carece de todo cambio; de ser transferido de lugar a lugar, porque es en sí mismo su propio fin y bien y porque es inmune; de generación y corrupción; de alteración; aumento o menguar; por la misma razón por la cual es incapaz de sufrir (Salmos 102:27; Malaquías 3:6; Santiago 1:17). Solo Dios está en descanso en todas sus operaciones (Isaías 40:28; Romanos 1:23).

Estos modos de la esencia de Dios le pertenecen de manera peculiar a él, no pueden ser comunicados a nadie; estos modos son tan propios a Dios como lo es su esencia. Son más peculiares a él que su esencia, porque son pre-eminentes, nada puede ser análogo a ellos. Por lo tanto, Cristo, según su humanidad, no está en todo lugar.

Dado que la unidad y el bien son afectos generales de ser, los mismos han de ser atribuidos a Dios, pero de acuerdo con el modo de pre-eminencia, de acuerdo con la medida de simplicidad e infinitud de su esencia (Génesis 1:31; Mateo 19:17).

La *unidad de la esencia* de Dios es según cual es, en toda manera posible tan unida consigo misma que es perfectamente indivisible respecto a números, especies, género, partes, modos, etc. (Deuteronomio 4:35; 1 Corintios 8:4).

V. La Santidad de Dios. Debate Público, IV. I: 440

También le pertenece a la esencia de Dios, estar separada de toda cosa; y de ser imposible entrar en la composición de cualquier otra cosa; algunas personas adscriben esta propiedad a la simplicidad y otras a la unidad de la esencia de Dios, varias lo atribuyen a ambas. Pero al leer las Escrituras, hallamos que santidad es frecuentemente adscrita a Dios, que usualmente indica una separación o poner aparte; debido a esto, quizá, la misma cosa por la cual Dios es separado de otros, puede, sin impropiedad, llamarse **santidad** (Josué 24:19; Isaías 6:3; Génesis 2:3; Éxodo 8:2; 1 Tesalonicenses 5:23; 1 Pedro 2:2-9). Por lo tanto, Dios no es ni el alma del mundo, ni forma del universo; no es ni una forma inherente, ni forma corporal.

La bondad de la esencia de Dios es según la cual él es en sí mismo el Bien Supremo; de una participación en la cual todas las cosas tienen existencia y son buenas; y a la cual todas las otras cosas han de ser referidas como su fin supremo; por esta razón puede ser comunicada.

Estos modos y afectos son atribuidos principalmente a la esencia de Dios y deben ser deducidos del resto de las cosas que están bajo nuestra consideración en el último momentum de la naturaleza divina. Si se hace esta deducción, especialmente por las cosas que pertenecen a la operación de Dios, entonces la utilidad abundante redundará para nosotros y la forma de nuestro conocimiento de ellos. Este beneficio, sin embargo, no será nuestro, si solo se hace asunto de consideración en este momentum de la naturaleza divina (Números 23:19; Lamentaciones 3:22; Oseas 11:9; Malaquías 3:6).

VI. Los Atributos de Dios y su voluntad. Debates Privados. XX., II: 44-48

Arminio mismo reconoce que no ha considerado ciertos atributos divinos con relación a la voluntad de Dios. Tiene dos debates o discusiones privados al respecto, que son muy importantes para un mejor entendimiento y aprecio de sus convicciones teológicas. Declara su propósito como sigue: "Sobre los atributos de Dios que se consideran bajo su voluntad". Primero (debate XX), los que tienen una analogía de los afectos o pasiones de las criaturas racionales.

A. Los atributos que tienen la analogía de afectos, se pueden dividir en dos grupos: **Primero: Los primitivos** que simplemente tienen que ver con el bien y el mal. **Segundo: Los que son ejecutados respecto al bien y el mal**, con referencia a su ausencia o presencia, pueden llamarse **afectos derivados de los primitivos.**

B. Los primitivos son **amor** (lo opuesto a lo que es el odio) y bondad; relacionados con esto (conectados), **gracia, benignidad y misericordia**. El amor es antes que la bondad hacia el objeto cuando es Dios mismo; pero la bondad es antes que el amor cuando el objeto es distinto de Dios. El amor busca objetos que son capaces de ser amados; la bondad entra en acción para tratar de llevarlos al bien —el *summum bonum*, Dios mismo.

La relación que hace Arminio del amor de Dios con la bondad divina tiene ramificaciones muy profundas para toda la teología, particularmente para las doctrinas de la creación, providencia y predestinación. La prioridad del amor sobre la bondad respecto a Dios mismo y de la bondad sobre el amor con respecto a objetos, especialmente a personas racionales, establece un orden de los decretos divinos según el cual Dios primeramente se ama y determina su propia bondad, en segundo lugar, tiene voluntad y ama todas las cosas en sí mismo según se levantan de la comunicación de su bondad y como resultado ordena todas las cosas buenas hacia sí mismo como su meta, el bien supremo.[10]

C. El amor es un afecto de unión en Dios, su objeto no es solo Dios mismo y el bien de justicia, sino también la criatura, imitando o relacionada con Dios, ya sea según semejanza (imagen) o solo por impresión y la felicidad de la criatura. Pero este afecto (amor) se expresa, primero, para gozar y tener, este es "amor de complacencia" (amor *complacentiae*). Dios se ama a sí mismo en la perfección de su propia naturaleza; también se ama a sí mismo en los efectos que produce externamente [*ad extra*], tanto en actos como en obras, mientras sean evidencia, indicaciones infalibles de esa perfección. Y, en segundo lugar, se expresa en "amor de amistad" (amor *amicitiae*), para hacer el bien. El amor de amistad está reservado para las cosas que Dios ama como medios para sus propios fines.

D. El odio es un afecto de separación en Dios, su objetivo primario es la injusticia; y luego, es la miseria de las criaturas. El primero viene "del amor de complacencia", el segundo viene "del amor de amistad". Dios propiamente se ama a sí mismo y el bien de la justicia y por el mismo impulso odia la miseria de la criatura, esto es su voluntad que sea quitada de la criatura; por lo cual odia a la criatura que persevera en injusticia y ama su miseria.

E. El odio, sin embargo, no es colateral con el amor, no tienen un objeto último, pero fluye necesariamente del amor divino, porque el amor divino no se puede extender hacia todas las cosas que llegan a ser objetos del entendimiento-conocimiento de Dios. El amor le pertenece a Dios en el primer acto o actualidad primaria, antes de la existencia de cualquier cosa digna de odio, pero dada su existencia, el acto de odio necesariamente sigue como operación de la voluntad de Dios, pero no como algo que Dios libremente determinó. En otras palabras, no porque natural y necesariamente detesta sino, simplemente, porque él es Dios.

F. La bondad también es un afecto en el amor de la comunicación de su bien; y, según Arminio, tiene cuatro objetos y actos positivos:

Su primer objeto [*ad extra*] externo es nada; y esto necesariamente, porque cuando es removido no puede haber comunicación externa. Su acto es creación. Su segundo objeto es la criatura como criatura; y a su acto se le llama conservación. si fuera una continuación de la creación su tercer objeto es la criatura cumpliendo con su obligación según el mandato de Dios; y su acto es la elevación a una felicidad más digna, esto es, la comunicación de un bien mayor del que la criatura obtuvo por creación. El cuarto objeto es la criatura que no cumple con el mandato de Dios, es decir, el pecador; y debido a ello, sujeto a miseria según el justo juicio de Dios; y su acto de liberación del pecado por la remisión y mortificación del pecado. A este progreso de la bondad se le denomina misericordia, que es un afecto para dar socorro a un hombre en miseria, en pecado, el pecado no presenta obstáculo.

Muller ofrece un comentario que revela el significado y alcance de la relación que Arminio hace entre el amor y la bondad de Dios, que llega a expresarse como misericordia vía la bondad divina. Dice:

"Lo que Arminio ha hecho en esta descripción de la auto-comunicación de la divina bondad, es argüir que todos los afectos divinos son manifestaciones de los dos afectos primitivos o primarios, bondad y amor, odio como la negación de amor; benignidad, bondad y misericordia como modificación de la bondad con relación a sus objetos. Este argumento es crucial para toda su perspectiva teológica porque tiene el efecto de atar los afectos divinos al impulso primario de Dios ad extra, el carácter auto-comunicativo de la bondad divina y así relacionando los afectos divinos con las presuposiciones teleológicas de la teología de Arminio y, más inmediatamente, a la relación de gracia de Dios hacia el orden creado por él." [11]

G. Gracia es un cierto accesorio o ayudante de la bondad y amor, que significa que Dios es movido a comunicar su propio bien y amor a las criaturas, no por ningún mérito o deuda, no por una causa que impele de afuera, ni algo que se puede añadir a Dios. Es para el bien de aquel a quien es dada, el cual es amado, la cual también puede llamarse "liberalidad". Según esto, se dice que Dios *es rico en gracia y bondad para con nosotros en Cristo Jesús*" (Efesios 2:7).

Hemos llegado a un punto muy crucial en el pensamiento y argumento de Arminio. Con su definición de gracia, Arminio ha asentado las bases necesarias para el argumento de su doctrina de la universalidad de la expiación.

La teología reformada y luterana consideraba la gracia casi como exclusivamente soteriológica en propósito y alcance. La teología reformada no podía, ni puede, aceptar que la gracia de Dios es universal, un bien común que está sobre toda la creación y particularmente sobre toda la raza humana y no solo sobre los elegidos por decreto divino.

El argumento de Arminio es sencillo, claro y convincente: Si la voluntad antecedente de Dios hace de la creación un acto de la bondad y amor como ayudantes de la gracia; si la gracia es inmerecida, libre e incondicional; y si Dios desea el bien de toda su creación, particularmente de las criaturas racionales (el hombre).

Por consecuencia sigue: La gracia es tanto universal como natural.

Finalmente, la gracia divina no puede ser arbitraria o restrictivamente dada o aplicada. Lo que ha hecho Arminio es levantar la gracia más allá del contexto soteriológico. En otras palabras, Arminio trasciende los límites que le imponía la teología reformada. Este concepto de Arminio sobre la gracia, se tornaría en uno los pilares de la teología de Wesley, la universalidad de la gracia preveniente

VII. Los Atributos Morales. Debate XXI., II: 48-50

Sobre los atributos de Dios que tienen alguna analogía con las virtudes morales y que actúan como moderadores de los afectos, considerados en el debate anterior.

A. Estos atributos generalmente presiden sobre todos los afectos, o específicamente sobre algunos de ellos. En general a la justicia se le puede llamar "universal" o "legal". Los especiales son particularmente justicia, paciencia, que son los moderadores del enojo; y los de disciplina y castigo.

B. La justicia de Dios, considerada universalmente, es una virtud de Dios por la cual administra correctamente todas las cosas de una manera aceptable, de acuerdo con lo que su sabiduría dicta como digna de él. En unión con la sabiduría, preside sobre todos sus actos, decretos y obras; por la cual se dice que Dios es "justo y correcto", que es "justo en todo".

C. La justicia particular de Dios es aquella por la cual, consistentemente, le da a todos lo que merecen, asimismo lo que es propio y, a la criatura, lo que le pertenece. La consideramos tanto en las palabras de Dios como en sus hechos. En esto, los métodos de los decretos no son diferentes; porque todo lo que Dios hace o dice no es diferente, lo hace de acuerdo con su decreto eterno. Es decir, no hay injusticia en el decreto ni desviación de la revelación respecto a la justicia de Dios. Por implicación tiene que estar de acuerdo con el amor y la bondad, como definido con relación, tanto a la obediencia de la criatura, como a la bondad de la criatura como creada.

D. La justicia en hechos, sigue un orden triple: En primer lugar, opera en la comunicación del bien, ya sea según la primera creación o según la regeneración. En segundo lugar, es la prescripción de obligación o legislación, que consiste en la solicitud de un hecho y en la promesa de recompensa y la amenaza de castigo. En tercer lugar, es el juicio de hechos actuales en actos retributivos, ya sea de recompensa o de castigo. El castigo no ha de entenderse solo en términos del odio divino de la desobediencia, sino también en términos de la vindicación de la justicia divina.

E. La Justicia en palabras también es triple: Por un lado, la justicia divina siempre declara la verdad como opuesta a la falsedad, Dios siempre declara la cosa tal como es. Por otro lado, es tanto sincera como sencilla en el sentido de que Dios siempre declara, como la concibe internamente, según el significado y propósito de su mente, opuesta a la cual es hipocresía y duplicidad de corazón. Finalmente, la justicia de Dios es fiel y constante respecto a las promesas y mantención de bienes comunicados, los cuales están opuestos a la inconsistencia y perfidia.

Al hablar del *"propositum"*, o propósito de la mente de Dios, Arminio sostiene en esta tesis, que en Dios no hay diferencia entre su decreto interno y las demandas reveladas y promesas.

Arminio deja tres corolarios al respecto:

1. ¿Le permite la justicia de Dios destinar a muerte eterna a una criatura racional que nunca ha pecado? Contestamos negativamente.

2. ¿Permite la justicia de Dios que una persona sea salva si ha perseverado en sus pecados? Contestamos negativamente.

3. ¿Que no puede acomodarse en algún sentido la justicia y misericordia y ser consideradas en un sentido como opuestas? Mi respuesta es afirmativa.

F. Los otros "moderadores del enojo" incluyen paciencia, longanimidad, gentileza, clemencia y buena voluntad para perdonar.

VIII. La Perfección —Bienaventuranza de Dios.
Debate Privado, XXIII, II: 52-53. Debate Público, IV, I: 462-464

A. La Perfección de Dios

1. La perfección de Dios es el resultado de la simple e infinita combinación de todos los atributos de Dios, cuando es considerado con el modo de preeminencia; no es la perfección por la cual él tiene toda cosa individual más perfectamente (porque este es el oficio de simplicidad e infinitud), sino aquella por la cual él tiene todas las cosas simplemente denotando una perfección en la manera más perfecta. Puede ser apropiadamente descrita como: La interminable y al mismo tiempo la entera y perfecta posesión, de esencia y vida (Génesis 17:1; Éxodo 6:3; Salmos 1:10; Mateo 5:48; Hechos 17:25; Santiago 1:17).

2. Y esta perfección de Dios trasciende infinitamente a toda perfección creada en tres maneras: a. Porque tiene todas las cosas. b. Las tiene en una manera más perfecta. c. No la deriva de alguna otra fuente. Pero como las criaturas tienen por participación una perfección de Dios, débilmente según la sombra de su tipo original, como consecuencia ellas no tienen toda perfección, en la manera más perfecta; sin embargo, algunas criaturas tienen una perfección más grande que otras; y cuanto más posean, más cerca están de Dios y más se parecen a él (Mateo 5:48; Hechos 17:28-29; Romanos 9:35-36; 1 Corintios 4:7; 2 Corintios 3:18; 2 Pedro 1:4).

B. La Bienaventuranza de Dios

1. De esta perfección de Dios, por medio de algún hecho intrínseco, su bienaventuranza tiene existencia; y por medio de relación externa, su gloria existe (Éxodo 33:18; 1 Timoteo 1:11; 6:15-16).

2. La bienaventuranza es obra de Dios por la cual él goza de su propia perfección, la cual y es conocida completamente por su entendimiento y amada supremamente por su voluntad, y por la cual reposa en esta perfección con satisfacción. (Génesis 17:1; Salmos 16:11; 1 Corintios 2:9-10).

3. Pero esta bienaventuranza es tan peculiar de Dios, que no puede ser comunicada a ninguna criatura. (1 Corintios 15: 28). No obstante, en relación con el objeto, él es el bien beatificante de todo criatura dotado con entendimiento, y el que efectúa el acto [causa] que se inclina hacia el efecto, y que re-

posa con satisfacción en el. De esto consiste la bienaventuranza del hombre

C. La Gloria de Dios

1. La gloria de Dios es de su perfección, considerada extrínsecamente y de alguna manera se puede describir así: Es la excelencia divina sobre todas las cosas (Isaías 6:1-3; Salmos 19:1-6; 8:1), la cual se hace manifiesta por hechos externos en varias maneras.

2. Los modos de manifestación que declaran las Escrituras son principalmente dos: Primero, por un resplandor y esplendor inusitados de una luz, o por lo opuesto —por una oscuridad de tinieblas densas. Segundo, por la producción de obras que estén de acuerdo con su perfección y excelencia (Éxodo 16:10; 1 Reyes 8:11; Mateo 17:2-5; Lucas 2:9).

3. Esta descripción de la naturaleza divina es el primer fundamento de toda religión. Porque se concluye de esta perfección y bienaventuranza de Dios, que el acto de religión puede ser digno y útilmente manifestado a Dios; hemos llegado al conocimiento de esto por la manifestación de la gloria divina.

Arminio termina su debate con una oración: "Con oraciones ardientes, supliquemos al Dios de gloria, por habernos formado para su gloria, que nos conceda más y más ser instrumentos ilustrando su gloria entre los hombres, por Jesucristo nuestro Señor, el resplandor de su gloria y la imagen misma de su persona. ¡Amén!" [12]

IX. La Vida de Dios. Debate público, IV, I: 442-444. Debate privado, XVI, II: 35-36

La vida de Dios es el segundo acto o impulso de la naturaleza divina en acción dentro de sí misma (Salmos 43:2; Hebreos 3:12; Números 14:21). Pero debemos tener cuidado de hablar de la esencia como teniendo precedencia sobre la vida. Dios es la vida en sí mismo, no la tiene por unión con otra cosa, esto sería una imperfección, porque la vida es simple perfección. Por lo tanto, en realidad, no es distinta o separada de su esencia (1 Timoteo 1:17; 4:16), no aumenta ni disminuye, es una y sin división, santa apartada de todas las cosas; es buena y por lo tanto se puede comunicar y, realmente, lo hace tanto por la creación y preservación, como por habitación iniciada en esta vida, para ser consumada en la venidera (Génesis 2:7; Hechos 17:28; Romanos 8:10-11; 1 Corintios 15:28).

La vida de Dios es la fuente y el principio próximo y adecuado, no solo de los hechos ad intra y ad extra, (internos y externos), sino de igual manera de toda adoración alabanza por la cual se dice que Dios es bendito en sí mismo. Esta parece ser la causa por la cual Dios desea, especialmente con referencia a la vida, ser reconocido como distinto a los dioses falsos (Éxodo 15:11) e ídolos muertos, porque deseó que el hombre jurara por su nombre.

"La vida de Dios es activa en tres facultades, en el entendimiento, la voluntad y el poder".[13] Consideremos estas tres facultades según las presenta Arminio. El orden de estas tres facultades tiene implicaciones teológicas muy importantes, especialmente para su concepto de la predestinación. Teodoro Beza y casi todos los teólogos reformados, ponen la voluntad o decreto de Dios primero en el orden de la vida de Dios. Arminio, pone el entendimiento o conocimiento en primer lugar como facultades de la vida de Dios.

X. El Entendimiento de Dios. Debate Privado, XVII, II: 36-39

A. El entendimiento de Dios es aquella facultad de su vida que es primera en naturaleza y orden, por la cual el Dios viviente distintamente entiende todas las cosas y cada una que en cualquier manera ya tengan, tendrán, habrán de tener, podrán tener, o puedan hipostáticamente tener, sea de cualquier clase. Por lo cual, él también entiende distintamente el orden, la conexión y la relación entre cada una de ellas y las entidades de la razón; aquellos seres que existen o que puedan existir en la mente, imaginación y enunciación.

B. Dios conoce todas las cosas, no por representación inteligible, ni por similitud, sino por su propia y sola esencia; con excepción de las malas, las cuales conoce indirectamente por las buenas opuestas a ellas, como la privación es conocida por medio de hábitos a los cuales nos hemos acostumbrado.

C. El modo por el cual Dios entiende, no es por división y composición, ni por argumentación gradual, sino por simple e infinita intuición, según la sucesión de orden y no de tiempo.

D. La sucesión de orden en los objetos del conocimiento divino, es en esta manera: **Primero**. Dios se conoce a sí mismo, entera y adecuadamente y este entendimiento es su propia (*esse*) esencia o ser. En **segundo** lugar, sabe todas las cosas posibles en la perfección de su propia esencia y por lo tanto, todas las cosas imposibles. En el entendimiento de cosas posibles, este es el orden: a. Sabe cuáles cosas pueden existir por su propio y solo hecho. b. Sabe cuáles cosas de las criaturas, ya sea que lleguen a existir o no, pueden existir por su conservación, moción, asistencia, concurrencia y permiso. c. Sabe qué cosas puede hacer respecto a los hechos de las criaturas, que sean de acuerdo con él o con los hechos. En **tercer** lugar, conoce todas las entidades, aún según el mismo orden como el que ya hemos mostrado en su conocimiento de cosas posibles (Salmos 94:9-10; 1 Corintios 2:11; Hebreos 4:13).

E. El entendimiento de Dios es seguro e infalible al grado que ve las cosas futuras y contingentes; ya sea que las vea en sus causas, o en sí mismas. Pero esta infalibilidad depende de la infinitud de la esencia de Dios y no de su voluntad no variable. (Hechos 15:18; Efesios 1:4).

F. El acto de entender de Dios no es ocasionado (causatur) por alguna causa externa, ni por su objeto; aunque si después no hubiera un objeto, tampoco habría un acto o hecho de entendimiento de Dios respecto al hecho.

G. Aún tan seguros como sean los actos del entendimiento (conocimiento) de Dios, esto no impone ninguna necesidad en las cosas, sino que establece contingencia en ellas. Porque, como conoce la cosa en sí misma y su modo, si el modo de la cosas es contingente, la conoce como tal y por lo tanto, permanece contingente respecto al conocimiento de Dios (Salmos 67:5; Hechos 23:11,17-18; 25:10,12; 26:32; 28:22-25,31; Romanos 11:33).[14]

H. El conocimiento de Dios puede ser distinguido según sus objetos: Primero, es teórico, por el cual entiende (las) cosas bajo la relación de entidad y verdad; y es práctico, por el cual entiende (las) cosas bajo la relación de bueno, como objetos de su voluntad y poder (Isaías 16:5; 37:28; 48:8).

I. En segundo lugar, una cualidad del conocimiento de Dios es el de inteligencia simple, por la cual se entiende (conoce) a sí mismo, todas las cosas posibles y la naturaleza y esencia de toda entidad. Otra es la de visión, por la cual contempla su propia existencia y la de toda otra entidad o ser.

J. El conocimiento por el cual Dios conoce su propia esencia y existencia, todas las cosas posibles y la naturaleza y esencia de toda entidad, es simplemente necesario como perteneciente a la perfección de su conocimiento. Pero aquél por el cual él conoce la existencia de toda entidad, es hipostáticamente necesario; esto es, si ellos ahora tienen, ya han tenido, o tendrán después una existencia. Porque cuando cualquier objeto se presenta, necesariamente entra dentro del conocimiento de Dios. El primero de estos precede todo hecho libre de la voluntad divina; el último sigue todo hecho libre. Los escolásticos, por lo tanto, llaman al primero "natural", al segundo, "conocimiento libre".

K. El conocimiento por el cual Dios sabe si cualquier cosa es o existe, es intermedio entre las dos clases descritas (en Tesis 9 y 10): Precede el libre hecho de la voluntad respecto a la inteligencia, pero conoce el futuro según visión, solamente por su hipótesis.

L. Conocimiento libre o de visión, el cual también es llamado "presciencia", no es la causa de (las) cosas. Pero el conocimiento que es práctico y de simple inteligencia y que es denominado "natural" o "necesario", es la causa de todas las cosas por el modo de prescribir y dirigir, al cual es añadido la acción de la voluntad y capacidad. El conocimiento intermedio debe intervenir en las cosas que dependen de la libertad de escogimiento o placeres creados.

M. De la variedad y multitud de objetos, y de medios y modo de inteligencia y visión, es obvio que el conocimiento infinito y omnisciencia son justamente atribuidos a Dios; y que son tan peculiares a Dios, según sus objetos, medios y modo, que no pueden ser capaces de pertenecer a algo creado.

XI. La Voluntad de Dios. Debate Público, IV, I: 449-460. Debate Privado, XVIII, XIX, II:39-44

Para cuando Arminio nació (1560), la doctrina de la voluntad y poder de Dios ya tenía un lugar prominente en la teología reformada y luterana. Arminio presenta sus dos debates dentro de la tradición reformada que ya había sido desarrollada; Beza, profesor de Arminio en Ginebra, ya había escrito extensamente sobre la voluntad y poder de Dios. Veremos por qué Arminio se opuso y, finalmente, rechazó el concepto reformado de la voluntad y poder de Dios.

Los dos debates de Arminio sobre la voluntad de Dios, son las más extensas y completas que salieron de la Universidad de Leyden en sus días. Son de suma importancia para entender y apreciar el legado de Arminio a Juan Wesley; y de Wesley a nosotros.

Es necesario que el lector entienda el concepto arminiano de la voluntad de Dios para apreciar su contribución al desarrollo de la teología cristiana. Su debate público es el más extenso; el privado es un resumen más ordenado y lógico, lo usaremos como bosquejo insertando material del público, cuando ayude para aclarar algún punto. La traducción que sigue es libre, pero fiel al pensamiento esencial de Arminio.

A. Se habla de la voluntad en tres maneras: Primero, como la facultad volitiva misma. Segundo, como el acto de volición. Tercero, como el objeto del acto de la voluntad. El primero es el principal y propio, los otros dos son secundarios y figurativos.

B. Definición. La voluntad de Dios es la segunda facultad de la vida de Dios que fluye de la vida por el entendimiento y que tiene una tendencia ulterior; por la cual Dios es llevado hacia un bien conocido porque es objeto adecuado de toda voluntad, no solo porque es un ser (una realidad-es algo), sino de igual como un bien, ya sea en realidad o solo en el entendimiento de Dios. Pero el mal [culpae], de culpabilidad, no es objeto de la voluntad de Dios (Salmos 5:4-5).

C. El bien es dual. El bien principal, Dios mismo; el bien que sale, se origina de Dios, pero es diferente (Génesis 1:31; Mateo 19:17; Santiago 1:17). El primero es el principal, inmediato, directo, peculiar y objeto adecuado de la voluntad divina; el último es secundario e indirecto, hacia el cual la voluntad divina no se inclina, excepto por medio del bien principal.

D. La voluntad de Dios es llevada hacia sus objetos en el siguiente orden:

1. Dios mismo se hace objeto de su propia voluntad.

2. Activa todas la cosas que de la infinitud de cosas posibles para sí mismo, por el juicio final de su sabiduría, ha determinado que se hagan. Primero, porque es su voluntad que sean; después, él (Dios), es movido hacia ellas por su voluntad, según tienen alguna semejanza a su naturaleza, o algún vestigio de ella.

4. El tercer objeto de la voluntad de Dios, son aquellas cosas que juzga dignas y equitativas de ser hechas por las criaturas que han sido dotadas de entendimiento y con libre voluntad, la cual incluye una prohibición de lo que Dios no quiere que se haga.

5. El cuarto objeto de la voluntad de Dios es su permiso, por el cual permite a una criatura racional hacer lo que ha prohibido y omitir lo que le ha ordenado.

6. Dios activa aquellas cosas que, según su propia sabiduría, juzga que se hagan en cuanto a los hechos de las criaturas racionales.

E. No hay una causa externa o interna que mueva su voluntad; ni hay fuera de él otro fin. Pero las criaturas y sus actos o pasiones, pueden ser la causa motora externa, sin la cual Dios sobrepasaría esa volición o acto de su voluntad.

F. Pero la causa de todas las otras cosas es Dios, por su entendimiento y voluntad, por medio de su poder o capacidad; sin embargo, cuando actúa, ya sea por sus criaturas, con ellas o en ellas, no les quita su modo peculiar de actuar, o de sufrir, que divinamente ha puesto dentro de ellas; y que lo soporta según su modo peculiar que produzcan sus propios efectos y que reciben en sí mismos los actos de Dios, ya sea necesaria, contingente, o libremente. Esta contingencia y libertad de causas secundarias no quitan la seguridad de la presciencia de Dios, o que sean destruidas por un acto de la voluntad de Dios y por la certeza de eventos futuros respecto el entendimiento de Dios (Génesis 19:5,28; Isaías 10:5-7; Hechos 17:29-31).

Con este último punto, Arminio estaba rechazando la interpretación oficial de la teología reformada, que planteaba que la voluntad eterna, inmutable y absoluta de Dios, ha determinado todo desde antes de la creación, el supralapsarianismo de la escuela de Ginebra. El problema del previo conocimiento de Dios y el libre albedrío del hombre, viene desde los tiempos de Agustín (354-430). Consideraremos este problema más adelante, cuando veamos las controversias sobre la predestinación.

El comentario de Muller es apropiado aquí: "Para resolver el problema de la simple, eterna e inmutable voluntad divina con relación a la múltiple y libre voluntad temporal de las criaturas, Arminio propone una serie de nueve distinciones en la voluntad divina. Estas distinciones, como casi todos los argumentos anteriores, descansan sobre un conocimiento de la teología medieval y reflejan la prestación de Arminio de contemporáneos reformados y luteranos. Así como en las distinciones que tienen que ver con la *scientia Dei*, la diferencia entre las distinciones de Arminio y las propuestas por los primeros teólogos reformados ortodoxos, apuntan ineludiblemente hacia el debate sobre la predestinación y la voluntad libre del hombre".[15]

Si se compara el debate público IV, con el privado XIX, se observa que ambos contienen ocho distinciones, aunque realmente Arminio tiene nueve distinciones; también hay algunas diferencias, quizá se deban al hecho de que son sus notas de clase y Arminio no las había redactado para publicación. Las distinciones nos ayudarán a entender y apreciar mejor el debate sobre la predestinación.

1. La voluntad de Dios es llevada hacia sus objetos, ya sea según el modo de (la) naturaleza, o por el de libertad. Con relación al primero, Dios se inclina o dirige hacia sí mismo, él es su principal, propio y adecuado objeto. Pero, según el modo de libertad, se dirige hacia otras cosas y hacia todas; por el ejercicio de libertad hacia muchas, por libertad de especificación; porque no puede odiar cosas, en cuanto tengan alguna semejanza con Dios, esto es, mientras sean buenas; aunque no está necesariamente obligado a amarlas, porque puede reducirlas a nada cuando las considera como buenas para él (2 Timoteo 2:13; Hebreos 6:10, 18; Apocalipsis 4:11).

2. A ésta se le tiene que unir otra distinción, según la cual Dios activa algo como un fin y otras cosas como medios a ese fin. Su voluntad se dirige hacia el fin por un afecto o deseo natural; y hacia los medios por una decisión libre (Proverbios 16:4).

3. La voluntad de Dios también se distingue cuando absolutamente decide que algo se haga o que sea omitido por sus

criaturas racionales. A la primera se le llama "la voluntad de su buen placer", o "de su placer" (Salmos 115:3); a la última se le llama "la voluntad que es significada". La última es revelada; la primera es revelada en parte y en parte escondida (Deuteronomio 29:29; Marcos 3:35; 1 Corintios 2:11-12; 1 Tesalonicenses 4:3). La primera es eficaz, porque usa tanto poder que no se puede resistir, o de una clase que Dios sabe de seguro que nada puede oponérsele (Salmos 33:9; Romanos 9:19). La última es por la cual Dios permite algo a la voluntad y capacidad de la criatura, no poniéndole un impedimento, que pudiera en realidad estorbar el acto (2 Samuel 17:14; Salmos 81:13; Isaías 5:4-5; Mateo 21:39-41; Hechos 5:4; 16:16; 1 Corintios 7:28).

4. La voluntad de Dios es perentoria o condicional. a. Su voluntad perentoria es tal, que las palabras del evangelio contienen la última revelación de Dios: *Todo aquel que invocare el nombre del Señor, será salvo*" (Romanos 10:13). b. Su voluntad condicional tiene una condición anexada: *"De aquí a cuarenta días Nínive será destruida"* (Jonás 3:4; Gálatas 33:13; Jeremías 18:7-10).

5. Una voluntad de Dios es absoluta y otra respectiva. Su voluntad absoluta es aquella por la cual activa cualquier cosa simplemente, sin tomar en cuenta la voluntad o acto de la persona; por ejemplo, la salvación de creyentes. Su voluntad respectiva, es por la cual activa algo respecto a la voluntad o acto de la persona. También es antecedente o consecuente. La consecuente es por la cual Dios activa algo con respecto a la voluntad o acto antecedente de la persona, como, *"¡Ay de aquel hombre por quien el Hijo del Hombre es entregado! Bueno le fuera a ese hombre no haber nacido"* (Marcos 14:21). Ambos dependen de la voluntad absoluta y de acuerdo con cada uno de ellos, son regulados.

6. No hay mucha diferencia entre esta distinción y otra, según la cual se dice que Dios activa algunas cosas, "en cuanto son buenas cuando son consideradas absolutamente según su naturaleza", pero activa otras cosas, "hasta después de que una inspección de todas las circunstancias, las muestra como deseables".

7. Dios también activa algunas cosas en sus causas antecedentes; a saber, activa sus causas como relativas y las co-

loca en tal orden que efectos puedan seguir de ellas; y, si siguen, que ellas puedan en sí mismas ser agradables a él (Ezequías 33:11; Génesis 4:7). Dios activa otras cosas no solo en sus causas, sino también en sí mismas (Juan 6:40; Mateo 9:25-26).

8. Dios activa algunas cosas, en cuanto que sean buenas, cuando son consideradas según su naturaleza. Por ejemplo, desea que se den ofrendas y que se haga bien a los suyos. También desea otras cosas, hasta donde todas las circunstancias son consideradas y entendidas como buenas. De acuerdo con su voluntad, le dice al hombre malo: *"¿Qué tienes tú que hablar de mis leyes, y que tomar mi pacto en tu boca?"* Y a Elí, le dijo: *"Yo honraré a los que me honran, y los que me desprecian serán tenidos en poco"* (1 Samuel 2:30). (*Versión Revisada de Casiodoro de Reina de 1960*). Esta distinción no difiere mucho de la voluntad antecedente de Dios, la cual ya se ha considerado.

9. Finalmente, Dios activa algunas cosas per se o accidentalmente. Desea per se las cosas que son simple y relativamente buenas (2 Pedro 3:9); accidentalmente, las que en algún respecto son malas, pero que tienen buenas cosas unidas a ellas, él las desea en preferencia a las buenas cosas que están opuestas a las malas: Así desea el castigo del mal, porque prefiere tener el orden de justicia preservado por castigo, que dejar a una persona ofensora sin ser castigada (Jeremías 9:9, 15:6; Salmos 1:21).

Arminio deja **tres preguntas** para discutir:

1. ¿Es posible para dos voluntades afirmativamente contrarias de Dios ser dirigidas hacia al mismo objeto? Su respuesta es negativa.

2. ¿Es posible para una voluntad de Dios dirigirse hacia dos objetos contrarios? La respuesta de Arminio es que sí puede dirigirse hacia objetos físicamente contrarios, pero no hacia objetos [etice] moralmente contrarios.

3. ¿Puede Dios activar, como un fin, algo que está [extra] más allá de él y que no proceda de su libre voluntad? Su respuesta es negativa.

XII. El Poder de Dios. Debate Público: Sobre la Naturaleza de Dios, IV, I: 460-462. Debate Privado: Sobre el Poder de Dios, XXII, II: 50-52.

Arminio tiene dos debates sobre el poder de Dios, uno público y el otro, privado. Después de un análisis de los dos, hemos hecho el siguiente resumen.

Definición. Arminio ve el poder de Dios como la tercera facultad de la vida de Dios, después del entendimiento/conocimiento y la voluntad de Dios.

A. El poder de Dios no es un poder pasivo, no puede ser porque Dios siempre está actuando en sí mismo por la necesidad de su naturaleza; es un poder activo, por el cual puede operar externamente, lo cual hace cuando le parece bueno a sí mismo. Es la facultad de la vida de Dios, posterior en orden a su entendimiento y voluntad, por la cual Dios puede por la libertad de su voluntad, operar extrínsecamente cualquier cosa que voluntariamente determina. Es como un principio que ejecuta lo que la voluntad ordena bajo la dirección del conocimiento. Pero bajo esta operación se comprende todo impedimento (Salmos 33:9, 115:3; Jeremías 18:6; Lamentaciones 3:37-38).

B. La medida adecuada de la potencialidad divina es la libre voluntad de Dios (Salmos 115:3; Mateo 11:25-27). Porque, todo lo que no puede estar bajo su voluntad, no puede estar bajo su capacidad; y todo lo que se sujeta a su voluntad, de igual manera está sujeto a su poder. En otras palabras, lo que Dios hace, lo hace porque su voluntad lo ha determinado; y lo que no hace, no lo hace porque no estuvo dentro de su voluntad. Todos los objetos del poder de Dios, están circunscritos por su voluntad.

C. La voluntad de Dios solo activa lo que no se opone a la esencia divina, la cual es el fundamento tanto de su entendimiento como de su voluntad, es decir, solo lo que es verdadero y bueno puede ser objeto de su voluntad. Por lo cual, también su poder está sujeto a lo verdadero y bueno. Y siendo que estas son las únicas cosas que Dios puede hacer (Marcos 14:36; Lucas 1:37, 18:27), todas las demás cosas son imposibles para Dios.

D. ¿Cuáles son las cosas imposibles de hacer para Dios? ¿Por qué? La respuesta de Arminio; la lista es completa:

a. Dios no puede hacer otro Dios.

b. Dios no puede ser cambiado (Malaquías 3:6; Santiago 1:17).

c. Dios no puede pecar (Salmos 5:5).

d. Dios no puede mentir (Números 23:19; 2 Timoteo 2:13).

e. Dios no puede causar que una cosa sea y que no sea al mismo tiempo; haber sido y no haber sido al mismo tiempo; ser esto y ser su contrario.

f. Dios no puede causar un predicado sin sujeto; no puede cambiar una sustancia a otra que existe, por ejemplo," el pan al cuerpo de Cristo", etc.

g. No puede causar que un cuerpo esté en todo lugar.

Estas afirmaciones no afectan el poder de Dios; pero debemos tener cuidado de no atribuirle cosas indignas a su esencia, a su entendimiento o a su voluntad.

E. El poder de Dios es infinito; porque puede hacer, no solo todas las cosas posibles, que son innumerables, tal que no se puede decir "su número es tal"; pero también porque nadie puede resistir su poder. Todas las cosas creadas dependen del poder de Dios como su principio eficiente, tanto en su ser como en su preservación. Por lo tanto, se puede atribuir dignamente omnipotencia a Dios (Mateo 3:9, 26:53; Romanos 9:19; Efesios 3:20; Filipenses 3:21; Apocalipsis 1:8).

F. Puesto que la medida del poder de Dios es su libre voluntad, por lo cual Dios hace cualquier cosa por su propia voluntad; no se puede concluir de la omnipotencia de Dios que cualquier cosa llegará a ser, o será después, a menos que sea evidente que es la voluntad de Dios (Daniel 3:17-18; Romanos 4:20-21). Pero si esto es evidente, entonces lo que ha determinado hacer se hará con certeza, aunque a la mente de sus criaturas parezca no ser posible (Lucas 1:19, 20, 34-37). "Llevando cautivo todo pensamiento a la obediencia a Cristo (2 Corintios 10:5)", es una verdad que aquí halla amplio espacio para aplicarse.

Notas

1   Las traducciones son del autor.

2   *Obras*, I: 114-115.

3   Muller, p. 89.

4   *Obras*, II:30-33.

5   *Obras de Arminio*, I:115-117.

6   El término "momentum", es algo problemático y difícil de traducir. Arminio está de acuerdo con los escolásticos que no hay cambio o movimiento en Dios. Sin embargo, habla de momentum como "causa de movimiento" o "impulso". Deb. Púb., IV, V, Obras, II. pp. 113-114; Deb. Púb., XV, III . Iii; XVI, III, II, pp. 338-339). II, pp. 338-39}. Pero Arminio no sigue el uso clásico; parece que usa el término como indicando un "instante o un punto de imperceptible duración; como un instante irreducible y en un sentido, el fundamento o base anterior a todo acto interno de la naturaleza divina, tanto de los atributos esenciales como de los operacionales de de la vida divina". (Véase, Muller, p. 115).

7   *Ibid.*, I: 436.

8   *Ibid.*, 436-438.

9   Muller, p. 110; véase también Obras de Arminio, II. Deb. Priv., XV. VI-VII., p. 34.

10 Muller., p. 194.

11 Muller., p. 198.

12 Arminio, II: 464.

13 Traducción libre del autor.

14 Cuando lleguemos a nuestra consideración de la controversia sobre la predestinación, veremos que esta tesis de Arminio es la base para su argumento a favor de una predestinación condicional.

15 Muller, pp. 179-180.

VII

LA CREACIÓN Y LA PROVIDENCIA DIVINA

Texto: Debate Privado II: XXIV, I: 54-58

Declaración de Pensamiento, I: 225-226

ARMINIO PRESENTA SU DOCTRINA DE LA CREACIÓN en su debate privado II: XXIV y en la declaración de sus pensamientos I: 54-58. En la declaración presenta un argumento muy fuerte en contra del supralapsarianismo. Pero no tiene una discusión pública sobre la creación. Su práctica académica era escribir y usar los debates públicos como borradores y después hacer la redacción final y presentarlas como sus debates privados. No se sabe a ciencia cierta por qué solo tenemos lo referente a los debates privados

Probablemente no tuvo tiempo por tanto trabajo y controversias que tomaron su tiempo y energías o quizá porque su muerte fue prematura, a la edad de 49 años.

Su discusión sobre la creación no es un tratado completo ni pulido. Sus conceptos y terminología son de la Edad Media, especialmente de Tomás de Aquino; usa la lógica aristotélica, pero templada con la metodología de Ramus; tiene preguntas y problemas de carácter filosófico, por ejemplo, el problema de la "nada", Dios y creación. Parece que fue influenciado por la *Metafísica de Aristóteles* (348-322 a. C.), *Las Confesiones* de Agustín (354-430), Libros 5 y 7, y por las *Disputationes Metaphysicae* de Fransico Suárez (1448-1617).

Pero a pesar de lo dicho, su interpretación y aplicación de la creación es tan interesante como importante para su sistema teológico subsecuente. Dice Muller que "su doctrina de la creación (de Arminio) es uno de los pivotes fundamentales de su sistema teológico".[1]

I. La Doctrina de la Creación. Debate Privado, XXIV: Sobre la Creación

A. Ya hemos tratado de Dios, quien es el primer objeto de la religión cristiana. Ahora trataremos de Cristo, quien después de Dios, es otro objeto de la misma religión; pero primero tenemos que asentar algunas cosas, sin las cuales Cristo no sería el objeto de la religión, ni se entendería la necesidad de la religión cristiana. En realidad, primero se tiene que explicar la causa por la cual Dios tiene un derecho de requerir cualquier religión del hombre; después, también la religión que ha prescrito en virtud de esta causa; y finalmente, el evento subsecuente del cual se ha levantado la necesidad de constituir a Cristo como nuestro Salvador y la religión cristiana empleada por Dios por su propia voluntad, quien no por el pecado del hombre perdió su derecho que tiene sobre él por creación, ni ha dejado a un lado completamente su amor por el hombre, aunque pecador y miserable.

B. Puesto que Dios es el objeto de la religión cristiana, no solo como Creador, sino de igual manera como [Recreator] Creador de nuevo, es necesario, en primer lugar, tratar de la creación primitiva (original) y de las cosas unidas a ella según la naturaleza; y, después, de las que resultaron [de facto] de la conducta del hombre (la caída), antes de que tratemos de la nueva creación, en la cual la primera consideración es la de Cristo como mediador.

C. Definición. Creación es un acto externo de Dios, por el cual creó todas las cosas de la nada, para sí mismo, por su Palabra y Espíritu.

D. La causa eficiente es Dios el Padre, por la Palabra y Espíritu. La causa impelente, la cual hemos indicado en la definición por la preposición "para", es la bondad de Dios, por la cual se dispone a comunicar su bien. Lo que ordena es la sabiduría de Dios; el ejecutivo, es el poder divino, el cual emplea la voluntad de Dios por [affectu] una inclinación de bondad, según lo más equitativo que prescriba su sabiduría.

E. La materia de la cual Dios creó todas las cosas, se tiene que considerar de tres formas: **a.** La primera es aquella de la cual todas las cosas en general fueron creadas, las cuales por esta razón también pueden recaer y ser reducidas a la nada. Porque (la materia) solamente ella es capaz de la primera comunicación de Dios ad extra, porque Dios no tendría el derecho de introducir su propia forma en la materia coeterna con él, ni sería capaz de actuar, siendo que sería materia eterna y por lo tanto, opuesta al cambio. **b.** La segunda materia es aquella de donde todas las cosas corporales se distinguen ahora, según sus propias formas separadas; y esto es el caos rudo y masa indigente creada en el principio. **c.** La tercera consiste tanto de esos simples y secretos elementos, como de ciertos cuerpos compuestos de donde todo lo demás ha sido creado, como lo que ha procedido de las aguas, peces; cosas que se arrastran y cosas que vuelan; de la tierra, todo lo que tiene vida, árboles, arbustos, hierbas; de la costilla de Adán, la mujer; y de semillas, la perpetuación de las especies.

F. La forma es la creación misma de todas las cosas de la nada, la cual preexistía ya formada, de acuerdo con el arquetipo en la mente de Dios, sin ninguna entidad propia, para que nadie pudiera pensar en un mundo ideal.

G. De una inspección de la materia y forma, es evidente primero que la creación es el acto inmediato de Dios, solo tanto porque una criatura quien es de poder finito, es incapaz de operar sobre nada y porque tal criatura no puede formar la materia en formas sustanciales. Segundo. La creación fue libremente producida, no necesariamente porque Dios no estaba obligado a nada, ni falto de formas.

H. El fin, no es lo que movió a Dios a crear, porque Dios no es movido por ninguna cosa externa, sino lo que incesante e inmediatamente resulta del mismo acto de creación y lo cual, de hecho, es contenido en la esencia de este acto. Este fin es la demostración de la sabiduría, bondad y poder divino, por las propiedades que concuerdan para actuar, brillar y mostrarse en su propia naturaleza en acción, bondad, en la variedad y poder; es en esta circunstancia, que tantas cosas como estas son creadas de la nada.

I. El fin, al cual se le llama "¿con qué propósito?", es el bien de las criaturas mismas y especialmente el hombre, a quien son referidas casi todas las otras criaturas, como siendo útiles para él, de acuerdo con la institución de la creación.

J. El efecto (resultado) de la creación es este mundo, el cual en las Escrituras lleva el nombre de los cielos y la tierra, en algunas veces también de los mares; son las extremidades dentro de las todas las cosas están incluidas. Este mundo es un entero algo, el cual es perfecto y [absolutum] completo, sin defecto de alguna clase que pueda tener relación con el total o sus partes; ni redundante en alguna forma que no tiene relación con el total o sus partes. También es [unum quid] un algo unido, no por una indivisibilidad, sino de acuerdo con conexión y coordinación y el afecto de relación mutua, consistiendo de partes distinguidas, no solo de acuerdo con lugar y situación, sino de igual manera según naturaleza, esencia y existencia particular. Esto fue necesario, no solo para alumbrar, en alguna medida la perfección de Dios en variedad y multitud, sino también para demostrar que el Señor omnipotente no creó el mundo por una necesidad natural, sino por la libertad de su voluntad.

K. Pero este universo entero es, según las Escrituras, distribuido en la mejor manera posible en tres clases de objetos: a. En criaturas puramente espirituales e invisibles; los ángeles son de esta clase. b. En criaturas corporales. Y, c. en criaturas que son en una parte de ellas corporales y visibles y en otra parte espirituales e invisibles; el hombre es de esta clase.

L. Creemos que este fue el orden observado en la creación: Criaturas espirituales, primero fueron creados los ángeles. Enseguida fueron las criaturas corporales, de acuerdo con la serie de seis días, no juntamente en un solo día. Finalmente, el hombre fue creado, consistiendo tanto de cuerpo como de espíritu; su cuerpo, ciertamente, fue formado primero y después su alma fue creada por inspiración; porque Dios comenzó la creación en espíritu, para poder terminarla en un espíritu, siendo él mismo el inmensurable y eterno Espíritu.

M. Esta creación es el fundamento del derecho por el cual Dios puede demandar religión del hombre, lo cual es un asunto que será más plenamente entendido cuando tratemos específicamente sobre la creación original del hombre; porque el que no es el creador de todas las cosas y quien por lo tanto no tiene todas las cosas bajo su mando, no se puede creer, ni se le puede tener ninguna esperanza y confianza, ni se le puede temer solo a él. Porque todos estos son actos que pertenecen a la religión.

II. La Providencia Divina

La doctrina de la providencia tiene un lugar muy importante en la teología de Arminio, no solo por la atención y tiempo que le dio, sino también por las implicaciones que tiene para varias doctrinas importantes consideradas esenciales en la teología reformada de su época.

Los puntos de vista de Arminio sobre la providencia se hallan en cuatro debates; su carta a Hipólito; declaración de sentimientos y ciertos artículos. Debates públicos: Debate IX, I: 493-510: "Sobre la justicia y eficacia de la providencia de Dios acerca del mal". Debate X, I: 510-523: "Sobre la justicia y eficacia de la providencia de Dios acerca del mal". Debates privados: Debate XXVII, II:66-68: "Sobre el señorío y dominio de Dios". Debate XXVIII, II:68-70: "Sobre la providencia de Dios".

Estos dos últimos debates no son controversiales en propósito o espíritu. Probablemente revelan la dirección que llevaba su pensamiento respecto a la doctrina de la providencia divina. Los otros escritos sobre el tema, especialmente la declaración de sus sentimientos, son más de carácter apologético y polémico.

Una declaración de los sentimientos de Arminio, I: 251-252: "Sobre la providencia de Dios". Carta a Hipólito (5 de abril de 1608), II: 468-470: "Sobre la providencia de Dios". Ciertos artículos VIII, II: 488-489: "Sobre la providencia de Dios".

La doctrina de Dios y la creación, de Arminio, es el fundamento sobre el cual edifica su doctrina de la providencia. Su doctrina de la providencia tiene varios propósitos:

1. Quizá el más importante sea explicar la creación como un acto de la bondad divina que impuso una autolimitación voluntaria en Dios mismo y cómo esta limitación afectó su doctrina de la providencia.

2. Arminio necesita resolver el problema de la providencia y los actos libres y contingentes del hombre. La pregunta que se debe contestar es: ¿Cuál es la naturaleza y alcance del libre albedrío del hombre a la luz de la providencia de Dios?

3. Explicar la relación establecida por Dios en el acto de la creación y la preservación y gobierno de Dios.

4. La doctrina de la providencia también tiene que ver con el problema de la presciencia, el previo conocimiento de

Dios y la predestinación que a la vez tiene que ver con las doctrinas de la gracia y la redención.

5. Explicar, presentar sus argumentos de por qué tuvo que rechazar la interpretación reformada—calvinista de la doctrina de la creación, predestinación y providencia.

6. Sacar a luz las implicaciones de la doctrina de la providencia para las doctrinas del pecado, el mal y la gracia y la redención. Es obvio que la doctrina de la providencia es uno de los fundamentos de la teología de Arminio.

III. Un Resumen de la Doctrina de la Providencia

La carta de Arminio a Hipólito. A Collibo, embajador del príncipe, el elector palatino, 5 de abril de 1608. Sibrandus Lubbertus, profesor de teología en Franeker había acusado a Arminio de heterodoxia respecto a varios artículos de fe y había escrito una carta al profesor David Paraeus en la ciudad de Heidelberg. Hipólito se enteró del asunto y llamó a Arminio a una conferencia para informarse personalmente del asunto. Quedando complacido con las respuestas orales de Arminio, le pidió que le enviara una copia con las respuestas completas. La carta completa es la respuesta de Arminio a la petición de Hipólito. Los "sentimientos" sobre las doctrinas de la deidad del Hijo de Dios, la providencia, la predestinación divina, la gracia, el libre albedrío y la justificación, revelan el pensamiento maduro de Arminio.

El segundo artículo sobre la providencia de Dios, es un excelente resumen de los sentimientos de Arminio.

IV. La Providencia de Dios. Texto: II: 468-470

A. El alcance de la providencia de Dios

"Mis pensamientos respecto a la providencia de Dios son los siguientes: La providencia está presente con y preside sobre todas las cosas; y todas las cosas, según sus esencias, cantidades, cualidades, relaciones, acciones, pasiones, lugares, tiempos, estaciones y hábitos, son sujetos a su gobierno, conservación y dirección. No excluyo cosas ni particulares, ni viles, ni contingentes, ni aun las voluntades libres de personas ni de ángeles, ni el bien ni el mal. Y aún más, no quito del gobierno de la providencia divina aun los pecados mismos, ya sea que consideremos su comienzo, su progreso o su terminación.

B. La Providencia Divina y el Pecado

Es tan importante como interesante, ver cómo Arminio relaciona la providencia de Dios y el pecado del hombre. Lo hace en los siguientes tres puntos:

1. Respecto al **inicio** del pecado.
   a. Permiso para pecar, el cual unía en sí cuatro actos positivos: 1) La preservación de la criatura según su esencia, vida y capacidad. 2) Cuidado que no se le opusiera un poder mayor o igual. 3) Presentación del objeto contra el cual el pecado sería cometido. 4) Las consecuencias que necesariamente seguirían después del acto.
   b. La administración de argumentos y ocasiones, respecto a la perpetuidad del pecado.
   c. La determinación de lugar, tiempo, manera y de circunstancias similares.
   d. La concurrencia inmediata de Dios al cometerse el acto de pecado.
2. Respecto al **progreso** del pecado, Arminio también le atribuye cuatro actos al gobierno divino:
   a. La dirección del pecado que ya se ha iniciado, a cierto objeto al cual la criatura que ya está pecando lo ha tenido como meta o no lo ha tenido absolutamente como meta.
   b. La dirección del pecado al fin que Dios mismo desea, aunque haya sido o no haya sido el fin que la criatura se había propuesto, además, aunque se haya propuesto un fin opuesto.
   c. El tercer acto, es la prescripción y determinación de la duración del tiempo durante el cual Dios permite que el pecado dure.
   d. El acto es la determinación de la magnitud, por la cual los límites son impuestos al pecado para que no pueda aumentar y alcanzar mayor fuerza.
3. Finalmente, respecto al fin y terminación del pecado,

le atribuyo a la divina providencia ya sea castigo por la severidad o remisión por la gracia, los cuales, castigo o remisión de pecados, referentes a ser pecado y por ser una transgresión de la ley. Arminio termina con unas afirmaciones categóricas: a. Que no se puede proponer a Dios como el autor del pecado. Esta es una de las afirmaciones más fuertes y continuas que Arminio hace respecto a Dios. b. Que no se le quita al hombre su libre albedrío".[2]

C. Providencia, Dominio y Pacto

1. **El dominio de Dios:** Es el acto de comunicar ad extra su bondad a objetos. Dios establece y limita su gobierno (regla) sobre el orden creado. El dominio de Dios es primario, último, absoluto y perpetuo. El dominio de Dios no depende de ningún dominio previo y tiene que, por lo tanto, ser identificado como primario. No puede haber dominio mayor o alto; este dominio es absoluto, abarcando toda criatura en su totalidad, en sus partes y todas las relaciones que subsisten entre Dios y la criatura. La perpetuidad del gobierno divino sigue de su absolutismo: La criatura (el hombre) está bajo el dominio de Dios mientras la criatura exista.[3]

2. **Providencia y pacto**: La transición, el paso de providencia como dominio a providencia como pacto, es natural por el derecho del Creador [creatoris ius], que incluye el principio moral de pactismo; por lo que Arminio hace una diferencia del gobierno "déspota" [despotike], por el cual no es la intención de Dios hacerle bien que le pueda ser útil al hombre aún para su salvación; y el gobierno "real o paterno", [basilikeaseu patrike] que emerge de la abundancia de la bondad y suficiencia, hasta que considere la criatura ser indigna, debido a su perversidad.

3. **Pacto y persuasión**: Cuando Dios ordena alguna cosa a sus criaturas racionales, no quita todo lo que justamente pudiera retirarr, sino que usa la persuasión por argumentos que consideran la utilidad y la necesidad de las persuasiones.

4. **Propósito del pacto**: Dios entra en contrato o pacto con sus criaturas racionales; con el propósito de que la criatura le sirva, no tanto "por deuda", sino por "espontánea, libre

y liberal obediencia", según la naturaleza del acuerdo que consiste de estipulaciones y promesas.

5. **Naturaleza del pacto**: La confederación siempre lleva la condición de que si el hombre descuida el convenio y menosprecia el gobierno placentero de Dios, puede ser que él (el hombre) siempre sea gobernado por el dominio que realmente es un señorío estricto y rígido, al cual el que rehúsa obedecer, justamente cae.

6. **Derechos del pacto**: Dios tiene un derecho dual sobre sus criaturas racionales. El primero, que le pertenece por creación; el segundo, por contrato (pacto). El primero descansa en el bien que la criatura ha recibido de su Creador; el segundo, descansa aún en un beneficio mayor que la criatura recibirá de Dios, su preservador, promotor y glorificador.

7. **El pacto**: Si el hombre peca contra este derecho dual, por ese mismo acto le da a Dios, su Señor, Rey y Padre, el derecho de tratarlo como una criatura pecadora, de imponerle el castigo merecido; y este es un tercer derecho, que descansa en el acto maligno de la criatura en contra de Dios.[4]

V. Otros Conceptos de Arminio Sobre la Providencia:

A. **La providencia y la creación**: La providencia de Dios está subordinada a la creación y, por lo tanto, es necesario que aquella no afecte a ésta, lo cual haría si impidiera el uso de la libre voluntad del hombre, o si negara las concurrencias necesarias, o si dirigiera al hombre a otro fin, o a la destrucción, en vez de lo que está de acuerdo con el estado y condición en el cual fue creado, para permanecer en el estado en el cual fue creado. Esto es, si la providencia de Dios gobernara al hombre, de tal manera que necesariamente se corrompiera para que Dios pudiera manifestar su propia gloria, tanto de justicia y misericordia por el pecado del hombre, de acuerdo con su consejo eterno.

B. **La divina providencia y el libre albedrío**: La providencia no determina una libre voluntad a una parte de una contradicción o contrariedad, no lo hace por una determinación que precede a la volición; bajo otras circunstancias, la concurrencia de la misma volición con la voluntad es la causa concomitante y así determina la voluntad con la volición misma, por un acto que no es previo sino simultáneo, como lo expresaban los escolásticos.

C. **El permiso de Dios y la providencia:** El permiso por el cual Dios permite a cualquiera que caiga en pecado, no es correctamente definido como "la sustracción o remoción de la divina gracia, por lo cual, mientras Dios ejecuta los decretos de su voluntad a través de sus criaturas racionales. Él ya sea que no revele a la criatura su propia voluntad por la cual desea que la obra mala sea hecha, o que no incline la voluntad del hombre a obedecer la voluntad divina en esa acción" (*Urinus On Providence*, tomo 1, folio 178).[5]

D. **La regla de la providencia:** Según la cual produce sus actos, es la sabiduría de Dios demostrando lo que es digno de Dios, según su bondad, su severidad, o su amor por justicia o por la criatura, pero siempre según equidad.

E. **El fin de la providencia y todos sus actos:** Es la declaración de la divina perfección, de sabiduría, bondad, justicia, severidad y poder, así como el bien total, especialmente de aquellos hombres que son escogidos o elegidos.

F. **La presciencia de Dios y la providencia:** El efecto o mejor dicho la consecuencia que le pertenece a Dios mismo, es su presciencia; y en parte es llamada natural y necesaria y en parte libre; libre, porque sigue al acto de la divina y libre voluntad, sin la cual no sería el objeto de ella, natural y necesario; hasta cuando este objeto es presentado por el acto de la divina voluntad, no puede ser desconocido por el conocimiento divino.

G. **Predicción y presciencia divina:** Algunas veces la predicción sigue esta presciencia, cuando le place a Dios dar intimaciones a sus criaturas de los asuntos, antes de que sucedan.

H. **Previo conocimiento y necesidad:** Pero ni la predicción ni cualquier presciencia induce una necesidad en cualquier cosa futura que ha de ser, ya que es [en la divina mente] posterior en naturaleza y orden a la cosa que es futura. Porque una cosa no sucede, porque es o ha sido preconocida o predicha; pero es preconocida y predicha porque todavía [futurae] ha de suceder.

I. **Los decretos y la necesidad:** Ni el decreto mismo, por el cual el Señor administra la providencia y sus actos, induce cualquier necesidad sobre las cosas futuras; porque el decreto es un acto interno de Dios, no impone nada en la cosa misma. Pero las cosas llegan a ser y suceden, ya sea necesaria o contingentemente, según el modo de poder que le ha placido a Dios emplear en la administración de los asuntos.[6]

J. **La obra de la providencia**: La obra de la providencia es triple: a. Sostener una cosa en cuanto a su existencia. b. Gobernarla con respecto a sus acciones. Y, c. protegerla o preservarla, porque puede ser sujeta a destrucción.[7]

K. **La providencia de Dios y el pecado**: Concediendo que el pecado ha excedido el orden de todas las cosas creadas (1 Juan 5:19); sin embargo, está circunscrito dentro del orden del Creador mismo y el bien mayor... La providencia de Dios no puede ser destruida.[8] Consideraremos más a fondo el tema de la providencia de Dios y el pecado en el capítulo 10.

NOTAS

1   Muller, p. 211
2   *Obras*, II: 468-470.
3   *Ibid*, p. 66.
4   *Ibid*, pp. 67-68.
5   *Ibid*, II: 488-489.
6   *Ibid*, p. 70.
7   *Ibid*, III: 174.
8   *Ibid*, I: 495.

VIII

Doctrina del Hombre

El concepto de Arminio sobre el hombre, se halla esparcido en varios de sus escritos: Declaración de sentimientos, I: 252-253; debates privados XXVI, II: 62-66, XXXIII, II: 82-83; 485-488.

La declaración más completa y comprehensiva que tenemos de la doctrina del hombre de Arminio, es el debate privado XXVI: "Sobre la creación del hombre según la imagen de Dios", II: 62-66. Lo que sigue es una traducción libre.

I. El Hombre: Imagen de Dios

"El hombre es una criatura de Dios; compuesto de un cuerpo y un alma, racional, bueno y creado según la divina imagen; respecto a su cuerpo, creado de materia preexistente, esto es, de tierra mezclada con agua (literalmente "barro"); según su alma, creado de la nada, por el [espiritus] "el aliento de vida" (Génesis 2:7).

1. Si el hombre no hubiera pecado, por la gracia de Dios su cuerpo hubiera sido incorruptible. Y porque el cuerpo había de ser el recipiente del alma, la sabiduría de Dios lo dotó con órganos excelentes.

2. Si se considera el origen, esencia, facultades y hábitos, el alma es de una naturaleza admirable. Su origen: Porque es de la nada, creada por infusión e infundida por creación, un cuerpo adecuado preparado para su recepción para darle forma al cuerpo, siendo unida al cuerpo por vínculo natural para que pudiera con él (cuerpo) ser una creación completa. Creada, digo, por Dios en el tiempo, como todavía él crea diariamente una nueva alma en cada cuerpo.1

II. El Alma del Hombre

Su esencia, la cual es simple, inmaterial e inmortal. Simple con respecto a Dios, porque consiste de acto y poder o capacidad, de ser una esencia de sujeto y accidentes (predicados); es simple con respecto a materia y cosas compuestas. Es inmaterial, porque puede existir por sí misma y cuando está separada del cuerpo puede obrar sola. Es inmortal, ciertamente no por sí misma, sino por la gracia sustentadora de Dios.

III. Sus Facultades

Sus facultades son dos, el entendimiento y la voluntad, porque su propósito es dual. El entendimiento percibe la eternidad y la verdad, tanto universal como particular, por una necesidad natural y, por lo tanto, por un acto uniforme. La voluntad tiene una inclinación hacia el bien, esto es, ya sea según el modo de su naturaleza, al bien universal y a lo que es el bien mayor; o, según el modo de libertad, a toda otra clase de bien.

IV. Sus Hábitos

Finalmente, en sus hábitos los cuales son primero, sabiduría, por la cual el intelecto clara y suficientemente entiende la verdad sobrenatural y la bondad tanto de la felicidad, como de la justicia. Segundo, justicia y santidad de la verdad, por la cual la voluntad fue equipada y preparada para seguir lo que la sabiduría ordenara que fuera hecho y lo que mostró ser deseado. Esta justicia y sabiduría son llamadas "originales", porque el hombre las tenía desde su origen y porque si el hombre hubiera continuado en su integridad, hubieran sido comunicadas a su posteridad.

V. La Imagen de Dios

A. En todas estas cosas la imagen de Dios se refleja maravillosamente. Esta es [similitudo] la semejanza del hombre a su Creador; y la expresaba según el modo de su capacidad, en su alma, según su esencia, facultades y hábitos en este cuerpo, aunque no se puede decir que el cuerpo fue creado de acuerdo con la imagen de Dios, quien es Espíritu puro; sin embargo, es algo divino, tanto de la circunstancia que, a) si el hombre no hubiera pecado, su cuerpo nunca moriría; b) porque es capaz de incorrupción y gloria, de lo cual el apóstol trata en 1 Corintios 15; c) porque manifiesta una excelencia y majestad superior al cuerpo de otras criaturas; d) finalmente, porque es un instrumento apto para acciones y operaciones admirables, en la totalidad de su persona, según la excelencia, integridad y el dominio sobre el resto de las criaturas que le fueron entregadas.

B. Las partes de esta imagen pueden diferenciarse de la siguiente manera: Algunas de ellas pueden llamarse naturales al hombre y otras sobrenaturales; algunas, esenciales a él y, otras, accidentales. Es natural y esencial al alma ser un espíritu con poderes o capacidades, tanto según la naturaleza como el modo de libertad. Pero el conocimiento de Dios y de las cosas pertenecientes a la salvación eterna es sobrenatural y accidental y de igual manera la rectitud y santidad de la voluntad, según ese conocimiento. La inmortalidad es esencial al alma, porque no puede morir solamente que deje de ser; pero es por esto sobrenatural y accidental, porque es por gracia y la ayuda de preservación, lo cual Dios no está obligado a otorgar al alma,

Su cuerpo: La inmortalidad del cuerpo es totalmente sobrenatural y accidental; porque puede ser quitada y el cuerpo puede regresar al polvo de donde fue tomado. Su excelencia sobre toda criatura y su aptitud peculiar para producir varios efectos, le son naturales y esenciales. Su dominio sobre las criaturas que le pertenecen al hombre total, compuesto de cuerpo y alma, puede ser considerado como perteneciéndole según la excelencia de la naturaleza y dado en parte por un don de gracia, de lo cual el dominio parece ser evidencia [*signum*], que nunca le es completamente quitado del alma, aunque puede variar, aumentar y disminuir según grados y partes.

Por lo tanto, el hombre fue creado para que conociera a Dios, amara y adorara a su Creador y pudiera vivir con él para siempre en un estado de bienaventuranza. Por este acto de creación, Dios muy dignamente manifestó la gloria de su sabiduría, bondad y poder.

Las razones principales de por qué en la teología sagrada debemos hablar del hombre como creación según la imagen de Dios, son varias e importantes: 1. Porque fue creado con la capacidad de rendir a Dios culto religioso requerido. 2. Porque es capaz de ser recompensado, lo cual puede propiamente otorgar a los que realizan actos de religión, así como castigo que puede justamente imponer sobre los que descuidan este deber. 3. Por lo tanto, (culto) la religión, por ser derecho merecido, puede ser requerido del hombre según esta relación.

Además de la imagen de Dios y esta referencia a cosas sobrenaturales y espirituales, el estado de vida natural en el cual el primer hombre fue creado y según el apóstol Pablo, "lo espiritual no es primero, sino lo animal; luego lo espiritual" (1 Corintios 15:46), se halla en la unión natural del cuerpo y el alma y en la vida que el alma procura para el cuerpo y en las cosas que son buenas para el cuerpo; por otro lado, el cuerpo está listo para oficios que son congruentes a su naturaleza y deseos. Según este estado o condición, hay una relación mutua entre el hombre y las cosas buenas de este mundo, el efecto es que el hombre puede desearlas y al procurarlas para sí mismo puede hacer el trabajo que considere necesario y conveniente".

VI. Libre Albedrío del Hombre

En su declaración de sentimientos, III, I: 252-253, Arminio presenta lo que probablemente es su último escrito sobre la voluntad del hombre: "El libre albedrío del hombre". Declara: "Esta es mi opinión respecto al libre albedrío del hombre: En su estado primitivo como salió de las manos de su Creador, el hombre (Adán) fue dotado con una porción tal de conocimiento, santidad y poder, que lo capacitó para comprender, estimar, considerar, querer y hacer el bien verdadero, según el mandato que le fue entregado. Sin embargo, no podía hacer ninguno de estos actos, excepto por la ayuda de la gracia divina. Pero en su estado caído y pecaminoso, el hombre no es capaz de, por sí mismo, pensar, querer o hacer lo que es realmente bueno; pero es necesario que sea regenerado y renovado en su intelecto, afecciones o voluntad y en todo su poder, por Dios en Cristo por medio del Espíritu Santo, para que pueda ser calificado correctamente para entender, estimar, considerar, querer y hacer lo que es realmente bueno. Cuando se hace partícipe de esta regeneración o renovación, considero que, puesto que es libertado del pecado, es capaz de pensar, querer y hacer lo bueno, sin embargo, no sin la ayuda de la gracia divina".

Nota

1   El creacionismo sostiene que cada alma es una creación directa de Dios, mientras que el cuerpo se propaga por los padres. El creacionismo se asocia algunas veces a la tricotomía y a veces a la dicotomía. En el primer caso, se considera al espíritu como la creación directa de Dios, sosteniendo que el alma se propaga juntamente con el cuerpo. Cuando se conecta o relaciona con la dicotomía, se sostiene que el cuerpo es el que se propaga por la raza y que Dios crea inmediatamente el espíritu y alma. Una de las principales objeciones contra el creacionismo es que exige, por parte de Dios, la creación de un alma con tendencias pecaminosas.

IX

Doctrina del Pecado

Desde muy joven Arminio estuvo muy preocupado e interesado en el problema del mal y del pecado. De adolescente vio y experimentó la crueldad de los soldados españoles y las persecuciones de la Iglesia Católica Romana. Durante sus 15 años de pastorado en Ámsterdam, pudo ver las consecuencias del pecado individual, social y nacional. Pronto se dio cuenta de que la teología reformada y católica romana, no tenían una doctrina bíblica del pecado. Fue en el transcurso de sus seis años como profesor de teología en la Universidad de Leyden que, en sus clases, en el fragor de intensas y prolongadas controversias y acusaciones, Arminio presentó sus pensamientos sobre el pecado.

Arminio no escribió una teología sistemática sobre el pecado, lo que nos ha dejado es un buen número de escritos sobre ello. Los principales son los siguientes:

Tomo I. Apología: Artículos 13 y 14: Pecado original y el pecado de infantes, pp. 317-320. Debates públicos, 7-10: pp. 479-523.

Tomo II. Debates públicos, 30, 31, pp. 74-79. Ciertos artículos para ser examinados y considerados diligentemente, 10-12, pp. 490-492. Carta a Hipólito: Providencia de Dios (y el pecado), pp. 468-470. Carta sobre el pecado contra el Espíritu Santo, pp. 511-538.

Después de un examen de los escritos de Arminio acerca del pecado, podemos considerarlo bajo los siguientes puntos:

Dios no es el autor del pecado (ni le quita al hombre el libre albedrío).

El hombre no tuvo que pecar.

La trasgresión de Adán y sus consecuencias.

El pecado original.

Pecado actual.

I. Dios no es el Autor del Pecado (ni le quita al hombre el libre albedrío)

Uno de los fundamentos principales del pensamiento teológico de Arminio, es que bajo ninguna circunstancia se puede admitir que Dios es el autor del pecado. Con la misma convicción afirma y defiende el libre albedrío del hombre a todo costo. Casi todos los teólogos reformados, desde Martín Lutero, hacían a Dios autor del pecado, especialmente los que defendían el supralapsarianismo.

Arminio cierra su presentación de II: 469-470 Artículos de Fe: La providencia de Dios, en su carta a Hipólito, con la siguiente afirmación categórica:

"Pero con mucha solicitud evito dos causas de ofensa, que Dios no sea propuesto como el autor del pecado y que la libertad de la voluntad humana no sea quitada... Estos son dos puntos, que si alguien sabe cómo evitarlos, no pensará de ningún acto que en ese caso con mucho gusto no permitiré que sea atribuido a la providencia de Dios, pero con tal que tenga una justa consideración para la preeminencia divina.

"Por esto, entonces, declaro que estoy muy sorprendido y no sin buena razón, al ser difamado con esta calumnia; que sostengo opiniones corruptas en cuanto a la providencia de Dios. Si es permisible conjeturar, creo que esta calumnia tuvo su origen en el hecho de que negué que, con respecto al decreto de Dios, Adán pecó necesariamente; una afirmación que todavía niego constantemente y creo que no debe ser tolerada, a menos que la palabra "necesariamente" sea recibida en la acepción de "infaliblemente", como ahora hacen algunas personas; aunque este cambio no está de acuerdo con la etimología de las dos palabras: Porque, necesidad es una disposición del ser, pero infalibilidad es una disposición de la mente. Sin embargo, fácilmente soporto el uso de la primera de estas palabras, con tal de que se eviten fielmente esos dos inconvenientes a los cuales recientemente aludí".[1]

II. Adán no Tuvo que Pecar

En el artículo XI: Sobre la caída de Adán, Arminio defiende su tesis de que el hombre es libre aún en su estado caído.

A. En realidad, Adán podía haber continuado en su estado original y abstenerse de pecar, no solo porque tenía la capacidad [*potentia*] de no ser llevado a accionar por un decreto previo de Dios, o más bien, que le era imposible cometer un acto de pecado por un decreto previo.

B. Adán pecó libre y voluntariamente, sin ninguna necesidad, ni interna o externa.

C. Adán no cayó por un decreto de Dios, ni por estar preordenado a caer, ni por deserción. Adán cayó por el simple permiso de Dios, el cual no está subordinado a ninguna (clase de) predestinación, ya sea a salvación o a muerte, sino que pertenece a la providencia en cuanto se distingue en oposición a la predestinación.

Arminio dice lo anterior, en respuesta a las siguientes citas:

1. "Confieso, que en realidad, por la voluntad de Dios todos los hijos de Adán han caído a esta miserable condición en la cual están amarrados y sujetos" (Calvino, *Institutos,* 3, cap. 23).

2. "Ellos niegan con palabras exactas la existencia de este hecho, que fue decretado por Dios que Adán pereciera por su propia defección".

3 "Dios sabía de antemano qué resultado tendría el hombre, porque así fue ordenado por su decreto".

4. "Dios no solo por presciencia vio la caída del primer hombre, sino por su propia voluntad la [*dispensavit*] ordenó".[2]

III. La Transgresión de Adán y sus Consecuencias

Arminio tiene mucho que decir acerca del pecado del primer hombre:

Debate público, VII: Sobre el primer pecado del primer hombre. I: 479-486.

Debate privado, XXX El pacto y el pecado de nuestros primeros padres, II:74-77; XXXI: Los efectos del pecado de nuestros primeros padres, II:77-79.

Hemos hecho una traducción libre , pero fiel al pensamiento de Arminio. También debemos advertir al lector que Arminio usa la lógica aristotélica —ramista y vocabulario escolástico, que realmente era la metodología de los teólogos de la época.

IV. El Pecado de Nuestros Primeros Padres. Debate privado, XXX. (Ver comentario de página anterior, II: 74-77).

A. Cuando Dios estableció su pacto con el hombre, la parte del hombre era de perpetuamente ordenar y dirigir su vida de acuerdo con las condiciones y leyes del mismo. Porque entonces hubiera obtenido las recompensas prometidas y no hubiera incurrido en el castigo merecido debido a la desobediencia. Ignoramos el tiempo en que el hombre cumplió con su parte; las Santas Escrituras testifican que él no perseveró en esta obediencia.

B. La violación de este pacto fue una trasgresión de la ley simbólica impuesta, respecto a no comer el fruto del árbol del conocimiento del bien y del mal.

1. La causa eficiente de esta trasgresión fue el hombre, determinando en su voluntad tomar del fruto prohibido y aplicando su poder de hacerlo.

2. La causa motora, *per se*, fue el diablo, quien habiendo acosado a la mujer (a quien consideraba más débil que el hombre y quien cuando persuadida a sí misma, fácilmente persuadiría al hombre), empleó argumentos falsos para persuadirla. Uno de sus argumentos fue deducido de lo útil, del bien que resultaría de este hecho; otro de sus argumentos fue deducido de hacer a un lado a Dios quien lo había prohibido, por negar el castigo que había de seguir.

3. La causa instrumental fue la serpiente, de cuya lengua el diablo abusó para proponer los argumentos que él escogió. La causa accidental fue el fruto mismo, que parecía bueno para comer, agradable en su sabor y deseable a los ojos.

4. La causa ocasional fue la ley de Dios, que circunscribió por su prohibición y hecho que era indiferente en su naturaleza y por la cual el hombre poseía inclinaciones y poder, que sería imposible para esta ofensa ser cometida sin pecado.

5. La causa antecedente fue una doble inclinación [affectus] en el hombre: Una superior por (tener) la imagen de Dios y otra inferior por el fruto deseable, que era "agradable a la vista y bueno para comer". Ambas implantadas por Dios en la creación, pero habían de ser usadas en cierta manera, orden y tiempo.

6. La causa inmediata y próxima fue la voluntad del hombre, que se decidió a cometer el hecho (de transgresión), precediendo el entendimiento y mostrando el camino.

Estas son las causas que concurrieron para cometer este pecado; por tener la imagen de Dios, Adán podía efectuar todas estas causas, pero su deber era resistir por la imposición de la ley. Por lo tanto, ni una de estas causas, ni otras, si tal es concedido en el género de causas, impuso alguna necesidad sobre el hombre (de comer del fruto y así pecar). No fue una causa exterior, tanto si se considera a Dios, o algo de Dios, el diablo o el hombre.

a. No era de Dios por cuanto él es el bien supremo, no hace nada sino lo bueno; y por lo tanto, no se le puede llamar la causa eficiente del pecado, ni la causa deficiente, siendo que ha empleado todas las cosas que eran suficientes y necesarias para evitar este pecado.

b. Ni fue algo en Dios. No fue ni su entendimiento o su voluntad, que ordena las cosas que son justas, hace las que son buenas y permite las que son malas. Y este permiso es solamente una cesación de tal hecho, como en realidad hubiera estorbado el hecho del hombre por efectuar nada más allá, sino por suspender alguna eficacia. Esto, por lo tanto, no puede ser la causa (del pecado).

c. Ni fue el diablo la causa. Porque él solo dio consejo, no impelió o forzó por necesidad. d. Eva no fue la causa. Porque ella solo pudo proceder por su propio ejemplo y atraer por algún argumento, pero no forzar.

d. No fue una causa interna, ya sea que se considera la naturaleza común o general del hombre que estaba inclinado solamente al bien, o su naturaleza particular, la cual correspondía con la general; ni fue algo en su naturaleza particular, porque esto hubiera sido el entendimiento; pero el entendimiento hubiera obrado por persuasión y consejo, no por necesidad. El hombre, por lo tanto, pecó por su libre voluntad, su propia moción siendo permitido por Dios y él siendo persuadido por el diablo.

C. La materia del pecado fue el comer del fruto del árbol. Un hecho ciertamente indiferente en su naturaleza, pero prohibido por la imposición de una ley. Él fácilmente se hubiera abstenido del (fruto) sin la pérdida de algún placer. En esto es aparente la bondad admirable de Dios, quien prueba si el hombre está dispuesto a someterse al mandamiento divino en un asunto que tan fácilmente podía ser evitado.

D. La forma fue la transgresión de la ley impuesta, habiendo sido prohibido comer del fruto. Por cuanto había sido prohibido, se había ido más allá del orden de legítimas y buenas obras y había sido llevado del poder [permisible], del hombre, para que no fuera ejecutado sin pecado.

E. No había fin (propósito) para este pecado. Porque siempre asumió [rationem] la forma de un hábito de bien. Sin embargo, un fin fue propuesto por el hombre (pero no obtenido), para que pudiera satisfacer sus dos deseos tanto su propensión superior hacia la imagen de Dios, como su inferior hacia el fruto del árbol. Pero el fin del diablo fue la aversión del hombre de su Dios y por esto, su seducción adicional al exilio y a la sociedad del maligno. Pero el permiso de Dios tenía respecto a la condición antecedente de la creación, que había creado al hombre con una libre voluntad y para [la ejecución de) obras gloriosas a Dios, que pudieran surgir de ella.

F. La seriedad enorme de ese pecado se manifiesta principalmente por los siguientes particulares:

1. Porque fue una transgresión de tal ley que había sido impuesta para probar si el hombre estaba dispuesto a sujetarse voluntariamente a la ley de Dios y llevaba consigo un número de otros pecados graves.

2. Porque después que Dios había dotado al hombre con tantos dones singulares, tuvo la audacia de cometer este pecado, se dejó persuadir tan fácilmente y no satisfizo su inclinación [affectui] en tan copiosa abundancia de cosas. c. Porque él cometió este pecado en un lugar santificado, que era un tipo de paraíso celestial, casi bajo los ojos de Dios mismo, quien conversaba con él en una manera familiar.

V. Los Efectos del Pecado de Adán y Eva Debate privado, XXXI, II: 77-79.

A. El primer e inmediato efecto del pecado que Adán y Eva cometieron al comer del fruto prohibido, fue ofender a Dios y la conciencia de culpa —ofensa que se levantó de la prohibición impuesta— culpa de la sanción añadida a ella, por la denunciación de castigo si (ellos) descuidaban la prohibición.

B. Por ofender a la deidad se levantó su ira: a. El deterioro [*derogatio*] de su poder y derecho. b. La negación de aquello hacia lo cual Dios tenía una inclinación. Un desprecio de la voluntad divina exigida por el mandamiento.

C. El castigo fue consecuente por la culpa (del hombre) y por la ira divina; lo justo de este castigo es de la culpa, la aplicación es por la ira divina. Pero es precedido por el remordimiento de la conciencia y por el temor de un Dios enojado y el temor de castigo. De esto el hombre dio evidencia por su huida subsecuente y por esconderse de la presencia del Señor, cuando lo llamó.

D. La causa asistente de esta huida y escondimiento (de nuestros primeros padres) fue la conciencia de su desnudez y vergüenza, la cual antes no la habían tenido. Esto parece haber servido para afligir la conciencia y aumentar el temor y pavor.

E. El Espíritu de gracia (Santo), que moraba en el hombre, ya no podía permanecer con el conocimiento de haber ofendido a Dios. Por lo tanto, por la perpetuación del pecado y la condenación de sus corazones, el Espíritu Santo se retiró. Por lo cual, de igual manera, el Espíritu Santo cesó de guiar y dirigir al hombre y de dar testimonio interno del favor de Dios a su corazón. Esta circunstancia tiene que ser considerada en lugar de un castigo pesado, cuando la ley con una conciencia depravada, acusada, dio su testimonio (en contra de ellos), los convenció y condenó.

F. Además, por este castigo que fue dado instantáneamente, ellos se hicieron propensos a dos castigos adicionales; a la muerte temporal que es la separación del alma del cuerpo y a la muerte eterna que es la separación del hombre entero de Dios, su bien supremo.

G. La prueba de estos dos castigos fue la expulsión de nuestros primeros padres del paraíso. Fue una prenda de la muerte temporal; porque el paraíso era un tipo y figura de la morada celestial, en donde la completa y perfecta bienaventuranza siempre florece, con el resplandor traslúcido de la divina Majestad. También, era una prenda de la muerte eterna; porque en el jardín se hallaba el árbol de la vida, el fruto cuando comido era propio para continuar la vida natural del hombre sin la intervención de la muerte. Este árbol era tanto un símbolo de la vida celestial, la cual el hombre perdió, como de la muerte eterna que había de seguir.

H. A estos se pueden añadir los castigos infligidos particularmente al hombre y a la mujer. El hombre ahora tenía que comer el pan por el *"sudor de su rostro"*, que *"la tierra maldita por su causa, había de dar espinos y cardos"*. La mujer sería expuesta a varios dolores en concepción y parto. El castigo aplicado al hombre tenía que ver con su cuidado de preservar los individuos de la especie; el de la mujer, tenía que ver con la perpetuación de la raza humana.

I. Pero la condición del pacto en el cual Dios entró con nuestros primeros padres fue, que si ellos continuaban en el favor y gracia de Dios por obediencia a esto y otros mandatos, los dones conferidos a ellos deberían ser transmitidos a su posteridad, por la misma divina gracia que ellos mismos habían recibido; pero que, si por desobediencia ellos se mostraban indignos de esas bendiciones, su posteridad de la misma manera no debería recibirlas y sería expuesta a los males contrarios. Esta fue la razón de por qué todo hombre propagado por ellos, llegó a odiar la muerte temporal y muerte eterna, privado del don del Espíritu Santo o justicia original. Este castigo recibe usualmente el nombre de "una privación de la imagen de Dios" y "pecado original".

J. La siguiente pregunta se ha de discutir: ¿Debe tener el pecado original alguna otra cualidad contraria, además de la ausencia de justicia original, y ser constituida como otra parte del pecado original? Aunque nosotros pensamos que es más probable que esta ausencia de justicia original es solamente en sí el pecado original y esto es suficiente para cometer cualquier pecado actual.

K. La discusión respecto a si el pecado original es propagado por el alma o por el cuerpo, nos parece inútil; y, por lo tanto, la discusión de si el alma es o no es por traducción, parece también casi innecesaria.

VI. El Pecado Original. Artículo XII. El Pecado Original, II: 492.

Arminio no usa mucho la expresión "pecado original", parece que no la consideraba necesaria. Pero sí tiene un breve artículo sobre el pecado original en el cual plantea algunas preguntas.

Lo primero que hace Arminio es declarar que el pecado original no es el pecado actual por el cual Adán desobedeció la ley respecto al árbol del conocimiento del bien y del mal, por lo cual todos hemos sido constituidos pecadores y hechos detestables o sujetos a muerte y condenación. Enseguida presenta la primera pregunta: ¿Es el pecado original solamente la ausencia o carencia [carentia] de justicia y santidad original, con una inclinación a cometer pecado que formalmente existió en el hombre, aunque no era tan violento ni tan desordenado como es hoy, debido al favor perdido de Dios, su maldición y la pérdida de aquel bien por el cual aquella inclinación era ordenada? O, ¿es un cierto hábito infundido (o ingreso adquirido) contrario a la justicia y santidad, después que el pecado de Adán fue cometido?

La última pregunta que hace Arminio tiene que ver con el alcance de la culpa del pecado adámico: ¿Se hereda la culpa del pecado de Adán? Arminio expresa su pregunta en la siguiente forma : "¿Expone el pecado original al hombre a la ira de Dios, [lo hice] por haber sido constituidos previamente pecadores por el pecado actual de Adán, sujetos a condenación"?[3]

Arminio termina este artículo diciendo que cuando "Adán es considerado en este estado, después del pecado, (pero) antes de ser restaurado, no fue inmediatamente sujeto a castigo y obediencia, sino solo a castigo".[4]

Una de las acusaciones que a menudo se hicieron contra Arminio fue que era pelagiano, que no creía en el pecado original; que no se necesitaba la gracia salvadora; y que solo la voluntad era suficiente y eficaz para obtener la salvación; todo esto era lo que Pelagio enseñaba. Pero al examinar cuidadosamente los escritos de Arminio, hallamos que, lejos de ser pelagiano, Arminio acepta el concepto agustiniano del pecado original, pero también afirma que Dios ha dado a todos el don de gracia de ser capaces de creer. Agustín insistía en la libertad de la voluntad, Dios no puede ser el autor del pecado. El poder para creer viene de Dios.[5]

Según Agustín la raza humana es una masa de perdición, todos murieron en Adán; el pecado de Adán es el pecado de cada persona; todos heredan la culpa de Adán, el hombre solo tiene libertad para pecar. Es obvio que Agustín tiene un problema. Pelagio sostenía todo lo contrario, no hay tal pecado heredado, el hombre puede salvarse por su propia voluntad sin la gracia de Dios, etc. Agustín se fue al otro extremo, insistiendo en la predestinación, pero también en la libertad de voluntad del hombre. Si no es así, Dios tiene que ser el autor del pecado. Lo que llegó a ser el supralapsarianismo en los días de Arminio.

A. El pecado de Adán fue una "desobediencia" y "ofensa" o caída (Romanos 5:18-19). Según Arminio, el mejor nombre que se le puede dar al pecado de Adán es "desobediencia", porque la ley contra la cual se cometió el pecado era simbólica, habiendo sido dada como testimonio de que el hombre estaba bajo la ley de Dios y había de probar su sumisión por obediencia. Fue una ofensa o caída, porque el hombre estaba en un estado de integridad e inocencia, libremente se opuso, ofendió a Dios mismo y cayó de su estado de inocencia (Romanos 5:15-18).

B. Por lo tanto, este pecado es una transgresión de la ley dada por Dios al primer hombre y por esta transgresión el hombre cayó bajo la ira de Dios, sujeto a doble muerte y mereciendo la pérdida de la justicia y santidad primordial, lo cual constituía en gran parte la imagen original de Dios (Génesis 1:27, 3:3-6; Romanos 5:12, 16, 19; Lucas 19:26).[6]

C. Arminio también se refiere a los efectos o resultados del pecado de Adán como la privación [privatio] o remoción de la justicia y santidad primordial como efectos o evidencia de la morada del Espíritu Santo. Adán fue privado o perdió la presencia plena del Espíritu de Dios debido a su desobediencia, como consecuencia perdió el favor de Dios (Lucas 19:26; Efesios 4:30). El Espíritu es un sello del favor y buena voluntad de Dios (Romanos 8:14, 15; 1 Corintios 2:12).

D. Según Arminio, el pecado de Adán es universal, alcanza toda su posteridad. Toda la raza humana está en Adán. En este punto Arminio sigue el realismo agustiniano de que toda la raza estaba en los lomos de Adán. El pecado y castigo de Adán es universal, "por cuanto todos pecaron" (Romanos 5:12) y son "por naturaleza hijos de ira" (Efesios 2:3). La raza humana también carece de la justicia y santidad original (Romanos 5:12, 18, 19). Solamente Cristo Jesús puede librar al hombre de estos males.[7]

El pecado original según Arminio es un acto, el acto de Adán, también el acto de todos y como tal nadie está libre de su culpa y pena. Pero, ¿qué de los pecados individuales de las personas? Este es el tema que consideraremos enseguida.

VII. El Pecado Actual. Debate privado. VIII. Pecados actuales, I: 486-492.

Nueve preguntas. I: 480-486. La pregunta que Arminio ahora tiene que contestar es: ¿Cuál es la relación entre el pecado original —el pecado de Adán- y el pecado actual del individuo?

En noviembre de 1605, los diputados del Sínodo presentaron nueve preguntas a la facultad teológica de la Universidad de Leyden, con el propósito de obtener sus respuestas. La tercera pregunta tiene que ver con la relación entre el pecado original y el pecado actual:

¿El pecado original, por sí mismo, expone al hombre a muerte eterna, aun sin la adición de pecado actual? ¿O es quitada la culpa del pecado original de todos, por los beneficios de Cristo el Mediador?

Antes de contestar la pregunta Arminio presenta su propia pregunta:

"Si algunos hombres son condenados solo por el pecado cometido por Adán y otros por rechazar el evangelio, ¿qué, no hay dos decretos perentorios con respecto a la condenación del hombre y dos juicios, uno legal y el otro evangélico"?

Estas preguntas y la respuesta de Arminio, revelan que él no está completamente satisfecho con la respuesta de la teología reformada de la época, a saber, que todos los descendientes de Adán, heredan la culpa adámica.

Arminio comienza su respuesta diciendo que, en primer lugar, la pregunta se compone de "dos partes puestas en oposición, pero que juntas fácilmente concuerdan. No es correcto decir que 'el pecado original hace obnoxio , (del latín «obbnoxius» "obligado, sujeto a algo, *Diccionario de la Real academia Española de la Lengua*) al hombre a la muerte eterna y que su culpa puede ser removida de todo hombre por Cristo'. En realidad, para que la culpa pueda ser removida, es necesario que el hombre (humanidad) sea previamente declarado culpable" (I: 381-382).

Arminio contesta la segunda parte de la pregunta como sigue: "Con respecto a la segunda parte de la pregunta, fácilmente se contesta haciendo la distinción entre solicitando y obteniendo, así como la aplicación de los beneficios de Cristo. Porque si una participación en los beneficios de Cristo consiste solo en fe, sigue que si entre esos beneficios 'la liberación de esta culpa' es uno de ellos, solamente los creyentes son libertados, porque ellos son aquellos sobre quienes la ira de Dios no mora". Bangs interpreta correctamente el pensamiento de Arminio, al decir: "Con respecto a la remoción universal de la culpa del pecado original, Arminio dice que sí podía ser, pero no lo es. La participación en los beneficios de Cristo es solo por la fe, por lo cual, solo los creyentes son libertados de la culpa".[8]

El Debate público VIII: Pecados actuales, I: 486, es muy extenso y solo haremos un resumen incluyendo los puntos más relevantes.

A. El término pecado actual, se aplica al primer pecado de Adán, pero etimológica y más correctamente, se aplica al pecado que cada hombre comete por la corrupción de su naturaleza, desde el momento en que sabe cómo usar la razón. Se puede definir como un pensamiento, palabra o algo hecho contra la ley de Dios, en breve, como *"trasgresión de la ley"* (1 Juan 3:4).

B. Hay pecados de comisión y de omisión (Romanos 3:27; Hebreos 2:3). Hay diferencia de pecados referidos al objeto en contra de quien se comete la ofensa. El pecado es en contra de Dios o en contra del prójimo (Tito 2:11).

C. Hay pecados que se distinguen en cuanto a la causa. 1. Pecados de ignorancia, cuando la persona no sabe que lo que hace es pecado, el caso de Pablo cuando perseguía a Cristo (1 Timoteo 1:12). 2. Hay pecados de debilidad, cuando se cometen por temor, emoción o por perturbación mental (Mateo 26:70; 1 Samuel 25:13, 21). 3. Pecados de malicia que se cometen con determinado propósito y consejo, como en el caso de Judas (Mateo 26:14-15) y David que mandó a matar a Urías (2 Samuel 11:15). 4. El pecado de negligencia, cuando el hombre es vencido por un pecado (Gálatas 6:1; Hebreos

12:1). Y el caso de Pablo con Ananías el sumo sacerdote (Hechos 23:3). 5. Pecados contra la conciencia son los que se cometen con malicia y propósito deliberado; son los que comete una persona santa cuando contrista al Espíritu Santo (Salmos 51:10, 13).

D. Pecados con respecto al verdadero objeto en contra de quien se cometen. El objeto puede ser *"los deseos de la carne"*, o *"los deseos de los ojos"*, o *"la vanagloria de la vida"*. Arminio dice que estos pecados se originan en las obras de la carne (Gálatas 5:19-21).

E. El pecado venial y el pecado mortal. Pero esta distinción no se deduce de la naturaleza del pecado mismo, sino por estimación de gracia de Dios. Porque todo pecado por su propia naturaleza es mortal, esta es la razón de por qué merece muerte (Romanos 6:23). Lo que denomina pecado como venial o capaz de ser perdonado, es porque Dios no está dispuesto a imputar pecado a creyentes, pero desea perdonarlos (Salmos 19:12; Ezequiel 18:32).

F. Pecado de muerte (1 Juan 5:16) se le llama así, porque de hecho trae muerte segura a los que lo cometen. En el pecado de muerte no hay subsecuente arrepentimiento, o cuando la persona no siente remordimiento o tristeza es "blasfemia contra el Espíritu Santo" (Mateo 12:32; Lucas 12:10). Esta es la razón de por qué Juan dice que no debemos orar por este pecado.

Arminio dice que es muy difícil definir la naturaleza del pecado contra el Espíritu Santo, pero afirma que el pecado contra el Espíritu de Dios es cometido cuando cualquier hombre, con determinada malicia, resiste la divina verdad evangélica, solo por resistirla, aunque claramente reconozca que no puede usar ignorancia como excusa. Este es el pecado contra el Espíritu Santo, no porque no sea contra el Padre o el Hijo, sino porque se comente contra la operación del Espíritu Santo, a saber, en contra de la convicción de la verdad de los milagros y en contra de la iluminación de la mente.

El pecado contra el Espíritu Santo es "irremisible", porque la justicia y sabiduría de Dios ponen límites a la misericordia divina. La persona que ha despreciado el Espíritu de Gracia no puede ser digna de la benignidad de la obra del Espíritu Santo, necesaria para su conversión.[9]

Arminio termina su discusión con un excelente resumen de lo que es el pecado actual. "La causa eficiente del pecado actual es el hombre, por su propio libre albedrío. La causa operando internamente, es la propensión original de nuestra naturaleza hacia lo contrario a la ley divina. Recibimos esta propensión de nuestros primeros padres, por generación carnal. La causa operando externamente son los objetos y ocasiones que incitan al hombre a pecar. La causa material, es un acto que, según su naturaleza, tiene referencia al bien. La forma o causa formal es la transgresión de la ley, o una Está destituida de un fin; porque es una transgresión que no tiene meta. El objeto del pecado es un bien variable; al cual el hombre está inclinado, después que ha dejado el bien inmutable, comete una ofensa.

¿Qué es pues, pecado original y cuál es su relación con el pecado actual? Ya hemos notado que para Arminio el pecado original —término que no le gusta usar— es privación, ausencia o la falta de justicia y santidad primordial, la pérdida de la presencia del Espíritu Santo y "la privación de la imagen de Dios".

Pero, parece que Arminio no está del todo conforme con lo que ha dicho respecto al pecado original. Dice que se ha de hacer asunto de discusión la pregunta: "¿Se tendrá que constituir alguna cualidad contraria, además de la ausencia [carentia] de justicia original, como otra parte del pecado original?", su sentir es que esta ausencia de justicia original solo es pecado original en sí y es suficiente para cometer y producir cualquier pecado (actual).[10] Arminio usa la palabra "depravación", solo una vez. En su primer discurso sobre el objeto de la teología, hablando de la necesidad de la teología cristiana dice que "deriva su origen de la comparación de nuestra depravación contagiada y viciosa, contra la santidad de Dios".[11] El hombre peca "por la corrupción de su naturaleza, desde que sabe cómo usar la razón"[12]. En su carta a Hipólito, artículo IV, "la gracia y el libre albedrío", Arminio indica que el pecado original no es pasivo: "Confieso que la mente de una persona carnal es oscura y tenebrosa, que sus inclinaciones son corruptas y desmesuradas, que su voluntad es terca y desobediente y que la persona está muerta en pecados.[13]

El consejo y conclusión de Bangs es apropiado: "Arminio no ha de ser juzgado por... desarrollos dogmáticos subsecuentes, especialmente siendo que él sentía que el efecto del lenguaje de depravación podría obtenerse en términos de simple depravación. El punto principal para él es que el recipiente de la gracia evangélica es un pecador en una situación desesperada, envuelto y atrapado en la consecuencia del pecado de Adán. Sus actos de pecado no son simple escogimiento libre en imitación del mal ejemplo, sino el resultado del predicamento del hombre en la caída".[14]

La carta de Arminio a Hipólito, escrita el 5 de abril de 1608, un año antes de su muerte, contiene sus pensamientos maduros sobre varios artículos de fe. El artículo II: La providencia de Dios, nos da un excelente resumen de la relación de Dios con el pecado.

VIII. La Providencia de Dios y el Pecado

"A. Con respecto al origen del pecado, atribuyo los actos siguientes a la providencia de Dios:

" Primero, permiso y éste no pasivo, pero que tiene unidos en sí cuatro actos positivos: 1. La preservación de la criatura según su esencia, vida y capacidad. 2. El cuidado para que un poder mayor o igual no sea puesto en oposición. 3. El ofrecimiento de un objeto contra el cual el pecado se cometerá. 4. La concesión destinada o su concurrencia, que, por la dependencia de una segunda en la primera causa, es una concurrencia necesaria.

" En segundo lugar, la administración de argumentos y ocasiones necesarios para la comisión del pecado.

"En tercer lugar, la determinación del lugar, el tiempo, la manera y circunstancias semejantes.

" En cuarto lugar, la concurrencia inmediata de Dios con el acto del pecado.

" B. Con respecto al progreso del pecado, también atribuyo los siguientes cuatro actos al gobierno divino. El primero es la dirección del pecado, que ya se ha comenzado, hacia cierto objeto, el cual la criatura culpable o no, lo ha tenido como objeto o no lo ha tenido absolutamente como objeto.

" El segundo acto es la dirección del pecado hacia el fin que Dios mismo quiere, sea que la criatura deseara ese fin o no, mejor dicho, aunque desee un fin distinto y opuesto.

" El tercer acto es el de prescribir y determinar el tiempo durante el cual él quiere o permite que dure el pecado. En otras palabras, según Arminio, Dios ha determinado cuáles serían las consecuencias de determinado pecado. El hombre determina libremente si va a pecar o no, pero no puede determinar, cuáles serán las consecuencias.

" El cuarto acto es el de definir su magnitud, por lo cual se pone límites sobre el pecado, para que no pueda aumentar y asumir mayor fuerza.

" La totalidad de estos actos, en cuanto al comienzo y al progreso del pecado, los considero distintamente en relación con el acto mismo y con la anomía o transgresión de la ley; un curso que según mi juicio, es necesario y útil.

" C. En último lugar, con respecto al fin y la terminación del pecado, atribuyo a la providencia divina el castigo por medio de la severidad, o la remisión por gracia; los cuales conciernen al pecado, referente a ser pecado y a ser una transgresión de la Ley".[15]

Notas

1 *Obras*, II: 469-470.
2 *Ibid*, II.491-492.
3 Este era el concepto de la teología reformada que había heredado de Agustín.
4 *Obras*, II.492.
5 (Véase, *Sobre el Espíritu y la Letra; La Gracia de Cristo: Sobre el Pecado Original*). Agustín, Tomo 5, pp. 80-114, *Escritos contra Pelagio,* Wm. B. Eerdamans Publishing Company, Grand Rapids, Michigan, 1956).
6 *Obras*, I:480.
7 *Ibid*, pp. 485-486.
8 Bangs, p.339.
9 Debate privado, XXXI. II: 491-492.
10 *Ibid*, II: 492.
11 *Ibid.*, I: 74.
12 *Ibid.*, II: 473.
13 Bangs, p. 340.
14 Carta a Hipólito, II: 468-470. (Cf. Debate Público, IX, X, I: 493-523).
15 Arminio, II: 469.

X

Doctrina de la Redención

¿Tiene Arminio un *Ordo Salutis* como se dice de Juan Wesley? La respuesta es sí y no. Arminio no tiene un orden de salvación en el sentido de una soteriología como se entiende el término en la teología sistemática. Pero, algunas de sus obras dan evidencia de que esperaba presentar a sus estudiantes y colegas una teología de la redención. Hay dos lugares donde podemos ver, aunque sea solo en la forma de bosquejo, un orden de redención. Primero: Sus 79 debates o discusiones privados, son muy propiamente descritos en el título como "principalmente con el propósito de formar un sistema de divinidad (teología)". El cual Arminio quería terminar si hubiera sido favorecido con salud y largura de años. Arminio pudo mejorar gradualmente su obra y traerla más cerca a la madurez.

Arminio acostumbraba amplificar cada una de sus tesis en sus clases. Sin embargo, podemos ver lo que hubiera sido en su forma final, un monumento más a nombre de sus talentos y piedad . Comenzando con el debate privado XXIX, sobre el pacto de Dios con nuestros padres y terminando con la discusión sobre la santificación del hombre.[1] Luego, Siguiendo con, ciertos artículos, el VI, sobre la creación, principalmente la del hombre, hasta el artículo XXIV, sobre las buenas obras del hombre.[2] En estas discusiones y artículos, podemos ver las líneas generales de un orden de redención. Por supuesto, estaremos haciendo referencia a otros de sus escritos, pero éstos serán nuestra guía principal.

Punto de Partida: La voluntad de Dios es que todos los hombres sean salvos. En su tratado más extenso, más de 200 páginas: "Un examen del tratado sobre el orden y modo de la predestinación" (1602) del Dr. Guillero Perkins, Arminio asevera diciendo que:

La voluntad de Dios es que todos los hombres deben ser salvos, pero compelido por la perversidad e incorregible terquedad de algunos, su voluntad es que deben sufrir la pérdida de salvación... Por lo tanto, la voluntad de Dios es su condenación porque no es su voluntad que su propia justicia deba perderse.

Esta inclinación por la cual Dios desea la salvación de todos los hombres es simple, natural e incondicional en Dios... Es la voluntad de Dios que todos los creyentes sean salvos y que (los) incrédulos sean condenados... Porque, en esa volición, él no desea nada (no determina quiénes serán salvos, o quiénes condenados) a sus criaturas, pero en esa volición (sí) desea que estas dos cosas, fe y salvación, incredulidad y condenación, deban cohesionar insolublemente. La aplicación de la voluntad divina, es consecuente en el acto de fe y perseverancia, de incredulidad e impenitencia.[3]

I. El Orden de Salvación. Decretos de salvación

Antes de considerar el orden de los decretos según los presenta Arminio, será bueno ver lo que él entiende por "decreto". Dice:

"Los decretos de Dios son las obras extrínsecas [*ad extra*], aunque son internas y, por lo tanto, hechas por la libre voluntad de Dios, sin ninguna necesidad absoluta. Sin embargo, un decreto parece requerir de otro debido a cierta condescendencia de equidad; como el decreto respecto a la creación de una criatura racional y el decreto respecto a la salvación o condenación [de esa criatura], con la condición de obediencia o desobediencia... No puede haber dos decretos de Dios, o dos voluntades, ya sea en realidad, o según alguna aparente voluntad contraria, como que sea la voluntad salvar al hombre bajo condiciones y, sin embargo, precisa y absolutamente condenarlo.

"Un decreto en sí no impone ninguna necesidad sobre cualquier cosa o evento. Pero si alguna necesidad existe por un decreto de Dios, existe por la intervención del poder divino y en realidad cuando él lo considera propio emplear su poder irresistible para efectuar lo que ha decretado... Aunque todos los decretos de Dios han sido hechos desde la eternidad, sin embargo, cierto orden de prioridad y posteridad tiene que asentarse según su naturaleza y la relación mutua entre ellos".[4]

II. Orden de los Decretos de Salvación

A. El primer decreto de Dios respecto a la salvación de la humanidad pecaminosa, es aquel por el cual decretó nombrar a su Hijo Jesucristo como Mediador, Salvador, Sacerdote y Rey, quien podría destruir el pecado por su propia muerte, podría obtener por su obediencia la salvación que se había perdido y podría comunicarla por su propia eficacia.

B. El segundo decreto es aquel en el cual decretó recibir con favor a aquellos que se arrepientan y crean; y salvar en Cristo y por consideración de Cristo y por Cristo, a aquellos que perseveran; pero dejar bajo pecado e ira y condenarlos como ajenos de Cristo.

C. El tercer decreto es aquel por el cual Dios determinó administrar los medios como sean necesarios, suficientes y eficaces, para arrepentimiento y fe. Esta administración es dirigida según la sabiduría de Dios, por la cual sabe qué es apropiado a su misericordia y severidad; también es de acuerdo a su justicia, por la cual está preparado para seguir y hacer lo que su sabiduría le dicte.

D. De estos, sigue el cuarto decreto respecto a la salvación y condenación de ciertas personas particulares. Este decreto depende de la presciencia y previo conocimiento de Dios, por el cual sabía desde la eternidad quiénes, por la administración, creerían por la ayuda de la gracia preventiva o gracia precedente y que perseverarían por la ayuda de gracia subsecuente, así como quiénes no creerían y perseverarían.

E. Por lo cual, Dios "conoce a los que son suyos" y el número tanto de los que han de ser salvos, como de los que han de ser condenados, es seguro y fijo.

F. El segundo decreto, es predestinación a salvación, el cual es el fundamento del cristianismo, salvación y la seguridad de salvación; también es la materia del evangelio y summa de la doctrina enseñada por los apóstoles.

G. Pero aquella predestinación por la cual se dice que Dios ha decretado salvar a personas particulares y dotarlas con fe, ni es el fundamento del cristiano, de la salvación, ni de la seguridad de salvación".[5]

III. La Gracia en el Orden de Salvación

Como punto inicial que debemos considerar en el orden arminiano de la salvación, contestaremos la pregunta: ¿Cómo entiende Arminio la gracia en relación con el amor de Dios?

En su debate privado XX, III. L 44-48, Arminio dice que el amor, bondad y gracia son atributos bajo la voluntad de Dios. El amor tiene prioridad sobre la bondad respecto al objeto, el cual es Dios mismo. Pero la bondad tiene prioridad respecto a todo otro objeto. El amor es un afecto de unión en Dios, cuyo objeto no solo es Dios, sino también el hombre porque es imagen divina.

Pero siendo que el amor no llena completamente (totalmente) la voluntad de Dios, tiene a la bondad unida a él (con el amor). La bondad también es un afecto en Dios para comunicar el bien. Pero, ¿qué es la gracia? Para Arminio, la gracia es un asesor o ayudante de la bondad y amor, que significa que Dios quiere comunicar su amor y bondad a toda la humanidad. Algo muy importante y esto no por mérito o deuda, no por alguna causa externa, ni porque algo pueda ser añadido a El mismo, sino para el bien del que lo recibe, el cual es amado, *"según las riquezas de su gracia"* (Efesios 2:7).[6]

IV. La Gracia de Dios

En su declaración de sentimientos, IV, I:253-254, presentada ante los Estados de Holanda, en La Haya el 13 de octubre de 1608, Arminio nos ha dejado una de sus declaraciones más claras, completas y comprehensivas sobre la gracia que revela hasta qué punto Arminio se había distanciado de la teología reformada y luterana de la época. Realmente va en dirección a lo que en el siglo siguiente, siglo XVIII, el siglo de Juan Wesley, habría de llamarse la gracia preveniente.

"En cuanto a la gracia divina, creo:

"1. Que es un afecto gratuito por el cual Dios está conmovido bondadosamente con amor hacia el pecador miserable y según él, en primer lugar, dio a su Hijo "para que todo aquel que en él cree tenga vida eterna"; después, lo justifica en y por Cristo Jesús y lo adopta al derecho de hijos, para la salvación.

"2. Es una infusión (tanto al entendimiento humano como a la voluntad y afectos), de todos aquellos dones del Espíritu Santo que pertenecen a la regeneración o renovación del hombre, tales como fe, esperanza, amor; porque sin estos dones de gracia, el hombre no es suficiente para pensar, desear o hacer cualquier cosa que sea buena.

"3. Es la asistencia perpetua y continua ayuda del Espíritu Santo, según la cual él obra sobre el hombre que ha sido renovado y lo inspira (mueve) al bien, por una infusión de cogniciones (pensamientos) sanas e inspirándole buenos deseos, para que así realmente pueda desear todo lo que es bueno; y según lo cual Dios entonces, puede desear y obrar juntamente con el hombre, para que el hombre pueda hacer todo lo que quiere.

"De esta manera, atribuyó a la gracia el comienzo, la continuación y la consumación de todo lo bueno y llevó su influencia a tal grado que un hombre, aun ya regenerado, no puede ni concebir, desear o hacer ningún bien, ni resistir cualquier tentación sin esta gracia preventiva y estimulante, continua y cooperadora.

"De esta declaración claramente se notará que, por ninguna manera, hago daño o injusticia a la gracia, por atribuirle como se me acusa, demasiado a la libre voluntad del hombre. Porque toda la controversia se reduce a la solución de esta pregunta: '¿Es la gracia de Dios una cierta fuerza irresistible?'

"La controversia no se relaciona con aquellas acciones u operaciones que puedan ser atribuidas a la gracia (porque reconozco e inculco tantas de estas acciones u operaciones, como cualquier persona jamás ha hecho), pero la pregunta se relaciona solo al modo de operación, que si es irresistible o no. Con respecto a lo cual yo creo, según las Escrituras, que muchas personas resisten al Espíritu Santo y rechazan la gracia que se les ofrece".[7]

Debido a la importancia y lugar que tiene la doctrina de la gracia para todo el pensamiento teológico de Arminio, especialmente en relación con el libre albedrío, será de gran beneficio leer otra de sus declaraciones sobre la gracia. En su carta a Hipólito, escrita el 5 de abril de 1608, artículo IV, la gracia y el libre albedrío, escribió:

"En cuanto a la gracia y el libre albedrío, esto es lo que

183

enseño según las Escrituras y el consentimiento ortodoxo. El libre albedrío no puede comenzar o perfeccionar cualquier bien verdadero y espiritual sin la gracia. Para que no pueda decirse que yo, como Pelagio, practico el engaño con respecto a la palabra 'gracia', quiero decir que por ella entiendo aquella que es la gracia de Cristo y que pertenece a la regeneración:

"Afirmo, entonces, que esta gracia es simple y absolutamente necesaria para la iluminación de la mente, el ordenamiento debido de los afectos y la inclinación de la voluntad hacia lo bueno; es esta gracia la que opera en la mente, los afectos y la voluntad, que infunde buenos pensamientos en la mente, inspira buenos deseos en los afectos e inclina la voluntad para llevar a cabo buenos pensamientos y deseos.

"Esta gracia precede [*praevenit*], acompaña y sigue; estimula, ayuda y opera para que queramos, y coopera para que no queramos en vano. Ella previene las tentaciones, ayuda y da socorro en medio de las tentaciones, sostiene a la persona contra la carne, el mundo y Satanás; y en esta gran contienda da a la persona el gozo de la victoria. Levanta de nuevo a los que han sido conquistados y a los que han caído los establece y les suple nuevas fuerzas y los hace más cautelosos. Esta gracia comienza la salvación, la promueve, la perfecciona y la consuma.

"Confieso que la mente de una persona natural [*animalis*] y carnal es confusa y tenebrosa, que sus inclinaciones son corruptas y desmesuradas, que su voluntad es terca y desobediente y que la persona misma está muerta en pecados. Y añado esto, aquel maestro obtiene mi aprobación más alta, quien adscribe lo máximo posible a la gracia divina; con tal que también defienda la causa de la gracia, para no infligir perjuicio a la justicia de Dios y no quitar al hombre el libre albedrío para hacer aquello que es malo"[8].

La primera declaración pone el énfasis en lo que la gracia universal de Dios es, la segunda, en lo que la gracia hace, o sea, en la eficacia de la gracia.

V. Universalidad de la Gracia de Dios

Arminio no tiene un tratado específico sobre la universalidad de la gracia; en su apología, artículo XII, I: 316-317, lanza un fuerte reto a todos los que niegan la universalidad de la gracia divina. Dice que los que niegan que "el precio de la muerte de Cristo fue para todos y cada uno", tienen que considerar cómo van a contestar las referencias bíblicas que declaran que Cristo murió por toda la humanidad; algunas de ellas son:

Que Cristo es "la propiciación... por los pecados de todo el mundo" (1 Juan 2:2).

Que Cristo vino a "quitar el pecado de todo el mundo" (Juan 1:19).

Que Cristo dio su "carne... por la vida del mundo" (Juan 6:51).

Que Cristo murió aun por el que se pierde por la comida de otro (Romanos 14:15).

Que Cristo murió aun por los falsos maestros que "negarán al Señor que los rescató, atrayendo sobre sí mismos destrucción repentina" (2 Pedro 2:1).

Arminio termina el artículo dando dos citas de Próspero de Aquitania (390-460), amigo de Agustín. Próspero declara: "El que dice que el Salvador no fue crucificado para la redención de todo el mundo, tiene respeto no a la virtud del sacramento, sino a la causa de incrédulos, puesto que la sangre de Jesucristo es el precio pagado por todo el mundo". Arminio cita otro pasaje: "Respecto tanto a la magnitud y potencia del precio y respecto a la causa general de la humanidad, la sangre de Cristo es la redención de todo el mundo".[9]

Muller, hablando de la gracia en el pensamiento de Arminio, dice:

"Sola gratia resuena aquí tan fuerte como en cualquier teología luterana o reformada, pero con una diferencia significativa. Mientras que la ortodoxia luterana y reformada entendían la gracia, principalmente y, en realidad, operando con exclusividad soteriológica, Arminio sutilmente prepara el fundamento para un énfasis subsiguiente acerca de la relación de la gracia y la naturaleza en los hombres y en orden providencial. Arminio ha ampliado el tema de la gracia al vincular el concepto de gracia más íntimamente con la auto comunicación creativa divina, para que la bondad de Dios en la creación sea entendida, primeramente, como un acto de gracia. Esta perspectiva tendrá un impacto enorme en las doctrinas de la creación y de la providencia de Arminio, en la medida en que el favor inmerecido de la gracia de Dios no puede ser arbitraria o restringidamente otorgado. Si la gracia es tanto inmerecida como implícita en el acto creativo, tiene que ser universal".[10]

Todos estos conceptos teológicos llegarían a un pleno florecimiento y expresión en el avivamiento wesleyano del siglo XVIII y el avivamiento de santidad subsecuente en los Estados Unidos.

VI. Vocación o Llamamiento. Debate privado, XLII. II: 104-106. Sobre la vocación del hombre pecador a Cristo y a una participación de salvación en él.

Definición. La vocación o llamamiento a la comunión de Cristo y sus beneficios, es el acto de la gracia de Dios por el cual, por la palabra y su Espíritu, llama a los hombres pecadores sujetos a condenación [reos] y bajo el dominio del pecado, de la condición de la vida natural [animalis] y fuera de las inmundicias y corrupción de este mundo, a que obtengan una vida sobrenatural en Cristo por el arrepentimiento y la fe, para que puedan ser unidos a él, como su cabeza destinada y ordenada por Dios y para que puedan gozar de la participación [communionen] de sus beneficios, para la gloria de Dios y para su salvación.

VII. La Causa de la Vocación

A. La causa eficiente de esta vocación es Dios y el Padre en el Hijo; el Hijo mismo, también constituido mediador y Rey por Dios el Padre, llama al hombre (humanidad) por el Espíritu Santo, por ser él el Espíritu de Dios dado al mediador y el Espíritu de Cristo, el Rey y la Cabeza de su iglesia.

B. La causa antecedente (activa) es la gracia, misericordia y filantropía de Dios, por la cual es movido a aliviar la miseria del pecador y otorgarle bienaventuranza. La causa dispensadora es la sabiduría y la justicia de Dios, por la cual sabe el método propio para la administración de la vocación, por la cual desea dispensarla correctamente. De aquí se levanta el decreto de su voluntad respecto a su administración y modo.

C. La causa instrumental de la vocación es la Palabra de Dios, administrada por la ayuda del hombre, ya sea por la predicación o por escribir; este es el instrumento ordinario; la causa extraordinaria es la palabra divina propuesta inmediatamente por Dios, internamente a la mente y voluntad, sin la ayuda humana. La palabra empleada, en ambos casos, es tanto de la ley como del evangelio, subordinada una a la otra en sus servicios separados.

VIII. Otros Elementos de la Vocación

A. La materia de la vocación es la humanidad constituida en su estado sensual, como mundana o vida natural, de pecado.

B. Los linderos de donde son llamados, son tanto el estado de vida sensual o natural, como de pecado y miseria, esto es, de la condenación y culpa; después de la esclavitud y dominio del pecado.

C. Los linderos a los cuales son llamados, son la comunicación de gracia o el bien sobrenatural y toda bendición espiritual, la plenitud de las cuales reside en Cristo, también su poder como la inclinación de comunicarlas.

D. El fin próximo de la vocación es que el hombre pueda amar, temer, honrar y adorar a Dios y Cristo; puedan en justicia y verdadera santidad, de acuerdo con la Palabra de Dios, rendir obediencia a Dios quien los llama; y puedan por estos medios, hacer su llamamiento y elección seguros.

E. El fin remoto es la salvación de los que han sido llamados y la gloria de Dios y de Cristo quien los llama; ambas (salvación y gloria) están en la unión porque a la medida que Dios se une al hombre y se declara estar preparado para unirse al hombre, manifiesta su gloria y el hombre obtiene salvación.

F. Esta vocación es tanto externa como interna. La vocación externa es por el ministerio del hombre exponiendo la Palabra. La interna es por la operación del Espíritu Santo iluminando los afectos del corazón, para que se le pueda dar atención a la Palabra y para que se le pueda dar credibilidad [fides] a la Palabra. De la unión de ambas, surge la eficacia de la vocación.

G. Pero esta distribución no es de género a especie, sino de un total a sus partes; esto es, la distribución de toda la vocación a actos parciales uniéndose para un resultado, el cual es obediencia rendida a la vocación. Por lo cual, la compañía de los llamados y los que aceptan el llamado, es denominada "una iglesia".

H. El resultado accidental de la vocación es el rechazamiento de la doctrina de gracia, desprecio del consejo divino y resistencia manifiesta en contra del Espíritu Santo. La causa per se, es la malignidad y dureza del corazón humano; y a esto, a menudo, es añadido el justo juicio de Dios, vengando el desprecio de su Palabra, que se levanta de la ceguera de la mente, endurecimiento del corazón, entregados a una mente reprobada y al poder de Satanás.

En esta discusión privada, Arminio ha omitido un punto importante que incluyó en su debate público sobre el mismo tema de la vocación divina. En ella dice algo muy interesante respecto a la gracia de Dios y los grados de maldad que se hallan en los diferentes pecadores. Declara: "La forma de la vocación es puesta en la misma administración de la palabra y del Espíritu Santo. Dios ha instituido esta administración así, porque sabe que es conveniente y decorosa para sí mismo y para su justicia templada con misericordia en Cristo; siempre reservando para sí mismo el pleno y libre poder de no emplear, para la conversión del hombre [humanidad], todos los métodos que son posibles para él según los tesoros de su sabiduría y poder, de otorgar gracia desigual a los que [en todo respecto] son iguales, gracia igual a los que no son iguales, al contrario de emplear mayor gracia en los que son más malos (Romanos 9:24-26; 10:17-21; 11:25, 29-33; Ezequiel 3:6; Mateo 11:21, 23)".[11]

¿Por qué puede Arminio decir que Dios da mayor gracia a los que son más pecadores o son más malos? ¿Cuál es su lógica? La respuesta lógica y teológica se halla en su concepto de Dios, de la creación y de la providencia. Dios es el *summum bonum*, el bien supremo, Dios es amor y bondad. La causa impelente de la creación es la bondad de Dios; es el acto externo [ad extra] de Dios dirigido por su sabiduría y efectuado por su poder. Pero también es el acto autodifusivo de Dios, por el cual comunica su bondad al hombre dándole dones naturales y sobrenaturales, imagen divina, justicia y santidad.

188

El propósito de la creación es el bien de las criaturas, especialmente del hombre. La creación es un acto de la bondad de Dios y no un medio de o para predestinación. La creación no tiene nada que ver con reprobación o elección. Toda la creación revela y da evidencia de la universalidad de la gracia.

La providencia, al igual que la creación, es un acto externo y universal de Dios guiado por la sabiduría divina y siempre es justo. Un punto muy importante y necesario para entender y apreciar el pensamiento teológico de Arminio es que: La providencia no es solo de o para la naturaleza, sino para algo más significativo, la gracia es administrada universalmente por ella. Dice Muller: "!La gracia, por lo tanto, pertenece al orden creado como parte de su relación fundamental a Dios y no es meramente un don divino dado después solo a algunos como un medio para la corrección de un problema"![12]

En conclusión, hay mayor gracia para los peores pecadores porque la creación es el medio divino para revelar la bondad de Dios administrada universal y justamente por la sabiduría y poder divino. La providencia es el medio que Dios usa para revelar la universalidad de su gracia. Porque donde abundó el pecado, desde menos a más, allí sobreabunda la gracia (Romanos 5:20; 2 Pedro 3:9). Porque como el pecado no hace acepción de personas, de igual manera la gracia divina no hace acepción de personas; y donde hay más pecado, allí Dios da mayor gracia, porque mayor es la necesidad y peligro.

IX. Arrepentimiento. Debate público XVII. I: 575-583. Debate privado XLIII (3). II: 106-109.

Debate privado sobre el arrepentimiento por el cual el hombre responde a la divina vocación.

A. Así como en la salvación le ha placido a Dios tratar con el hombre por medio de un pacto, esto es, por una demanda y promesa, así la vocación (llamamiento) tiene que ver con una participación en el pacto. El pacto es instituido en ambos lados y por separado para que el hombre pueda cumplir los requisitos o mandatos de Dios, por lo cual pueda obtener [el cumplimiento] de su promesa. La relación mutua entre ambos, es que la promesa es equivalente a un argumento que Dios emplea para obtener del hombre lo que él demanda;

por otro lado, el cumplimiento de la demanda es la condición sin la cual el hombre no puede obtener lo prometido por Dios; y por cumplir la demanda, con seguridad obtiene la promesa.

B. Es obvio, entonces, que lo que primero acepta esta vocación es la fe, por la cual una persona cree que, si ella cumple con los requisitos, gozará de la promesa, pero si no cumple, no estará en posesión de las cosas prometidas; al contrario, males serán infligidos según la naturaleza del pacto, en el cual no hay promesa sin un castigo opuesto a la promesa. Esta fe es el fundamento sobre el cual descansa la obediencia que se da a Dios; es, por lo tanto, el fundamento de la religión.

C. Generalmente los teólogos ponen tres partes en esta obediencia. La primera, es el arrepentimiento, porque es el llamado de Dios a los pecadores a justicia. La segunda es fe en Cristo y en Dios por medio de Cristo; porque la vocación se hace por el evangelio, el cual es la palabra de fe. La tercera, es la observación de los mandatos de Dios, los cuales consisten de santidad de vida, a la cual los creyentes son llamados y sin la cual nadie verá a Dios.

X. ¿Qué es Arrepentimiento?

A. Arrepentimiento es [dolor] tristeza debido a pecados conocidos y reconocidos, la deuda de muerte debido al pecado y debido a la esclavitud del pecado, con un deseo de ser libertados. Por lo cual, es evidente, que tres cosas concuerdan en el arrepentimiento, primero, como un antecedente, segundo, como un consecuente y, tercero, lo que propia y plenamente compone su naturaleza (del arrepentimiento).

B. Lo que es equivalente a un antecedente es el reconocimiento de pecado. Esto consiste en un conocimiento doble. 1) Un reconocimiento general por el cual se conoce lo que universalmente es el pecado y de acuerdo con lo prescrito por la ley. 2) Un conocimiento particular, por el cual se reconoce que el pecado se ha cometido, tanto por un recuerdo de las obras malas perpetuadas y del bien omitido, como por un examen de ellas según la ley. Este reconocimiento, trae consigo doble conciencia de demérito, de condenación o muerte y de la esclavitud del pecado, "porque la paga del pecado es muerte"; y "el que peca es esclavo del pecado". Este reconocimiento es, ya sea interno, hecho en la mente, o externo y recibe el nombre de "confesión".

C. Lo que el arrepentimiento es en esencia, es tristeza debido al pecado cometido y de su demérito, el cual es mucho más profundo, a la medida en que el reconocimiento del pecado es más claro y más copioso. También se origina este reconocimiento por medio de un temor doble de castigo: 1) Un temor no solo de castigo corporal y temporal, sino de igual manera espiritual y eterno. 2) El temor de Dios, por el cual el hombre (humanidad) tiene miedo del juicio de un ser (Dios) bueno y justo, a quien ha ofendido por sus pecados. Este temor puede ser correctamente llamado "inicial" y creemos que tiene algo de esperanza anexado a él.

D. Lo que sigue como consecuente, es el deseo de liberación del pecado, esto es, de la condenación del pecado y del dominio. El deseo es mucho más intenso, según mayor sea el reconocimiento de la miseria y tristeza debido al pecado.

XI. La Causa del Arrepentimiento

A. La causa del arrepentimiento es Dios por su Palabra y Espíritu en Cristo. Porque es un arrepentimiento no hacia desesperación, sino a salvación; pero esto no puede ser, excepto con respecto a Cristo, solo en quien el pecador puede obtener liberación de la condenación y dominio del pecador. La palabra que él usa al principio es la palabra de la ley, sin embargo, no bajo la condición legal peculiar a la ley, sino bajo lo que es anexado a la predicación del evangelio, cuya primera palabra es que liberación sea declarada a los penitentes.

El Espíritu de Dios puede, no impropiamente, ser denominado "el Espíritu de Cristo", siendo que es Mediador; y el Espíritu primero impulsa a la persona por la palabra de la ley y después le muestra la gracia del evangelio. La conexión de la palabra de la ley y la del evangelio, la cual es así hábilmente hecha, remueve toda auto seguridad y prohíbe desesperación, que son las dos pestes de la religión y de las almas.

B. No reconocemos satisfacción, lo cual la Iglesia Católica Romana reconoce como la tercera parte del arrepentimiento, aunque no negamos que el verdadero penitente se esforzará a dar satisfacción a/con su vecino cuando reconoce que ha pecado contra él y a la iglesia que ha dañado [escándalo] por su ofensa. Pero, por ninguna manera puede darse satisfacción a Dios, de parte del hombre, por arrepentimiento, tristeza, contrición, limosnas, o por castigos voluntarios. Si este fuera el curso prescrito por Dios, las conciencias de los hombre serían necesariamente atormentadas con la angustia continua de un infierno amenazador y de que no se hubiera dado la promesa de gracia a los pecadores. Pero Dios considera este arrepentimiento que hemos descrito, si es verdadero, ser digno de la gracia de liberación del pecado y miseria y tiene la fe como consecuencia, lo cual trataremos enseguida.

XII. Doctrina de la fe

Como punto introductorio al concepto de Arminio sobre la fe, notamos que en su primer discurso teológico presentado en ocasión de su inauguración como profesor de teología en la Universidad de Leyden a fines del año 1603, fue sobre Dios como el objeto de la teología. En ese discurso, habla de la necesidad de la fe y revela el lugar de la fe en su soteriología y dice:

"A menos que nuestra fe esté en Cristo, ella no puede estar en Dios: El apóstol Pedro dice, «Mediante el cual (Cristo) creéis en Dios, quien le resucitó de los muertos y le ha dado gloria, para que vuestra fe y esperanza sean en Dios' (1 Pedro 1:21)". En el mismo discurso declara: "Pero la fe en Cristo es también necesaria para calificar al hombre (la humanidad) para recibir esta salvación de sus manos (de Dios)".

Finalmente, notemos cómo Arminio relaciona la necesidad de la fe y el decreto de Dios; afirma: "La necesidad de la fe en la cruz no se levanta de la circunstancia de la doctrina de la cruz predicada y proclamada por el hombre; pero, siendo que la fe en Cristo es necesaria de acuerdo con el decreto de Dios, la doctrina de la cruz es predicada para que los que la creen (la doctrina de la cruz) puedan ser salvos". Arminio sigue diciendo, "que no solo por el decreto de Dios es la fe en Cristo necesaria, sino también es necesaria debido a la promesa dada a Cristo por el Padre y de acuerdo con el pacto que fue ratificado entre ambos" (Salmos 2:8; 110:3; Isaías 53:10-11; Juan 17:1-4; Gálatas 3:8-9).

Arminio termina su breve comentario sobre la necesidad de la fe en Cristo para obtener la salvación que Dios el Padre ofrece al mundo, con las siguientes palabras como conclusión: "Cristo, por lo tanto, por el decreto, la promesa y el pacto del Padre, ha sido constituido el Salvador de todos los que creen en él, de acuerdo con la declaración del apóstol: "Y habiendo sido perfeccionado, vino a ser autor de eterna salvación para todos los que le obedecen".[13]

XIII. La fe que Justifica

Arminio tiene dos tratados específicamente sobre la fe, ambos son de sus últimos escritos, probablemente del año 1609. Su debate privado XLIV (44), II: 109-111; y ciertos artículos, XIX, sobre la fe, II: 499-501. Su artículo XIX sobre la fe, es realmente el resumen de todo lo que había enseñado y escrito acerca de la fe.

A. Lo que la fe justificadora no es:

1. La fe justificadora no es aquella por la cual alguien cree que sus pecados son remitidos por amor a Cristo. Porque a esa fe (la fe justificadora) sigue la justificación misma o el perdón de los pecados, que es el efecto de la fe justificadora.
2. La fe justificadora no es aquella por la cual uno cree que uno mismo es elegido.
3. No todos los hombres están obligados a creer que ellos son elegidos.
4. El conocimiento y la fe por los cuales cualquier persona sabe y cree [credere] que posee la fe, es por naturaleza anterior al conocimiento y la fe por la cual cualquier persona sabe y cree que ella es elegida.
5. De estas observaciones puede formarse un juicio acerca de lo que a veces se afirma: "Una persona creyente y elegida tiene que creer que es elegida".

B. La fe justificadora y salvadora

1. La fe justificadora es aquella por la cual los hombres creen en Jesucristo, como en el Salvador de los que creen uni-

versalmente y de cada uno de ellos en particular, aún el Salvador de aquel quien, por medio de Cristo, cree en Dios quien justifica a los impíos.

2. La fe evangélica y salvadora es de una excelencia tan vasta como para exceder la naturaleza entera de la persona y toda su comprensión, aún la de Adán cuando fue puesto en un estado de inocencia.

3. Dios no puede justamente requerir la fe en Cristo de la persona a quien, por una voluntad absoluta, (Dios) ha reprobado, sin consideración de pecado alguno, o como el que ha caído en Adán. Por lo tanto, no era su voluntad que Cristo fuera de menor ventaja para esta persona; o, más bien, ordenó que Cristo no le fuera de provecho.

C. La fe es un don de la gracia de Dios

La fe como condición

1. La fe es un don de gracia, gratuito de Dios, otorgado según la administración de los medios necesarios para conducir al fin; es decir, según una administración tal como la justicia de Dios requiera hacia el lado de la misericordia o al lado de la severidad. Es un don que no es otorgado según una voluntad absoluta de salvar a algunas personas particulares. Porque es una condición requerida en el objeto (la persona) para salvarse y de hecho es una condición antes de ser el medio para obtener la salvación.

2. La fe salvadora es aquella de los elegidos de Dios; no es la fe de todas las personas, de las personas perversas y malas, ni de las que rechazan la palabra de la gracia y cuentan a sí mismas como indignas de la vida eterna, ni de las que resisten al Espíritu Santo, ni de las que rechazan el consejo de Dios contra ellas mismas, ni de las que no han sido ordenadas para la vida eterna. Ningún individuo cree en Cristo excepto el que previamente ha sido dispuesto y preparado por la gracia preveniente o precedente para recibir la vida eterna, como la condición sobre la cual Dios quiere otorgarla, según el siguiente pasaje de la Escritura: "El que quiera hacer la voluntad de Dios, conocerá si la doctrina es de Dios, o si yo hablo por mi propia cuenta" (Juan 7:17).[14] †

Notas

1 *Ibíd.,*
2 *Ibíd.,* 485-507.
3 *Ibíd.,* III: 464-465.
4 *Ibíd.,* II: 482-483.
5 *Ibíd,* II: 494-495; I: 247-248.
6 *Ibíd,* II: 44-46.
7 *Ibíd,* I: 253-254.
8 *Ibíd,* II: 472-473.
9 *Ibíd,* I: 316-317.
10 Muller, pp. 198-199.
11 *Obras,* I: 57 1-572.
12 Muller, p. 244.
13 *Obras,* I: 75-78.
14 *Ibíd,* II: 499-501.

XI

DOCTRINA DE LA JUSTIFICACIÓN

HASTA DONDE ES POSIBLE DETERMINAR, ARMINIO ESCRIBIÓ cuatro diferentes tratados sobre la justificación. Éstos, en orden cronológico, son: Debate Público. XIX. I: 595-601. (1604-1607). Declaración de Sentimientos de Arminio. IX. I: 262-263. (1608). Carta a Hipólito. V. II: 473-475. (Abril, 5, 1608). Debate Privado XLVIII. II: 116-119. (1608-1609).

Presentamos el texto completo de los "Sentimientos de Arminio sobre la justificación" y un resumen de su Debate Privado XLVIII, como buen ejemplo de la metodología de Arminio.

Los sentimientos de Arminio sobre la justificación. IX. I: 262-264.

I. La Justificación del Hombre Ante Dios

"No estoy consciente de haber enseñado o sostenido algunos otros pensamientos acerca de la justificación del hombre ante Dios, sino aquellos aceptados unánimemente por las iglesias reformadas y protestantes y que están en completo acuerdo con sus opiniones expresadas.

Se ha levantado una pregunta de las palabras del apóstol Pablo: "La fe es imputada (contada) para justicia" (Romanos 4). La pregunta fue:

A. Si esas expresiones deben entenderse propiamente, "así que (puesto que) la fe misma, como un acto hecho según el mandato del evangelio, es imputado ante Dios por o hacia la justicia y esa fe es de gracia, puesto que no es la justicia de la ley".

B. Si se deben entender figurativa e inapropiadamente, "que la justicia de Cristo, siendo aprehendida por la fe, es imputada a nosotros por justicia".

C. Si se debe entenderse, como lo afirman algunos "que la justicia, por la cual, o hacia la cual, la fe es contada, es la operación instrumental de la fe. De las tesis sobre la justificación que fueron debatidas cuando fui el moderador, he adoptado la primera de esas opiniones, no en una forma rígida, sino sencillamente como también lo hice en otro pasaje que escribí en una carta particular.

"Es sobre esta base que se considera que tengo y enseño opiniones erróneas acerca de la justificación del hombre ante Dios. Pero será evidente en un tiempo apropiado y en una conferencia futura, que tal suposición no tiene base. Por el momento solo diré brevemente: "Creo que los pecadores son considerados justos solamente por la obediencia de Cristo; y que la justicia de Cristo es la única causa meritoria por la cual Dios perdona los pecados de los creyentes y los considera como justos como si hubieran cumplido perfectamente la ley.

"Pero, puesto que Dios no le imputa la justicia de Cristo a nadie, excepto a los creyentes, concluyo que en este sentido puede decirse correcta y apropiadamente: A una persona que cree, la fe le es contada por justicia por medio de la gracia, porque Dios ha puesto a su Hijo Jesucristo como una propiciación, un trono de gracia (propiciatorio) por la fe en su sangre.

"Sea cual fuere la interpretación que pueda ponerse sobre estas expresiones, ninguno de nuestros teólogos culpa a Calvino, o lo considera heterodoxo sobre este punto; sin embargo, mi opinión no es tan diferente de la de él, como para evitar emplear la firma de mi propia mano al suscribir aquellas cosas que él nos entregó sobre este tema, en el tercer libro de sus Instituciones; estoy preparado a hacer esto en cualquier momento y a darles mi aprobación completa".

II. Debate Privado. XLVIII, II: 116-119. Sobre la justificación.

A. Los beneficios espirituales que los creyentes gozan en la vida presente de su unión con Cristo por la comunión con su muerte y vida, propiamente, pueden ser denominados justificación y santificación. Estos dos beneficios comprenden toda la promesa del nuevo pacto, en el cual Dios promete perdonar los pecados y escribir su ley en los corazones de creyentes.

B. La justificación es un acto justo y de gracia de Dios como juez, por el cual absuelve a un creyente de sus pecados, debido a la obediencia y justicia de Cristo; lo considera justo y salvo, para la gloria de la justicia y gracia divina.

C. La administración de la justificación no es según el poder absoluto de Dios. La [dispensationem] dirección se lleva a cabo dentro de los límites de justicia que se demuestran por dos métodos:

Primero. Porque Dios no justifica, excepto que la justificación sea precedida por reconciliación y satisfacción hecha por la sangre de Cristo.

Segundo. Porque no puede justificar, excepto a los que reconozcan su pecado y crean en Cristo.

D. La justificación es una obra de gracia y misericordia respecto a nosotros, tanto porque Dios ha hecho a Cristo pecado por nosotros y justicia a nosotros, para que fuésemos la justicia de Dios en él (en Cristo) (2 Corintios 5:21) y porque Dios puso comunión con Cristo en la fe del evangelio y ha puesto a Cristo como una propiciación por la fe.

E. La causa meritoria de la justificación es Cristo por su obediencia y justicia. En su obediencia y justicia, Cristo también es la causa material de nuestra justificación. Dios nos imputa la justicia y obediencia de Cristo.

F. El objeto de la justificación es el hombre, un pecador reconociéndose a sí mismo con tristeza, un creyente en Dios, quien justifica al impío y en Cristo que fue entregado por nuestras ofensas, levantado para nuestra justificación. Como pecador, el hombre necesita justificación por la gracia y, como creyente, la obtiene.

G. La fe es la causa instrumental por la cual conocemos que Dios puso a Cristo como propiciación y para justicia, de acuerdo con el mandato y promesa del evangelio, donde se dice que "el que cree será justificado y salvo, y el que no cree será"

H. La forma es el plan de Dios por el cual nos imputa la justicia de Cristo y nos imputa fe para la remisión de los pecados de nosotros los creyentes. La justificación también incluye adopción como hijos y el derecho a la herencia de vida eterna.

I. El fin es la salvación de la persona justificada y la obra es para el bien de la persona justificada. El fin que fluye de la justificación es sin beneficio para Dios, es la gloriosa demostración de justicia y gracia divina.

J. Los efectos más excelentes de la justificación son paz con Dios y tranquilidad de conciencia, regocijo en aflicciones con esperanza en la gloria de Dios y en Dios mismo, y la seguridad de vida eterna (Romanos 5:1-5; Filipenses 4:4).

K. El sello exterior es el bautismo; el interno es el Espíritu Santo testificando juntamente con nuestro espíritu que somos hijos de Dios y clamando en nuestros corazones, ¡Abba, Padre! (Romanos 8:15-16).

L. El fin y perfección de la justificación será al final de la vida, cuando Dios concederá a los que terminen sus días en la fe de Cristo, hallar su misericordia, absolviéndolos de todo pecado que hayan cometido a través de todas sus vidas. La declaración de justificación será en el juicio final.

En conclusión, podemos decir que Arminio ha tratado de evitar dos aberraciones respecto a la justificación:

1. Que nuestra propia justicia contribuye a nuestra justificación. Esto sería justificación por las obras de la ley, etc. Arminio está escribiendo no solo en el contexto de la teología reformada de sus días, sino también de la enseñanza de los teólogos católico-romanos que negaban categóricamente toda idea de imputación de la justicia de Cristo.

2. Que la justicia de Cristo es como un manto que cubre nuestra injusticia. Esto es justificación incondicional por elección, por un decreto eterno de Dios para esta era y sigue siendo la posición de la teología reformada. Arminio no niega la doctrina de la imputación, pero claramente afirma que la justificación es por la fe y que la gracia justificadora es universal, todos pueden ser justificados por la fe, si desean. Afirma: "De la premisa que hemos declarado según las Escrituras, concluyamos que la justificación... es la imputación de justicia por misericordia del trono de gracia en Cristo, en propiciación hecha a un pecador, pero que es un creyente (Romanos 1:16-17; Gálatas 3:6-7)".[1]

III. La Regeneración del Hombre. Debate Privado.
XXXIII.II:82-83. Sobre la restauración del hombre.

A. Puesto que Dios es el objeto de la religión cristiana, no solo como el Creador, sino también y, propiamente, como el restaurador de la raza humana, ahora procederemos a tratar sobre la restauración de la humanidad, porque contiene en sí misma otra causa, porque Dios por derecho merecido puede requerir la religión de una persona y un pecador.

B. Esta restauración es la restitución y la nueva o la segunda creación del hombre pecador, obnoxio (en peligro) por el pecado, muerte temporal y eterna, así como el dominio del pecador por su pecado.

C. El antecedente o causa interna es la misericordia de gracia de Dios, por la cual [*voluit*] fue su placer perdonar el pecado y socorrer la miseria de su criatura.

D. La materia es el hombre, un pecador, que debido al pecado está en peligro de esclavitud y de ser objeto de la ira de Dios. Esta materia contiene en sí la causa externa de su misericordia de gracia, pero accidentalmente, por esta circunstancia, Dios se deleita en su misericordia; porque en todo otro sentido, el pecado es la causa per se y propiamente la causa externa y meritoria de ira y condenación.

E. Ciertamente podemos concebir la forma, bajo la noción general de restitución, reparación o redención, pero no nos arriesgamos a dar una explicación de ello, excepto bajo dos actos particulares; el primero de los cuales es la remisión de pecados o el ser recibido por el favor de Dios; el otro es la renovación o santificación del hombre pecador, según la imagen de Dios, la cual contiene su adopción como hijo de Dios.

F. El primer fin es la alabanza de la gloriosa gracia de Dios, que surge de y existe al mismo tiempo con el mismo acto de restitución o redención; el otro fin es, que después de que los hombres (humanidad) hayan sido restaurados, así ellos "vivan en este siglo sobria, justa y piadosamente" (Tito 2:12) y obtengan la bendita felicidad en el mundo venidero.

G. Pero le ha placido a Dios no ejercer esta misericordia en restaurar al hombre, sin la declaración de su justicia por la cual ama la justicia y aborrece el pecado; y por lo tanto, él ha determinado el modo de transmitir esta restauración entre él y el hombre pecador; y que esta restauración deba ser ejecutada de tal manera que sea cierto y evidente que Dios aborrece el pecado y ama la justicia y que es su voluntad remitir nada de su propio derecho, hasta que su justicia haya sido satisfecha.

H. Para el cumplimiento de esta mediación, Dios ha constituido a su Hijo como el mediador entre él y el hombre, ciertamente un mediador por su propia sangre y muerte; por esa voluntad de Dios que, sin el derramamiento de sangre y la intervención de la muerte del mediador mismo, no habría remisión de pecado (Hebreos 9:22), o confirmación del Nuevo Testamento, el cual promete remisión y la inscripción de la ley de Dios en los corazones (de los creyentes).

I. Esta es la razón de por qué el segundo objeto de la religión cristiana, en subordinación a Dios, es Jesucristo, el mediador de esta restauración, después que el Padre lo había hecho Cristo [el Ungido] y lo había constituido el Señor y Cabeza de la iglesia, para que nosotros, por él, podamos acercarnos a Dios con el propósito de hacer (actos) de religión a él; y la obligación de religión tiene que ser rendida a él, con Dios el Padre, de la cual obligación nosotros de ninguna manera excluimos al Espíritu del Padre y del Hijo.

IV. Debate Privado XLVII. II: 115-116. Sobre la Comunión de Creyentes con Cristo Respecto a su Vida.

A. Comunión con la vida de Cristo, es por la cual siendo injertados en él por una conformidad a su vida, somos participantes de todo el poder de su vida y de todos los beneficios que fluyen de ella.

B. Nuestra conformidad con la vida de Cristo es ya sea de la vida presente o la del futuro. a) La de la vida presente es que somos resucitados a vida nueva y estamos sentados en "lugares celestiales", en Cristo nuestra cabeza (Efesios 1:3; 4:15). b) La vida venidera es nuestra resurrección a nueva vida respecto el cuerpo y siendo elevados a lugares celestiales con respecto el hombre total.

C. Por lo cual, nuestra conformidad a Cristo es según la misma relación dual: En esta vida, es nuestra resurrección la novedad de vida espiritual y nuestra conversión en el cielo según el Espíritu; después de la vida presente, es la resurrección de nuestros cuerpos, de conformidad al glorioso cuerpo de Cristo y la realización de bienaventuranzas celestiales.

D. Estas bendiciones que fluyen de la vida de Cristo, en parte están dentro los límites de esta vida y en parte dentro de la duración de la vida venidera.

E. Aquellas que caen dentro de los límites de la vida presente son, adopción como hijos de Dios y la comunicación del Espíritu Santo. Esta comunicación consta en sí misma de tres beneficios particulares: Primero. Nuestra regeneración, por la iluminación de la mente y [*renovationem*] la renovación del corazón. Segundo. La ayuda perpetua del Espíritu Santo al movernos a cooperar. Tercero. El *"Espíritu mismo da testimonio a nuestro espíritu, que somos hijos de Dios"* (Romanos 8:16). Por lo cual se le llama *"el Espíritu de adopción"*.

F. Los beneficios que caen dentro de la eternidad de la vida venidera, son nuestra preservación de la ira futura y la otorgación de vida eterna. Aunque esta preservación de la ira parece ser un acto continuado, comenzado y llevado adelante en este mundo, pero consumado al tiempo del último juicio.

G. Bajo la preservación de la ira, también se comprende continua justificación del pecado por la intercesión de Cristo, en su propia sangre; es la propiciación de nuestros pecados y nuestro abogado ante Dios.

V. El Poder de la Regeneración. Ciertos Artículos. XX. Sobre la Regeneración y el Regenerado. II.501-502.

A. La regeneración es efectuada en esta vida por el Espíritu de Cristo y el sujeto próximo es la mente y los afectos del hombre. No es el cuerpo del hombre, aunque el hombre cuando es renovado por la regeneración de su mente y sentimientos, realmente decide (ejerce su capacidad de decisión) de buena voluntad obrando bien por el instrumento del cuerpo.

B. Aunque la regeneración no es perfeccionada en un momento, sino por pasos e intervalos, es perfecta según su esencia; esto es, por la renovación de la mente y los sentimientos, hace al hombre espiritual y capaz de resistir el pecado por la gracia de Dios que le ayuda. Por lo cual, también del Espíritu que predomina en él, se le llama espiritual y no carnal, aunque todavía dentro de sí la carne lucha contra el Espíritu. Porque de estos dos, el hombre carnal y el hombre espiritual, según el que sea más poderoso, ese predomina.

C. Los regenerados pueden hacer más bien verdadero que agrade a Dios, de lo que realmente hacen; y, pueden omitir más mal de lo que omiten. Y, por lo tanto, si ellos no hacen u omiten lo que deben hacer, esto no debe ser adscrito a algún decreto de Dios o a la ineficacia de la gracia divina, sino debe ser atribuido a la negligencia de los mismos regenerados.

D. El que afirma que "es posible para el regenerado, por la gracia de Cristo, cumplir perfectamente la ley en la vida presente", no es ni pelagiano, ni inflige algún daño en la gracia de Dios, ni establece justificación por las obras.

Es necesario hacer algunas observaciones antes de continuar:

1. Parece que Arminio confunde regeneración con crecimiento en gracia, al decir que la "regeneración no es perfeccionada en un momento, sino por pasos e intervalos".

2. El regenerado es espiritual, pero todavía la carne lucha contra el Espíritu y según el que sea más poderoso, ese predomina.

3. Lo importante es notar que Arminio enseña que el regenerado puede y es capaz de "resistir el pecado por la gracia de Dios que le ayuda". En terminología wesleyana, diríamos que, "mientras el regenerado ande en la luz, tendrá toda la gracia y poder necesario para vivir sin pecado". La teología reformada siempre ha enseñado que el regenerado no puede vivir sin tener que pecar, que peca todos los días en pensamiento, hecho o palabra.

4. Finalmente, es de gran importancia notar que Arminio preparó el terreno para Wesley al afirmar que "es posible para el regenerado, por la gracia de Cristo, cumplir perfectamente la ley en la vida presente". Más adelante veremos la influencia de Arminio en la doctrina de la santificación y la perfección cristiana en Wesley.

5. Los regenerados pueden caer de la gracia. Los regenerados pueden cometer pecado por designio y en oposición a sus conciencias y así cauterizar sus conciencias al grado de que no oyen nada, excepto la sentencia de condenación.

6. Los regenerados pueden contristar por algún tiempo al Espíritu Santo, por sus pecados, hasta que sean llevados al arrepentimiento.

7. Algunos regenerados realmente pecan así, arruinan sus conciencias y contristan así al Espíritu Santo.

8. Si David hubiera muerto el mismo momento en el cual pecó contra Urías por adulterio y homicidio, hubiera sido

condenado a muerte eterna (en este punto Arminio está rechazando la idea reformada de la "perseverancia final de los santos", que los elegidos no pueden perder su salvación, solo
pierden el gozo de su salvación, su texto de prueba es Salmos
51:8,12).

9. En verdad, Dios aborrece el pecado de los regenerados
y de los elegidos de Dios aún más, porque ellos han recibido
más beneficios de Dios y mayor poder para resistir el pecado.

10. Estas son las distinciones por las cuales se dice que
un hombre peca con plena voluntad o con una voluntad no
plena, plena para destruir la conciencia o plena solo parcial-
mente y peca según su parte no regenerada. Cuando estas distinciones son empleadas en el sentido que algunas personas
las usan, ellas son un peligro a la piedad y dañinas a la buena
moral.[2]

VI. Caer de la Gracia. Debate Privado. XLVI. II: 113-115. Sobre la Comunión de Creyentes con Cristo y su Muerte.

A. La comunión de creyentes con Cristo, contiene todo fin
y fruto de la unión y fluye inmediatamente de la misma unión.

B. La comunión de creyentes con Cristo, tiene en común
con él todas esas cosas que le pertenecen a él. Sin embargo,
la distinción que existe entre la cabeza y los miembros, entre
el que comunica y los que son hechos participantes, entre el
que santifica y los que son santificados, es preservada.

C. Esta comunión, según las Escrituras, tiene que ser
considerada desde dos puntos de vista: Es comunión con su
muerte o con su vida; porque Cristo tiene que ser considerado
en dos relaciones, ya sea según el estado del cuerpo de su
carne, el cual fue crucificado, muerto, sepultado, o según su
glorioso estado y la nueva vida a la cual fue levantado.

D. La comunión de su muerte es en la cual, siendo
plantados juntamente en la semejanza de su muerte, partici-
pamos de su poder y de todos los beneficios que fluyen de ella.

E. El ser "plantados juntamente" es la crucifixión, la
muerte y sepultura de "nuestro hombre viejo", o "del cuerpo
de pecado", en y con el cuerpo de carne de Cristo. Estos son
los grados por los cuales la carne de Cristo es abolida; para

que también, en su propia medida, sea llamado "el cuerpo de pecado", hasta donde Dios ha hecho a Cristo ser pecado por nosotros y lo ha dado para que lleve nuestros pecados en su propio cuerpo en el madero.

F. La fuerza y eficacia de la muerte de Cristo consiste en la abolición del pecado, la muerte y la ley, la cual es "la escritura en contra de nosotros" (Daniel 5:24-25): La fuerza del pecado es aquella por la cual el pecado nos mata.

G. Los beneficios principales de la eficacia de la muerte de Cristo, que los creyentes gozan por comunión con ella, son los siguientes: El primero es la remoción de la maldición que habíamos merecido por el pecado. Esto incluye nuestra reconciliación con Dios, redención perpetua, remisión de pecados y justificación.

H. El segundo es liberación del dominio y esclavitud del pecado, para que el pecado ya no ejerza su poder en nuestro cuerpo crucificado, muerto y sepultado, para obtener sus deseos por la obediencia que usualmente le rendíamos en nuestro cuerpo de pecado, según el hombre viejo.

I. El tercero es liberación de la ley, tanto por ser "la escritura de mano en contra de nosotros", la cual consiste de ceremonias, siendo el extractor rígido de lo que debemos e inútil e ineficaz debido a nuestra carne y al cuerpo de pecado, según el cual éramos carnales; aunque la ley es espiritual y el pecado por su malignidad y perversidad abusó de ella para seducirnos y matarnos.[3]

VII. Adopción

Arminio no tiene un tratado, ensayo, discusión o debate, etc., sobre la adopción en sí, pero tiene un breve comentario en su discusión con el teólogo reformado Francisco Junius, donde explica la relación que ve entre la predestinación y la elección, la gracia y la adopción. Dice:

"La predestinación es inmediatamente a adopción y por ella a vida... Adopción en Cristo no solo presupone pecado como una condición en el objeto (la persona pecadora), sino también requiere otras cosas. Requiere fe en Jesucristo, sin la cual, de hecho, la adopción no es otorgada a ningún hombre. Sin la fe, la adopción no es preparada para ninguna persona por la predestinación (Juan 1:12). Porque los que creen son adoptados, no son los adoptados los que reciben fe: la adopción es preparada para los que han de creer, y no que la fe sea preparada para los que han de ser adoptados, así como la justificación es preparada para creyentes y no la fe para los justificados. Las Escrituras demuestran en muchos pasajes que este es el orden".[4]

Arminio le dice al Dr. Junius que no entiende completamente en qué sentido dice que la vocación y justificación son el camino a la adopción. Arminio acusa a Junius de hacer la justificación "subsecuente a la adopción". Arminio dice que esto demanda la consideración de dos cosas.

A. Junius conecta la vocación (llamamiento), con la adopción como antecedente a ella. "Lo cual", dice Arminio, "casi no se puede hablar de vocación en el sentido general. Porque la vocación de pecadores e incrédulos es la fe en Cristo". En la misma oración Arminio dice algo muy interesante y sugestivo, declara que "la vocación de los creyentes es la conformidad a Cristo y a la comunión con él". Una buena pregunta para debatir sería:¿Qué si Arminio está sugiriendo un segundo llamamiento, única y especialmente para los creyentes? "Las Escrituras hacen la vocación antecedente a la adopción". En otras palabras, en el orden de redención, primero es el llamamiento (vocación) y no primero la adopción y después el llamamiento.

B. Francisco pone la adopción antes que la justificación. La respuesta de Arminio claramente revela que no está de acuerdo con sus colegas reformados. Dice Arminio: "Ambas, adopción y justificación, considero ser otorgadas a creyentes al mismo tiempo, pero en el orden de naturaleza (la) justificación es antes que la adopción. Porque la persona justificada es adoptada y no la persona adoptada es justificada. Esto es probado por el orden tanto de cómo obtener las mismas bendiciones hechas por Dios en Cristo y por la imputación de algunas de las mismas bendiciones hechas por Dios en Cristo. Porque Cristo obtuvo la remisión de pecados antes de que obtuviera la adopción, en el orden de naturaleza: Y la justicia es imputada antes que la filiación (adopción). 'Porque si siendo enemigos, fuimos reconciliados con Dios por la muerte de su Hijo, mucho más, estando reconciliados, seremos salvos por su vida' (Romanos 5:10)".[5]

C. Resumiendo el concepto arminiano de la adopción, tenemos los siguientes puntos principales:

1. La predestinación es a adopción por fe y no a elección o reprobación: *"Habiéndonos predestinado para ser adoptados hijos suyos por medio de Jesucristo, según el puro afecto de su voluntad"* (Efesios 1:5).

2. La fe es la condición o requisito para la adopción.

3. El orden de la redención según las Escrituras es: Predestinación, expiación y gracia universal, fe, vocación, justificación, adopción.

4. Tenemos que el *"Espíritu mismo da testimonio a nuestro espíritu, que somos hijos de Dios"* (Romanos 8:16).

VIII. La Doctrina de la Seguridad. Sentimientos. V, La seguridad de la salvación, I: 255; VI, La perseverancia de los santos, I: 254.

"Mis pensamientos respecto a la perseverancia de los santos son, que aquellas personas que han sido injertadas en Cristo por fe genuina y así han sido hechas partícipes de su Espíritu vivificador, poseen suficiente poder... para luchar contra Satanás, el pecado, el mundo y su propia carne; y para ganar la victoria sobre estos enemigos, sin embargo, no sin la ayuda de la gracia del mismo Espíritu Santo. Jesucristo también por su Espíritu les ayuda en todas sus tentaciones y les proporciona la pronta ayuda de su mano, con tal que se mantengan listos para la batalla, pidan su ayuda y no falten en nada en sí mismas, Cristo les preserva de caer.

" Así que no les es posible, por la astucia, ni por el poder de Satanás, ser seducidas o arrastradas de las manos de Cristo. Pero creo que es útil y será muy necesario en nuestra primera convención o Sínodo, que sea instituida una investigación diligente de las Escrituras, sobre si es posible que algunos individuos por negligencia deserten el comienzo de su existencia en Cristo, adhiriéndose de nuevo al presente mundo malo, extraviándose de la sana doctrina que una vez les fue entregada, perdiendo la buena conciencia y causando que la gracia divina sea ineficaz.

" Aunque aquí lo afirmo abierta e ingenuamente, nunca enseñé que un verdadero creyente puede total o finalmente caer de la fe y perecer; sin embargo no esconderé que hay pasajes de las Escrituras que me parecen enseñar esto; y las respuestas a ellos que se me ha permitido ver, no son de tal tipo que comprueben ese punto, según mi entendimiento. Por otro lado, ciertos pasajes son producidos a favor de la doctrina opuesta [de la perseverancia incondicional], los cuales son dignos de mucha consideración".[6]

Pero en su Apología (1609), Arminio dice: "(Es) imposible que creyentes, mientras siguen siendo creyentes, se aparten de la salvación. Porque si esto fuera posible, aquel poder de Dios que él ha determinado emplear para salvar a creyentes, sería conquistado. Por otro lado, si creyentes caen de la fe y se hacen incrédulos, es imposible que hagan otra cosa sino apartarse de la salvación, es decir, a condición de que todavía continúen como incrédulos... Se puede inferir necesariamente, "entonces también realmente se apartan de la salvación".[7]

IX. Sentimientos. V, La perseverancia de los santos, I: 254. VI, La seguridad de la salvación, I: 255.

"Con respecto a la certeza (o seguridad) de la salvación, mi opinión es que es posible para el que cree en Jesucristo estar seguro y persuadido; y si su corazón no lo condena, él en realidad está seguro de que es un hijo de Dios y está en la gracia de Jesucristo. Tal certeza se da en su mente, tanto por acción del Espíritu Santo activando internamente al creyente y por los frutos de fe, como de su propia conciencia y el testimonio del Espíritu de Dios testificando juntamente con su conciencia. También creo que es posible para tal persona, con una confianza segura en la gracia de Dios y su misericordia en Cristo, dejar esta vida y aparecer ante el trono de gracia, sin ningún temor ansioso o pavor terrible; sin embargo, esta persona debe orar constantemente: «Oh Señor, no entres en juicio con tu siervo».

"Pero, siendo que «Dios es más grande que nuestros corazones y sabe todas las cosas» y puesto que un hombre no se juzga a sí mismo, aunque el hombre no conoce nada por sí mismo; no obstante, no es justificado, pero el que lo juzga es el Señor (1 Corintios 4:3; 1 Juan 3:19). No me atrevo (por esta razón) a poner esta seguridad en el mismo nivel por el cual sabemos que hay un Dios y que Cristo es el Salvador del mundo. Sin embargo, sería propio hacer el alcance de los límites de esta seguridad, asunto de investigación en nuestra convención".[8]

Una vez más Arminio revela su inquietud teológica, tiene dudas serias acerca de la doctrina reformada sobre la perseverancia final de los santos, a saber, que la elección es incondicional para los elegidos y que no hay pecado que los pueda hacer caer de la gracia. Pueden perder el gozo de la salvación, pero nunca su salvación.

La conclusión y evaluación de Bangs es atinada cuando afirma: "En ambas preguntas, seguridad y perseverancia, Arminio desarrolla teología reformada en una manera un poco distinta de la 'corriente principal', pero es un desarrollo de la teología reformada, no una intrusión desde afuera de pelagianismo o humanismo. Había muchos en la iglesia reformada de sus días que estaban de acuerdo con él".[9]

Notas

1   Sentimientos, I: 599; Bangs, pp. 344-345.
2   *Obras*, II: 501-502.
3   *Ibíd.*, II: 113-115.
4   *Ibíd.*, III: 17-18.
5   *Ibíd.*, pp. 18-19.
6   *Ibíd.*, I: 254; III:266.
7   *Ibíd.*, I: 281-282.
8   *Ibíd.* I: 255.
9   Bangs, pp. 347-349.

XII

La Doctrina Arminiana de la Santificación

I. Debate Privado, XLIX. II: 119-121. La Santificación

EL CONCEPTO DE ARMINIO SOBRE LA SANTIFICACIÓN está dentro de lo aceptable de la teología Reformada. Pero, como notaremos, él tenía algunas preguntas que revelan inquietudes profundas de carácter personal. Arminio quería evitar controversias innecesarias y que se le levanten acusaciones de pelagianismo.

Arminio presenta su concepto de la santificación en su obra: Setenta y Nueve Debates Privados: Debate 49, II: 119-121. Se puede resumir como sigue:

A. La palabra "santificación" denota un hecho por el cual cualquier cosa es separada del uso común y es consagrada a un uso divino.

B. Cuando tratamos del hombre como pecador, entonces la santificación es definida así:

Es un hecho de la gracia de Dios, por el cual purifica al hombre que es un pecador y a la vez un creyente, de la oscuridad de la ignorancia, del pecado innato, de sus concupiscencias o deseos y lo llena con el Espíritu de conocimiento, justicia y santidad; que (estando) separado de la vida del mundo y hecho conforme a Dios, el hombre puede vivir la vida de Dios, para la alabanza de la justicia y la gloriosa gracia de Dios y para su propia salvación.

C. Por tanto, esta santificación consiste de estas dos cosas: "En la [mortifictione] muerte del hombre viejo quien es corrupto según lo engañoso de la concupiscencia"; y en la vivificación del "hombre nuevo, quien según Dios es creado en justicia y la santidad de verdad".

D. El autor de la santificación es Dios, el Padre Santo mismo, en su Hijo quien es el Santo de Santos y por el Espíritu Santo. El instrumento externo es la Palabra de Dios; el interno es la fe rendida a la Palabra predicada. Porque la Palabra no santifica, solo cuando es predicada y la fe sea añadida, por la cual los corazones de los hombres son purificados.

E. El objeto de la santificación es el hombre, un pecador y aun un creyente: Un pecador, porque estando contaminado por el pecado y adicto a una vida de pecado, es incapaz de servir al Dios viviente. Un creyente, porque es unido a Cristo por fe en él, sobre quien nuestra santidad está fundada; y está plantado juntamente con Cristo y unido a él en conformidad con su muerte y resurrección; por consiguiente, él muere al pecado y es levantado a vida nueva.

F. El sujeto es propiamente el alma del hombre. Y, primero, la mente, que es iluminada, las nubes oscuras de ignorancia siendo llevadas. Enseguida, la inclinación o la voluntad, por la cual es librada del dominio del pecado innato y llena con el Espíritu de santidad. El cuerpo no es cambiado, ni en su esencia ni en sus cualidades internas, pero siendo que es una parte del hombre que se ha consagrado a Dios y es un instrumento unido al alma, habiendo sido guiado por el alma santificada que prohíbe (detiene) el propósito del pecado, es admitido y empleado en el servicio de Dios. *"Para que todo nuestro ser, espíritu, alma y cuerpo, sea guardado irreprensible para la venida de nuestro Señor Jesucristo"* (1 Tesalonicenses 5:23).

G. La forma está en la purificación del pecador, y en conformidad con Dios en el cuerpo de Cristo, por su Espíritu.

En su Debate Público, VI, sobre el Espíritu Santo, Arminio hablando del Espíritu Santo dice: "Por estas expresiones (véase Génesis 12; Isaías 11:2, 63:10), se indica que él es la persona por la cual Dios el Padre y el Hijo hacen todas las cosas en el cielo y en la tierra (Mateo 12:28; Lucas 11:20) y que él, no solo es santo en sí mismo, sino igualmente el santificador de todas las cosas que, en alguna manera, son así llamadas santas".[1]

H. El fin es que un creyente, estando consagrado a Dios como sacerdote y rey, debería servirle en novedad de vida, para la gloria de su divino nombre y para la salvación del hombre.

I. La sangre de Cristo, sirve principalmente para la expiación del pecado y es la causa de la justificación, también pertenece a la santificación (Hebreos 13:12). En la justificación, la sangre sirve para lavar los pecados que han sido cometidos; pero en la santificación, sirve para santificar a los creyentes que han alcanzado la remisión de sus pecados, para estar más capacitados para ofrecer adoración y sacrificio a Dios por Cristo.

J. Esta santificación no se completa en un solo momento; pero el pecado, del dominio del cual hemos sido liberados por la muerte de Cristo, es debilitado más y más cada día y el hombre interior es renovado cada día, mientras llevamos en nuestros cuerpos la muerte de Cristo y el hombre exterior está pereciendo.[2]

Arminio concluye su debate con una pregunta que revela la inquietud, reserva y problema que tenía con la interpretación oficial: "¿Qué si la muerte del cuerpo perfecciona y completa la santificación y cómo se produce este efecto?" Esta pregunta es de gran importancia e impacto. Arminio no contestó la pregunta en el contexto de la santificación, pero sí dio respuesta indirecta en sus tratados sobre la posibilidad de guardar perfectamente la ley de Dios en esta vida y la perfección del creyente en esta vida. Por supuesto que sus respuestas fueron ocasión para acusaciones de Pelagianismo, etc. Pero sí se puede decir que esto abrió la puerta y ayudó para que Juan Wesley pudiera desarrollar su doctrina de la santificación, como segunda obra instantánea de gracia y su doctrina de la perfección cristiana. Claramente se puede ver que Wesley aceptó el legado de Arminio y se lo pasó a Wiley; y de Wiley a nosotros.[3]

Un examen más minucioso de este debate, revela algunos puntos donde Arminio da expresión a una aparente contradicción en su conclusión. Por ejemplo, en el número 4, dice: Que el "santificado muere al pecado"; en el punto 7 dice: "La inclinación o la voluntad es liberada del dominio del pecado innato, lleno con el Espíritu de santidad". En el punto 10, Arminio puede ser interpretado como indicando que hay dos obras de gracia, una para el pecador y otra para el regenerado. La doble eficacia de la sangre de Cristo, primero para la justificación y después para la santificación para los que han recibido la remisión de sus pecados. Lo dicho arriba revela que Arminio no estaba del todo convencido de que la interpretación reformada era la correcta según la Biblia. Bangs afirma: "Arminio obviamente no está hablando de la misma cosa que lo que algunos arminianos y wesleyanos y sus seguidores han llamado «entera santificación». Sin embargo, si levante la pregunta, y esto lo separa de sus contemporáneos. En corolario añadido a su Debate Privado sobre la santificación propone la pregunta que se ha de discutir: Nosotros permitimos que esta pregunta sea hecha tema de discusión: ¿Logra la muerte del cuerpo la perfección y consumación de la santificación---y como se produce este efecto? Es una pregunta importante. Si la santificación es una obra de gracia, ¿cómo el enemigo muerte puede completarla"? (Bangs, p 146)

Podemos estar seguros de dos cosas, la primera, Arminio no estaba satisfecho con la interpretación reformada sobre la santificación; la segunda, su vida personal, pastoral y profesional, fue un vivo ejemplo de piedad, paciencia y humildad. En otras palabras, su vida fue mejor y estuvo por encima de su teología. Si Arminio no hubiera muerte a la edad de 49 años cuando su pensamiento teológico todavía estaba en formación, ¿cuál hubiera sido su posición final respecto la santificación y perfección del creyente en esta vida

II. La Perfección de Creyentes en Esta Vida. Declaración de Sentimientos. VII. I: 255-257. Apología o Defensa, Artículo XXIX. I: 369-371

El tema de la "perfección de creyentes", es muy delicado y discutido por los teólogos y, aun por laicos. Hay mucha inquietud y preguntas por todos lados. Por calvinistas, arminianos y aun católicos romanos. Veamos la inquietud de Ariminio, declara:

Además de aquellas doctrinas de las cuales he tratado, ahora hay mucha discusión entre nosotros acerca de la perfección de creyentes, o personas regeneradas en esta vida; y se dice que yo sostengo pensamientos sobre este tema que son muy impropios y así aliados con los de Pelagio, a saber, que es posible que el regenerado guarde perfectamente los preceptos de Dios en esta vida. A esto contesto, que estos podían haber sido mis pensamientos, pero por esa razón no debo ser considerado un pelagiano, ni parcial ni totalmente, puesto que yo hubiera añadido que "ellos pueden hacer esto por la gracia de Cristo y por ninguna otra manera, sino por la gracia de Cristo.

Pero mientras que yo nunca afirmé que un creyente puede guardar perfectamente los preceptos de Cristo en esta vida, nunca lo negué, pero siempre lo dejé como asunto que todavía se tiene que decidir. Me he contentado con los pensamientos que San Agustín ha expresado sobre este tema.

San Agustín dice: Cuatro preguntas pueden reclamar nuestra atención en este tema:

1. ¿Ha habido un hombre sin pecado, uno que desde el principio de su vida hasta su terminación nunca haya cometido pecado?

2. ¿Ha existido, existe hoy, o es posible que exista, una persona que no peque, que ha alcanzado tal estado de perfección en esta vida que ya no comete pecado?

3. ¿Es posible para una persona en esta vida existir sin pecado?

4. Si es posible para una persona existir sin pecado, ¿por qué no se ha hallado a tal individuo?"

San Agustín dice "que tal persona como se describe en la primera pregunta, nunca ha vivido, o podrá existir, con la excepción de Jesucristo". Agustín no cree que ningún hombre haya alcanzado tal perfección en esta vida como se representa en la segunda pregunta. Respecto a la tercera, piensa que es posible "para un hombre estar sin pecado, por los medios de la gracia de Cristo y el libre albedrío". En respuesta a la cuarta, el hombre no hace "lo que le es posible por la gracia de Cristo, ya sea porque lo que es bueno escapa a su observación, o porque no pone en ello su deleite". En esta cita parece que San Agustín, uno de los más fuertes adversarios de la doctrina de Pelagio, sostiene que "es posible para un hombre vivir en este mundo sin pecado".[4]

En su Apología XXX, Arminio hace suyas las palabras de San Agustín: "No debemos oponernos al instante, con rudeza, a los que afirman que es posible para el hombre vivir en esta vida sin pecado. Porque si negamos la posibilidad de esto, estamos quitando tanto el libre albedrío al hombre, quien desea estar en tal estado de perfección por desearlo, como el poder o misericordia de Dios, quien la efectúa por la ayuda que otorga".[5]

La inquietud e inseguridad de Arminio respecto a las doctrinas de la santificación y perfección cristiana, serían tomadas por Juan Wesley y llevadas a su pleno desarrollo escritural.[6] No se puede negar que Arminio tuvo una influencia positiva y fuerte en Wesley, quien fue muy celoso del nombre "arminiano".

Notas

1   *Ibíd.*, I: 473.
2   *Ibíd.*, II: 119-121.
3   Juan Wesley, *La perfección cristiana* (Kansas City: Casa Nazarena de Publicaciones, 1986).
4   *Obras*, I: 255-257.
5   *Ibíd.*, pp. 369-371.
6   Véase, *La perfección cristiana*, según Wesley.

TERCERA PARTE
LAS CONTROVERSIAS TEOLÓGICAS

Capítulo 13: La predestinación   219
Resumen cronológico de la controversia   220
Una evaluación doctrinal   223
Los sentimientos de Arminio sobre la
predestinación   229
La predestinación según Arminio   238
Disertación sobre Romanos 7:14-25   243
Romanos 9   250

Capítulo 14: Sínodo de Dort   259

Capítulo 15: Legado teológico de Arminio   265
Las Obras de Jacobo Arminio   265
Nuestro legado específico   267

Glosario   271
Bibliografía   275

XIII

La Predestinación

DESDE SUS AÑOS DE ESTUDIANTE EN LA ACADEMIA DE CALVINO
en Ginebra, hasta su muerte el 19 de octubre de 1609, Arminio estuvo involucrado en toda clase de controversias: sobre
lógica, teología, biblia, eclesiástica, política, asuntos sociales
y aún controversias internacionales. Por naturaleza y por la
gracia de Dios, Arminio era hombre de paz, nunca inició con-
tiendas intencionalmente, pero una vez que se veía obligado
a defenderse o explicar algún punto, entraba de lleno a la
controversia. Sus argumentos siempre eran presentados con
una lógica irrefutable; sus exégesis bíblicas eran profundas y
completas; conocía a los padres de la iglesia —tanto griegos
como occidentales— y los usaba para fortalecer e ilustrar
sus argumentos.

Bangs señala al respecto: "Es obvio que los temas teológicos que había de preocupar a Arminio a través de todo su
ministerio posterior, ya estaban emergiendo por el 1591".[1] El
propósito del presente estudio no nos permite trazar la historia
completa de todas las controversias en las que Arminio participó o lo forzaron a participar. Bangs ha hecho una investigación histórica a fondo de todas las controversias principales
de Arminio.[2]

Examinaremos solamente tres controversias, porque
ellas son las más importantes e intensas; también abarcan
todas las doctrinas principales de Arminio, ya sea directa o indirectamente. La tres que consideraremos son: 1. La doctrina
de la predestinación; 2. Su interpretación sobre Romanos
7:14-25; 3. Su interpretación del capítulo 9 de la epístola a los
romanos.

La doctrina de la predestinación es el círculo inclusivo
donde se hallan casi todos los conceptos teológicos de Arminio;
la columna vertebral que le da orden, contenido y control al
pensamiento teológico de Arminio. "En el año 1598, Arminio
envió a Uitenbogaert, una Tabla Teológica Sobre la Predestinación, en la cual, como en un espejo, están representadas

todas las cosas relacionadas con la predestinación que son dignas de consideración".[3]

Solo presentaremos una breve cronología de la controversia sobre la predestinación.

I. Resumen Cronológico de la Controversia

A. **Punto de partida**: El año 1591, marca el comienzo de la controversia sobre la predestinación, cuando "ciertos hermanos buenos que pertenecían a la Iglesia de Delft", habían circulado un panfleto titulado: Una respuesta a algunos argumentos de Beza y Calvino; de un tratado acerca de la predestinación sobre el capítulo nueve de la epístola a los romanos (1589). Martinus Lydius, amigo de Arminio y a la sazón profesor en la Academia de Franeker en Frieslandia, envió una copia a Arminio con la petición de que saliera en defensa del estimado maestro Beza. Arminio se propuso hacerlo con diligencia. Hizo un estudio a fondo de la doctrina de la predestinación en los Padres, en los teólogos católico romanos y en los teólogos reformados. La tarea de Arminio era defender el supralapsarianismo de Beza, en contra del sublapsarianismo que presentaban los ministros de Delft.

¿Cuál fue el resultado de su investigación? Según Bertius: "La mente de Arminio pasó por dos transiciones". La primera, Arminio vio que ya no podía aceptar la posición de Beza. La segunda, que tampoco podía defender el sublapsarianismo de los ministros de Delft.[4]

Pero, en primer lugar, Bangs dice que no hay "evidencia clara de que Arminio haya jamás aceptado la doctrina de Beza de la predestinación y sus concomitantes. En segundo lugar, que Arminio nunca dijo que había pasado por una transición teológica. Arminio siempre se presentó a sí mismo como sustentador de la posición antigua de la iglesia y como una (posición) sabiamente sostenida aún entre los pastores reformados de los Países Bajos. El vio a los que se oponían (a sus interpretaciones) como innovadores".[5]

Toda esta evidencia apunta a una conclusión: que Arminio no estaba de acuerdo con la doctrina de la predestinación de Beza cuando comenzó su ministerio en Ámsterdam; probablemente nunca estuvo de acuerdo con ella. El tema no había sido de gran importancia para él, sin embargo, no lo fue sino hasta los eventos que acaban de mencionarse, entonces se opuso a las dos posiciones sostenidas por el alto calvinismo —el supralapsarianismo y el sublapsarianismo. De repente, se encontró confrontado con un nuevo juego de problemas: La libertad de conciencia, la interpretación correcta de la Confesión Belga y el Catecismo de Heidelberg y la autoridad del consistorio y del "presbiterio" sobre su ministerio.[6]

B. Su correspondencia con Francisco Junius, (1597). El 10 de diciembre de 1596, Arminio fue a Leyden a la boda de su tía y el Rdo. Johannes Cuchlius, profesor en la universidad. Entre los invitados se hallaba el Dr. Francisco Junius, entonces el primer profesor de divinidad en Leyden. Junius le informó que estaba preparando algunas revisiones del supralapsarianismo de Beza, lo cual le llamó la atención a Arminio. Acordaron continuar la discusión por correspondencia y guardar todo en confidencia para no causar problemas en la iglesia.

Arminio inició la correspondencia presentando sus puntos de vista acerca de la posición de Junius, quien por su parte, dividió la carta de Arminio en 28 partes, una introducción y 27 proposiciones. Junius contestó las proposiciones de Arminio y Arminio contestó las respuestas de Junius. Los profesores de la universidad hospedaban a estudiantes en sus casas. Junius mostró su correspondencia a un estudiante, quien hizo una copia y la mostró a otros alumnos. La noticia le llegó a Arminio y no le agradó que la confidencia hubiera sido violada. Tomó las 28 respuestas de Junius y escribió una respuesta aún más extensa. Junius nunca las contestó, no se sabe la razón. Los simpatizantes de Arminio decían que Junius no pudo contestar. Quizá fue mejor, porque la correspondencia suma un total de 250 páginas.[7]

Junius no aceptaba la posición de Beza, de que la predestinación es antes de la creación y antes de la caída. Acepta que la predestinación es del hombre como creado. Junius no da una respuesta directa respecto a la caída, dice que el hombre debe considerase in puris naturalibus "neutral en naturaleza"; el hombre se halla en un estado donde la gracia y todo don sobrenatural están ausentes. Se acerca a la posición de Arminio en este punto, pero Arminio siempre enseñó que la predestinación se refiere al hombre como pecador. Arminio le muestra a Junius que su posición no es la de Calvino y que corre el peligro de hacer a Dios el autor del pecado.[8]

La undécima proposición de Arminio contiene la suma de su posición. La siguiente es una traducción del escritor.

"La elección ha sido hecha en Cristo, quien fue designado como mediador por pecadores y fue llamado Jesús, porque él salvaría, no a ciertos individuos, considerados meramente en su naturaleza, sino a 'su pueblo de sus pecados' (Mateo 1:21). Él fue predestinado y nosotros en él y él en el orden de la naturaleza y causas, antes que nosotros. Él fue ordenado como Salvador, nosotros como los que habían de ser salvos. Pero Cristo, por su carácter y siendo considerado como las Escrituras lo describen a nosotros, el hombre no podía ser considerado en un estado meramente natural, mucho menos podría ser elegido en él.

"La elección es de gracia, la cual se distingue de la naturaleza en dos sentidos, tanto como la última es pura y considerada abstractamente y el segundo, como culpable y corrupto. En el primer sentido, significa el progreso de la bondad hacia el bien sobrenatural, para ser impartida a una persona naturalmente capaz de recibirla; en el último sentido, significa el progreso ulterior hacia el bien sobrenatural para ser comunicada al hombre, como corrupto y culpable, lo cual en las Escrituras se llama misericordia. Es mi juicio, que en los escritos de los apóstoles, la palabra gracia es usada en el último sentido, especialmente cuando el tema de discusión es la elección, justificación, santificación, etc. Si esto es cierto, entonces la elección de gracia fue hecha considerando al hombre no «meramente en estado natural, sino en pecado»".[9]

La conclusión y punto fuerte de Arminio, el cual ya había presentado en su exposición de Romanos 9, es que solo el hombre considerado como pecador puede ser el objeto de la predestinación que Dios ha hecho en Cristo como salvador y mediador. Si el hombre es considerado como en un estado neutral, in puris naturalibus y así es elegido o reprobado, esta tesis de Junius necesariamente demanda la introducción de pecado para que se pueda cumplir el decreto de elección o reprobación, haciendo a Dios el autor del pecado.

C. El panfleto de Perkins sobre el orden y el modo de la predestinación (1599). Guillermo Perkins (1558-1602), eminente teólogo anglicano de la Universidad de Cambridge, Inglaterra, escribió en 1599 el libro: El orden y el modo de la predestinación. El propósito de Perkins era presentar la doctrina de la predestinación en una forma más razonable de lo que la presentó Calvino, pero la lógica lo llevó al supralapsarianismo, haciendo a la creación, al pecado y aún a Cristo, como medios necesarios para cumplir el decreto eterno de elección y reprobación.

Arminio pronto compró el libro, porque era un admirador de Perkins, lo leyó varias veces con cuidado, pero con gran consternación de espíritu. En la introducción de su examen del tratado de Perkins, Arminio le dice: "Pero, mientras leía, percibí que todos mis escrúpulos no podían ser removidos por la composición. Además, pensé que había percibido algunos pasajes que merecían examen por la regla de verdad. Por lo tanto, pensé que no estaría fuera de lugar si iniciaba una correspondencia en calma con usted respecto a su panfleto".[10]

Bangs afirma: "El Examen del panfleto de Perkins, es quizá la obra más difícil de Arminio. Sigue el orden de Perkins... Arminio procede con un aluvión de análisis y argumentos acerca de oraciones, frases, palabras y aún construcciones gramaticales". Bangs continúa: "Juega el nuevo juego de lógica a lo máximo. No deja piedra sin voltear para mostrar dónde Perkins... no es bíblico, inconsistente, ambiguo, engañado, o de otra manera en error". La observación que hace Bangs a continuación es muy acertada, afirma: "En medio de la complejidad y desorden de este documento incoherente, sin embargo, están los más completos ingredientes de la doctrina de gracia de Arminio. Los argumentos son elaborados con más detalle aquí que en sus ndiscusiones o debates académicos en Leyden. Es el documento básico del arminianismo".[11]

II. Una Evaluacion Doctrinal

A continuación presentaremos las doctrinas principales que se hallan en el Examen, según el Dr. Bangs:

A. La gracia se aplica al hombre como pecador. La posición que Perkins presentaba y defendía era que la gracia salvadora o particular era solamente para los elegidos, los predestinados. La respuesta de Arminio es que la "predestinación incluye los medios por los cuales los predestinados alcanzarán segura e infaliblemente la salvación; la reprobación incluye la negación de los mismos medios; pero estos medios son la remisión de pecados y la renovación del Espíritu Santo, su ayuda perpetua" (III: 278). Cristo fue dado por los pecadores, por tanto, la predestinación a elección o reprobación, no podía haber sido hecha antes que el pecado del hombre; no podía hacerse antes que fuera nombrado el Mediador.

B. ¿Hace Perkins a Dios el autor del pecado? El punto de Arminio es que si la gracia (salvadora) no se limita al pecador, realmente Dios es el autor del pecado. El problema tiene que ver con la doctrina de "permiso". Perkins decía que la caída es "permitida" por Dios, pero sucede solo por la volición de Dios. Según Arminio, esto no puede ser. Porque, ¿cómo puede Dios, a la vez IIactivar la voluntad para que caigan y permitir lo mismo? En otras palabras, Arminio quiere saber "cómo puede suceder la caída porque Dios la desea y que la voluntad de Dios no sea la causa de la caída".

Hay dos razones generales de por qué Dios permite el pecado. Una, la libertad [*libertas voluntaria*]... La otra, para la manifestación de la perfección divina. La perfección divina es tal, que puede reducir a orden los hechos permitidos de criaturas racionales y que a menudo van más allá de los límites y orden prescritos, para que la sabiduría, justicia y poder puedan brillar con mayor resplandor. Aquí Arminio cita a Agustín en apoyo: "Dios juzgó que era la función de su abundante bondad mejor producir bien de males, que no permitir males".

C. El alcance de la elección. La pregunta y problema es: ¿Dios ha elegido a todos o solamente a algunos? Arminio tiene que navegar entre el pelagianismo y el determinismo. Perkins había afirmado que decir que "Dios ha determinado que todos los hombres sean salvos si creen y sean condenados si no creen", implica tanto una elección universal, como una reprobación universal. La respuesta de Arminio es: Al contrario, significa la elección particular de creyentes y la reprobación particular de incrédulos. Esto no es decir que la gracia salvadora no es universal. Arminio afirma que la gracia salvadora es dada solo a los que son salvos y solo los que creen son salvos.

D. Gracia común y gracia particular. Perkins hablaba de dos clases de gracia, gracia común para todos y gracia particular solo para los elegidos. Arminio dice que lo que se necesita es ver la distinción entre salvación como suficiente y salvación aplicada. Perkins enseñaba que Cristo murió solo por los elegidos. La respuesta de Arminio es que hay una salvación universal y una salvación particular. La sangre de Cristo es salvación provista y suficiente, pero cuando la fe interviene, la sangre es eficaz, la salvación es aplicada.

La posibilidad de salvación es una posibilidad de gracia y no de obras. El mandato, la vocación es universal, no se puede reconciliar con la predestinación de una persona que no puede creer. Todos pueden creer, pero solo los que creen serán salvos. En palabras sencillas, la expiación es universal, no limitada solo a los elegidos, pero la eficacia es condicional, la condición es la fe.

E. ¿Hace Arminio al hombre el autor de la salvación? El problema es, si Perkins hace a Dios el autor del pecado, ¿no es entonces Arminio culpable de hacer al hombre el autor de la salvación? Si solo hay una gracia y el hombre puede aceptarla o rechazarla, ¿no significa que el hombre es el autor de su propia salvación? La respuesta de Arminio es: La decisión libre de Dios es de no traer al hombre a la fe por un acto irresistible. En otras palabras, la gracia de Dios no es irresistible. Pero, ¿qué no es, entonces, el hombre quien se elige a sí mismo? ¿Qué es, entonces, específicamente lo que el hombre hace?

F. El lugar del libre albedrío. Arminio se mueve con mucho cuidado aquí. No puede negar el libre albedrío, pero tiene que evitar el extremo de Pelagio de que todo lo que el hombre necesita, ya lo tiene, que no necesita gracia divina, su voluntad es suficiente en sí. Arminio enseña que el libre albedrío en el pecador, está "adicto al mal", y "no será inclinado al bien excepto por gracia". La gracia es como una forma (esencia o poder) que trae la potencialidad del libre albedrío a la bondad. En el pecador, la voluntad solo es suficiente para decisiones malas. La gracia está presente con todos los hombres haciéndola flexible, ya sea al bien o al mal.

La gracia rescata el libre albedrío, pero no sin la decisión de la voluntad rescatada. Es el libre albedrío lo que es salvo y la voluntad concurre en su salvación. La voluntad será asistida (ayudada) por gracia subsecuente, pero siempre tendrá el poder para resistir. La gracia no es una acción omnipotente de Dios la cual el libre albedrío no puede resistir, la gracia no es una fuerza irresistible. En todo el plan y proceso de redención el hombre no puede hacer nada sin la gracia de Dios.

G. Caer de la gracia. Perkins aceptaba la doctrina de la eterna seguridad. Presenta siete argumentos para la perseverancia final de los santos.

1. El primero basado en la confesión de Pedro y la declaración de Cristo: "Y sobre esta roca edificaré mi iglesia; y las puertas del Hades no prevalecerán contra ella" (Mateo 16:18). Perkins toma estas palabras literalmente y aduce tres pruebas. 1) Si la fe es una roca, ella permanece firme: 2) Las puertas del infierno no prevalecerán contra ella; y 3) que la promesa del pasaje es hecha a todos los que están edificados en la roca. Arminio responde diciendo que Perkins ha usado la palabra "fe" equivocadamente. Fe, dice Arminio, significa, ya sea la confesión de Pedro, o confianza en la confesión. En el primer sentido, la fe es la roca; en el último, la fe es inspirada en los creyentes por el Espíritu y la Palabra. Además, dice Arminio, caer, "no es por el poder del infierno, sino por la voluntad misma de la persona que cae".

2. El segundo argumento está basado en Mateo 6:13: *"Y no nos metas en tentación; porque tuyo es el reino, y el poder"*; Mateo 10:32 expresa: *"A cualquiera, pues, que me confiese delante de los hombres, yo también le confesaré delante de mi Padre que está en los cielos". "Porque se levantarán falsos Cristos, y falsos profetas, y harán grandes señales y prodigios, de tal manera que engañarán, si fuere posible, aun a los escogidos"* (Mateo 24:24).

La respuesta de Arminio al argumento basado en Mateo 6:13, que Dios ayuda a todo el que le pide, es, "no todos los creyentes necesariamente piden ayuda". Sobre el argumento que reconoce a los elegidos, Arminio dice que "los elegidos" y "creyentes", no son términos convertibles, a menos que la perseverancia sea añadida a la fe. Respecto al argumento de que los creyentes no pueden caer porque los elegidos no pueden ser engañados, su respuesta es que ser engañado no es lo mismo que apartarse de Cristo.

3. El tercer argumento de Perkins es que el apartarse totalmente de la verdadera fe, requería un segundo injerto para volver a ser salvo. Arminio cita Romanos 11:23, *"poderoso es Dios para volverlos a injertar"*.

4. El cuarto argumento está basado en 1 Juan 3:9: *"Todo aquel que es nacido de Dios no practica el pecado, porque la simiente de Dios permanece en él; y no puede pecar, porque es nacido de Dios"*. Arminio reconoce que este es el argumento más fuerte. Responde diciendo que él toma la palabra "permanece", con el significado de "morando", pero no la continuación de permanecer morando. Mientras la simiente permanezca, no comete el pecado de muerte, pero gradualmente la simiente puede salir de su corazón.[12]

5. Arminio clara y categóricamente afirma que si se puede caer de la gracia al decir: "En el principio de la fe en Cristo y conversión a Dios, el creyente es hecho miembro vivo de Cristo y con una conciencia libre de ofensa, permanece miembro vivo. Pero si se hace perezoso, no se cuida a sí mismo, da lugar al pecado, lentamente muere; y si aún sigue, muere por completo y deja de ser un miembro".[13]

6. Presciencia divina de fe futura. Tanto Arminio como Perkins y casi todos los teólogos de la época, aceptaban la presciencia (pre-conocimiento) de Dios. El problema era respecto a la relación de la presciencia de Dios con la predestinación. Perkins afirmaba que la "elección no es según el previo conocimiento [praescientia] de fe, la causa porque Dios tiene presciencia de la fe en un hombre y no en otro, es la mera voluntad de Dios, dispuesto a otorgar fe en uno y no en el otro". Arminio declara que se tiene que hacer una distinción doble respecto a la predestinación. La predestinación que es absoluta y sin presciencia divina es que: "Los creyentes serán salvos y los incrédulos serán condenados". Pero cuando se refiere a hombres individuales, se tiene que "asentar la premisa de presciencia de fe y de incredulidad, no como una ley o regla, sino como un precedente propio". Aceptamos la evaluación de Bangs de porque no considero los otros argumentos, dice que son similares en contenido y método, y por lo tanto, no es necesario hacer un examen de ellos (Bangs, p. 218).

7. Es importante notar que aquí Arminio hace la distinción, correctamente, entre predestinación de clases, la cual es absoluta; y la predestinación de individuos, según presciencia divina de fe en la persona.[14] En palabras muy sencillas, "conocimiento de, no es causa de". Recuerden que para Arminio, el entendimiento-conocimiento de Dios es una facultad-capa-

cidad, intuitiva, libre y puede y no puede ser la causa de ningún evento.

Bangs da un excelente resumen de algunos de los conceptos básicos del pensamiento teológico de Arminio en 1602, que se hallan en su Examen del Panfleto de Perkins:

"1. La gracia evangélica es el amor de Dios al hombre como pecador.

"2. La predestinación está subordinada al nombramiento de Cristo como mediador; los creyentes son predestinados en Cristo.

"3. Dejar de restringir (el no hacer accesible) la gracia evangélica al hombre pecador (la humanidad), es hacer a Dios el autor del pecado.

"4. El pecado es permitido por Dios, por cuanto suspende los impedimentos que prohíben el pecado, pero no porque no provee todo lo necesario o suficiente para evitar el pecado.

"5. La gracia salvadora no es universal; se da solamente a los que creen.

"6. Se niega la distinción entre gracia común y gracia peculiar (especial, eficiente).

"7. Se afirma la necesidad de una distinción entre la salvación como suficiente y la salvación como aplicada.

"8. La fe es lo que interviene entre la salvación suficiente y la salvación aplicada.

"9. La promesa de la salvación y el mandato de creer son igualmente extensos.

"10. El acto de creer es una elección del libre albedrío que por la gracia ha sido traído de su adicción al mal, a un punto de flexibilidad.

"11. La salvación del libre albedrío por la gracia involucra la elección del libre albedrío, si no, no podría decirse que el libre albedrío es salvo.

"12. Esta doctrina no es pelagianismo, porque atribuye toda buena cosa a la gracia y nada al hombre sin la gracia.

"13. Perkins no había refutado la posibilidad de que un creyente cayera de la verdadera fe.

"14. Por una predestinación absoluta Dios determina salvar a los que creen y condenar a los que perseveran en la desobediencia; por una predestinación condicional, Dios determina salvar a los que prevé como que seguirán creyendo y perseverando y condenar a los que prevé que no seguirán creyendo".[15]

Según Bangs, "la declaración más concisa, sistemática y madura de su posición (sobre la predestinación) es la de la Declaración de Sentimientos, donde define la doctrina en términos de cuatro decretos. Estos decretos no intentan estar en sucesión histórica, son el orden lógico de estar en la misma estructura de la determinación de Dios respecto al hombre pecador".[16]

III. Los Sentimientos de Arminio Sobre la Predestinación

El primer y más importante artículo de religión sobre el cual yo tengo para ofrecer mis puntos de vista y que por muchos años ha ocupado mi atención, es la **Predestinación de dios**, a saber, la elección del hombre a **salvación** y a **reprobación** de ellos, hacia destrucción. Comenzando con este artículo, primero explicaré lo que se enseña por ciertas personas en nuestra iglesia y en la Universidad de Leyden. Después declararé mis propios pensamientos sobre el mismo tema. No hay una simple y uniforme opinión sobre este artículo entre los maestros de nuestra iglesia, pero hay diferencias entre ellos sobre algunos particulares.

La primera doctrina de predestinación que Arminio rechazó es el supralapsarianismo, el esquema más absoluto y rígido, la posición de Teodoro Beza y Francisco Gomarus. Arminio rechazó la predestinación absoluta del esquema del supralapsarianismo, dando 20 razones de por qué debía hacerlo:

1. Porque no es el fundamento del cristianismo, de la salvación ni de su certeza.

2. Esta predestinación no comprende en sí, ni la totalidad ni alguna parte del evangelio.

3. Esta doctrina nunca fue admitida, decretada o aprobada en ningún concilio general o particular, por los primeros 600 años después de Cristo.

4. Ninguno de los doctores o teólogos de la iglesia que tenían pensamientos correctos y ortodoxos durante los primeros 600 años después del nacimiento de Cristo, jamás presentó esta doctrina ni le dio su aprobación.

LA PREDESTINACIÓN SEGÚN EL SUPRALAPSARIANISMO

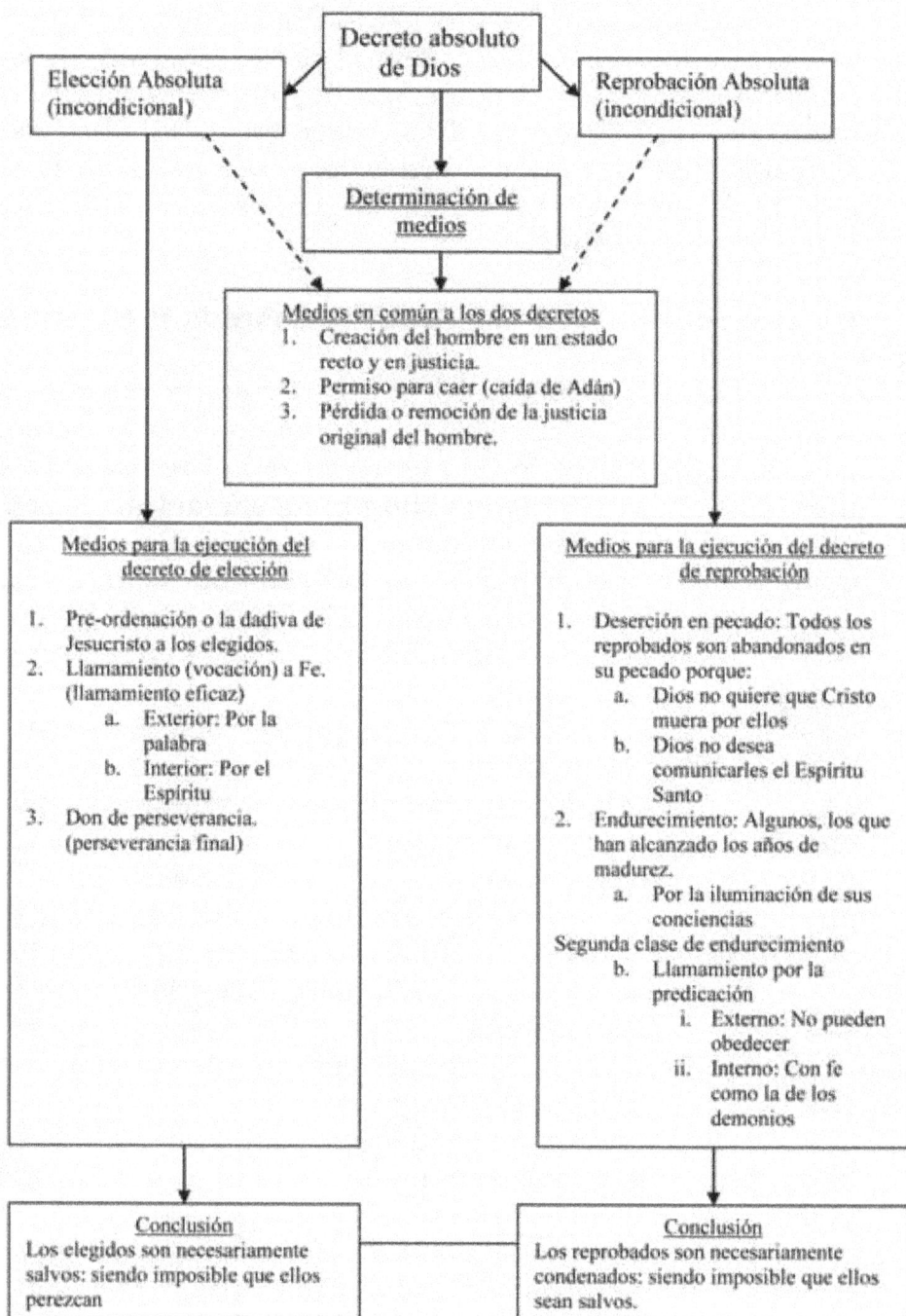

Decreto absoluto de Dios

Elección Absoluta (incondicional)

Reprobación Absoluta (incondicional)

Determinación de medios

Medios en común a los dos decretos

1. Creación del hombre en un estado recto y en justicia.
2. Permiso para caer (caída de Adán)
3. Pérdida o remoción de la justicia original del hombre.

Medios para la ejecución del decreto de elección

1. Pre-ordenación o la dádiva de Jesucristo a los elegidos.
2. Llamamiento (vocación) a Fe. (llamamiento eficaz)
   a. Exterior: Por la palabra
   b. Interior: Por el Espíritu
3. Don de perseverancia. (perseverancia final)

Medios para la ejecución del decreto de reprobación

1. Deserción en pecado: Todos los reprobados son abandonados en su pecado porque:
   a. Dios no quiere que Cristo muera por ellos
   b. Dios no desea comunicarles el Espíritu Santo
2. Endurecimiento: Algunos, los que han alcanzado los años de madurez.
   a. Por la iluminación de sus conciencias

Segunda clase de endurecimiento
   b. Llamamiento por la predicación
      i. Externo: No pueden obedecer
      ii. Interno: Con fe como la de los demonios

Conclusión
Los elegidos son necesariamente salvos: siendo imposible que ellos perezcan

Conclusión
Los reprobados son necesariamente condenados: siendo imposible que ellos sean salvos.

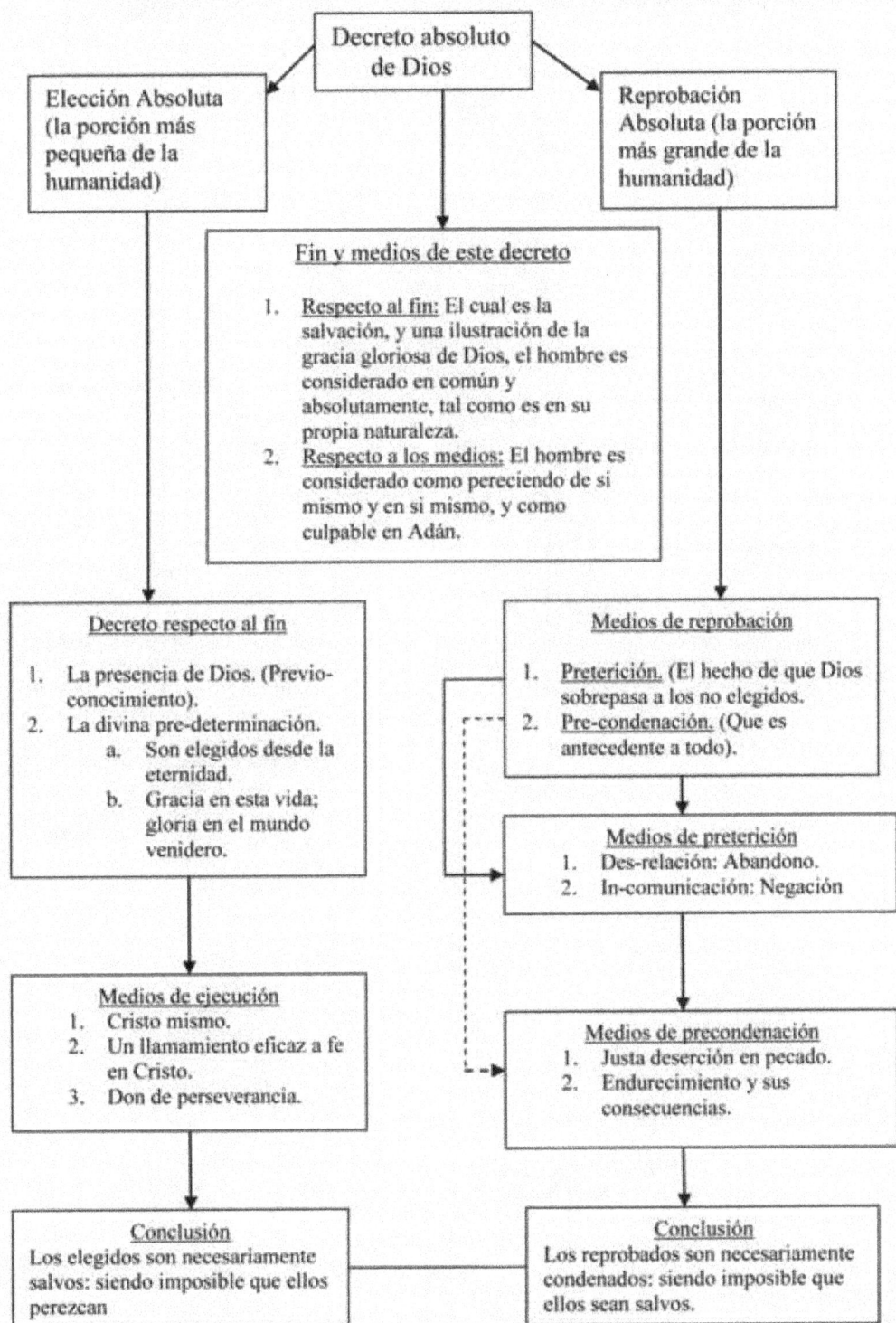

Decreto absoluto de Dios

Elección Absoluta (la porción más pequeña de la humanidad)

Reprobación Absoluta (la porción más grande de la humanidad)

Fin y medios de este decreto

1. Respecto al fin: El cual es la salvación, y una ilustración de la gracia gloriosa de Dios, el hombre es considerado en común y absolutamente, tal como es en su propia naturaleza.
2. Respecto a los medios: El hombre es considerado como pereciendo de sí mismo y en sí mismo, y como culpable en Adán.

Decreto respecto al fin

1. La presencia de Dios. (Previo-conocimiento).
2. La divina pre-determinación.
   a. Son elegidos desde la eternidad.
   b. Gracia en esta vida; gloria en el mundo venidero.

Medios de reprobación

1. Preterición. (El hecho de que Dios sobrepasa a los no elegidos.
2. Pre-condenación. (Que es antecedente a todo).

Medios de preterición

1. Des-relación: Abandono.
2. In-comunicación: Negación

Medios de ejecución

1. Cristo mismo.
2. Un llamamiento eficaz a fe en Cristo.
3. Don de perseverancia.

Medios de precondenación

1. Justa deserción en pecado.
2. Endurecimiento y sus consecuencias.

Conclusión
Los elegidos son necesariamente salvos: siendo imposible que ellos perezcan

Conclusión
Los reprobados son necesariamente condenados: siendo imposible que ellos sean salvos.

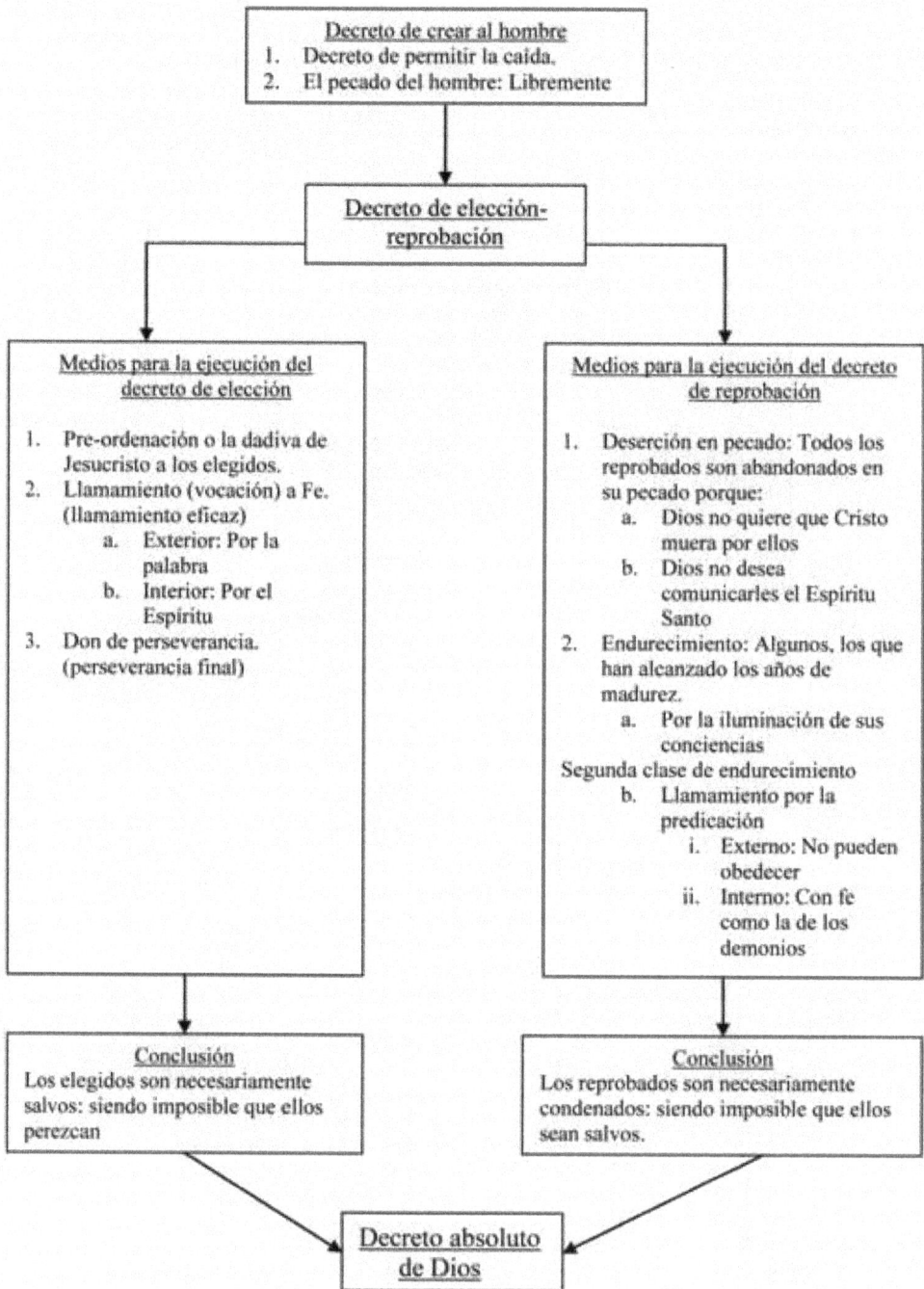

Decreto de crear al hombre
1. Decreto de permitir la caída.
2. El pecado del hombre: Libremente

↓

Decreto de elección-reprobación

Medios para la ejecución del decreto de elección

1. Pre-ordenación o la dadiva de Jesucristo a los elegidos.
2. Llamamiento (vocación) a Fe. (llamamiento eficaz)
   a. Exterior: Por la palabra
   b. Interior: Por el Espíritu
3. Don de perseverancia. (perseverancia final)

Medios para la ejecución del decreto de reprobación

1. Deserción en pecado: Todos los reprobados son abandonados en su pecado porque:
   a. Dios no quiere que Cristo muera por ellos
   b. Dios no desea comunicarles el Espíritu Santo
2. Endurecimiento: Algunos, los que han alcanzado los años de madurez.
   a. Por la iluminación de sus conciencias
   Segunda clase de endurecimiento
   b. Llamamiento por la predicación
      i. Externo: No pueden obedecer
      ii. Interno: Con fe como la de los demonios

Conclusión
Los elegidos son necesariamente salvos: siendo imposible que ellos perezcan

Conclusión
Los reprobados son necesariamente condenados: siendo imposible que ellos sean salvos.

↓

Decreto absoluto de Dios

5. No está de acuerdo ni corresponde a la armonía de aquellas confesiones que se imprimieron y se publicaron juntas en un tomo en Ginebra, a nombre de las iglesias reformadas y protestantes.

6. Esta doctrina no concuerda con la Confesión de Bélgica ni con el Catecismo de Heidelberg.

7. Afirmo que esta doctrina es repugnante a la naturaleza de Dios, pero particularmente a aquellos atributos de su naturaleza por los cuales él hace y maneja todas las cosas, su sabiduría, justicia y bondad.

8. Tal doctrina de predestinación es contraria a la naturaleza del hombre, el cual fue creado según la imagen divina en el conocimiento de Dios y en justicia. a. Esta doctrina es inconsistente con la imagen divina, que consiste en el conocimiento de Dios y la santidad. b. Esta doctrina es inconsistente con el libre albedrío, en el cual y con el cual la humanidad fue creada por Dios. Porque impide el ejercicio de esta libertad, por atar o determinar la voluntad absolutamente a un objeto, es decir, a hacer esta cosa precisamente, o a hacer aquella.

9. Esta predestinación es diametralmente opuesta al hecho de la creación. Arminio da seis argumentos:

a. La creación es la comunicación de lo bueno.

b. La reprobación es un acto de odio.

c. La creación es un acto perfecto de Dios, por el cual él ha manifestado su sabiduría, bondad y omnipotencia.

d. Todas las acciones de Dios que tienden hacia la condenación de sus criaturas, son obras extrañas o ajenas a él. Dios consiente en ellas por alguna otra causa que es muy extraña. Pero la creación no es un acto ajeno a Dios, sino que le es propio.

e. Si la creación fuera la manera y el medio por el cual Dios quiso ejecutar el decreto de reprobación, estaría inclinado a querer más el acto de reprobación que el de la creación; y por consiguiente tuvo más satisfacción del acto de condenar a ciertas personas inocentes, que en el acto de la creación.

f. Finalmente, la creación no puede ser la manera y medio de reprobación según el propósito absoluto de Dios: Porque después que la creación fue terminada, estaba dentro del poder del hombre haber permanecido obediente al mandato divino y no pecar; para hacer esto posible, Dios por un lado, le había otorgado suficiente poder y también le había puesto suficientes impedimentos; una circunstancia diametralmente opuesta al extremo, a una predestinación de esta descripción.

10. Esta doctrina está en abierta hostilidad con la **naturaleza de la vida eterna** (Mateo 5:12; Juan 1:12; 2 Timoteo 4:7-8; Tito 3:7; Hebreos 6:10; Apocalipsis 2:10).

11. Esta predestinación está opuesta a la **naturaleza de la muerte eterna** y a la descripción de ella en las Escrituras. (Mateo 25:41; Romanos 6:23; 2 Tesalonicenses 1:8-9; Hebreos 10:27).

12. Esta predestinación es inconsistente con la naturaleza y propiedades del pecado en dos maneras:

a. Porque es llamado "desobediencia" y "rebeldía", ninguno de los dos se puede aplicar a una persona por un decreto divino anterior.

b. Porque el pecado es la causa meritoria de la condenación divina. El pecado, entonces, que es una causa, no puede ser puesto entre los medios por los cuales se ejecuta el decreto o voluntad de la reprobación.

13. Esta doctrina es repugnante a la naturaleza de la gracia divina y hasta donde sus facultades permiten, efectúa su destrucción. Arminio presenta las siguientes razones en defensa de su declaración:

a. La gracia no destruye el libre albedrío de la persona, al contrario, le da una dirección correcta para corregir su depravación, dejándola en sus propias nociones.

b. Las Escrituras presentan la gracia como capaz de "ser resistida (Hechos 7:51) y recibida en vano" (2 Corintios 6:1) y que es posible que la persona evite darle consentimiento, rehusando toda cooperación con ella (Mateo 23:37; Lucas 7:30; Hebreos 12:15). Mientras, al contrario, esta predestinación afirma que la gracia es irresistible.

c. Porque, según la intención primaria y el propósito principal de Dios, la gracia conduce al bien de aquellas personas a quienes se ofrece y por las cuales es recibida. Pero esta predestinación afirma que la gracia se ofrece aun a algunos reprobados; que ilumina su entendimiento y levanta en ellos el deseo de los dones celestiales, solo con el fin de elevarlos para ser más profundo el abismo al cual son precipitados y su caída la más pesada; para que puedan merecer y recibir la perdición mayor.

14. Esta predestinación es injuriosa a la gloria de Dios, porque lo hace autor del pecado, lo cual puede probarse por cuatro argumentos:

a. Una de sus posiciones es que Dios ha decretado demostrar su gloria por medio de la justicia punitiva y la misericordia, en la salvación de algunas personas y en la condenación de otras; lo cual ni fue realizado, ni pudo haber sido realizado, si el pecado no hubiera entrado en el mundo.

b. Esta doctrina afirma que, para obtener su propósito, Dios ordenó que la humanidad cometiera pecado y que se viciara; y de este orden divino, necesariamente siguió la caída.

c. Afirma que Dios le ha negado a la persona... la gracia que es suficiente y necesaria para capacitarle para evitar el pecado; y que esto fue hecho antes que la persona hubiese pecado; que es un hecho que equivale a que Dios hubiera prescrito una ley a la persona que sería absolutamente imposible obedecer, si fuese tomada en cuenta la naturaleza en la cual había sido creado.

d. Atribuye a Dios ciertas operaciones que hacen... que la persona necesariamente peque, por aquella necesidad que los escolásticos llaman "una necesidad consecuente que antecede a la misma cosa" que completamente destruye el libre albedrío. Le atribuye a Dios tal acto y lo representa como si procediera de su intención primaria y principal, sin presciencia alguna de una inclinación, voluntad o acción de parte de la persona.

De estas premisas se deduce la conclusión de que Dios realmente peca; se puede inferir que Dios es el único pecador.

Una consecuencia legítima también sigue, que el pecado no es pecado, puesto que cualquier cosa que Dios haga, ni puede ser pecado, ni debe recibir ese nombre cualesquiera sean sus actos.

15. Esta doctrina es sumamente deshonrosa a Jesucristo nuestro Salvador porque: a. Lo excluye enteramente del decreto de la predestinación y afirma que los hombres fueron predestinados a ser salvos, antes que Cristo fuera predestinado a salvarlos. b. Niega que Cristo sea la causa meritoria, poniéndolo a él como una causa subordinada de la salvación preordenada, haciéndolo solo un ministro e instrumento que aplica esa salvación a nosotros.

16. Esta doctrina también es dañina a la salvación del hombre. Porque

a. Impide esa tristeza piadosa por los pecados que se han cometido, la cual no puede existir en los que no tienen conciencia de pecado.

b. Remueve toda solicitud piadosa respecto a convertirse del pecado a Dios. La persona no siente la necesidad y es pasiva como un hombre muerto (Apocalipsis 2:3, 3:2).

c. Refrena en las personas convertidas, todo celo y diligencia respecto a las buenas obras, porque declara "que los regenerados no pueden hacer ni más o menos bien que el que hacen". (Tito 3:14).

d. Extingue el celo por la oración, el cual es un medio eficaz instituido por Dios para pedir y obtener toda clase de bendición, pero principalmente la gran bendición de salvación (Lucas 11:1-13).

e. Quita todo ese temor y temblor saludable, con los cuales se nos manda a ocuparnos en nuestra salvación (Filipenses 2:12). f. Produce en las personas una desesperación dual en cuanto a hacer lo que su deber requiere y a obtener aquello a lo cual se dirigen sus deseos. Cuando así son enseñadas, no es posible esperar otro resultado que, el individuo que no puede persuadirse de que es elegido, aun con mucha dificultad, pronto se considerará en el número de los reprobados

17. Esta doctrina invierte el orden del evangelio de Jesucristo. Porque el evangelio requiere arrepentimiento y fe de parte del hombre para que sea un convertido y no se da la fe por un decreto absoluto (Marcos 1:15, 16:18; Juan 3:10,36).

18. Esta predestinación está en hostilidad abierta al ministerio del evangelio.

a. Porque si Dios da vida al que está muerto en sus delitos y pecados por una fuerza irresistible, ninguna persona puede ser un ministro y "un colaborador de Dios" (1 Corintios 3:9).

b. Porque, por esta predestinación, el ministerio del evangelio se hace *olor de muerte para muerte*, en el caso de la mayoría de los que lo oyen (2 Corintios 2:14-16), y un instrumento de condenación, el propósito primario y la intención absoluta de Dios, sin consideración alguna de una rebelión anterior.

c. Porque según esta doctrina, el bautismo de muchos niños reprobados, aunque sea de padres que creen, es enteramente inútil.

d. Impide que las oraciones públicas se ofrezcan a Dios de una manera conveniente y apropiada, es decir, con fe y en la confianza de que serán provechosas a todos los que oyen la Palabra. El Apóstol Pablo manda que se hagan oraciones y rogativas por todos los hombres y añade esta razón, "porque esto es bueno y agradable delante de Dios nuestro Salvador, el cual quiere que todos los hombres sean salvos y vengan al conocimiento de la verdad" (1 Timoteo 2:1-4).

e. La constitución de esta doctrina es tal, que muy fácilmente podría hacer a los pastores y maestros perezosos y negligentes en el ejercicio de su ministerio; porque les parecería como si fuera imposible que toda su diligencia sea útil a algunas personas, excepto solo para aquellas a quienes Dios absoluta y precisamente quiere salvar y excepto solo aquellos a quienes Dios absolutamente quiere destruir, quienes por necesidad tienen que perecer y para quienes otra suerte es imposible.

19. Esta doctrina completamente subvierte el fundamento de la religión en general y de la religión cristiana en particular. El fundamento de la religión considerada en general, es un amor doble de Dios. El primero es amor a la rectitud o justicia que da existencia a su odio al pecado. El segundo es un amor a la criatura quien está dotada de razón y (en el asunto que está ahora ante nosotros), es un amor a la humanidad. Esta doctrina invierte este orden y relación mutua de dos maneras:

a. Afirma que Dios absolutamente quiere salvar a ciertas personas particulares, sin haber ninguna consideración a su obediencia. Esta es la manera en que pone el amor de Dios a la persona, antes de su amor a la justicia. b. La otra es cuando afirma que Dios absolutamente quiere condenar a ciertas personas particulares sin ninguna consideración a su desobediencia... En tal caso, no es verdad, "que el pecado es el objeto primario del odio de Dios y su única causa meritoria". La conclusión a la que según Arminio se llega es, que a. la seguridad opera cuando la persona se persuade a sí misma, de que por más que sea desatenta a la adoración a Dios, no será condenada, sino que obtendrá la salvación.

b. La desesperación opera cuando una persona abrigue la persuasión de que cualquiera que sea el grado de reverencia que pueda demostrar hacia Dios, no recibirá ninguna remuneración. Sea la que fuere la mente que nutre cualesquiera de estas pestes, es imposible que en ella resida la adoración verdadera y apropiada a Dios.

20. Por último, esta doctrina de la predestinación ha sido rechazada anteriormente y en nuestros días por la gran mayoría de los que profesan el cristianismo.

IV. La Predestinación Según Arminio

A. El primer decreto absoluto de Dios respecto a la salvación de la humanidad pecaminosa, es aquel por el cual él decretó nombrar a su Hijo como Mediador, Redentor, Salvador y Rey, quien podría destruir el pecado por su propia muerte, podría por su obediencia obtener la salvación que se había perdido y podría comunicarla por su propia virtud.

B. El segundo decreto absoluto de Dios, es aquel en el cual decretó recibir en su favor a los que se arrepienten y creen; y, en Cristo, por consideración a él y por él, efectuar la salvación de los penitentes y creyentes que perseveraron hasta el fin; pero dejar en pecado y bajo ira a todas las personas impenitentes e incrédulas y condenarlas como extranjeras de Cristo.

C. El tercer decreto divino es aquel por el cual Dios decretó administrar en una manera suficiente y eficaz los medios que eran necesarios para arrepentimiento y fe; y de tener tal administración instituida, según la sabiduría divina, y según la justicia divina, por la cual está preparado para adoptar lo que su sabiduría pueda prescribir y ejecutar.

D. A estos sigue el cuarto decreto, por el cual Dios decretó salvar y condenar a ciertas personas particulares. Este decreto tiene su fundamento en el previo conocimiento de Dios, por el cual sabía desde toda la eternidad, qué individuos por su gracia preveniente, habían de creer y por su gracia subsecuente habían de perseverar según la administración previamente descrita de los medios que son propios y convenientes para la conversión y fe; y por la cual presciencia, de la misma manera sabía quiénes no habían de creer ni de perseverar.

E. Cuando la predestinación es explicada así, es:

La predestinación según Jacobo Arminio

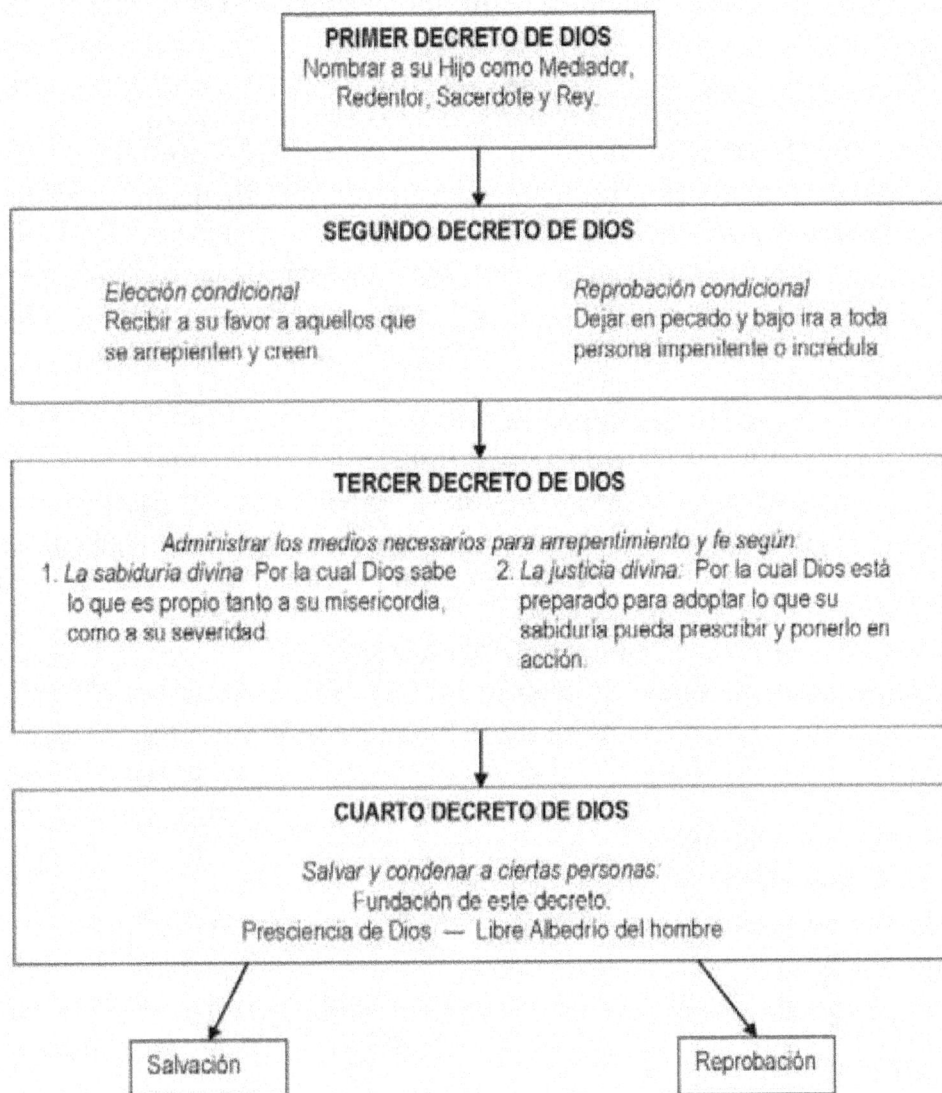

PRIMER DECRETO DE DIOS
Nombrar a su Hijo como Mediador,
Redentor, Sacerdote y Rey.

SEGUNDO DECRETO DE DIOS

Elección condicional
Recibir a su favor a aquellos que
se arrepienten y creen.

Reprobación condicional
Dejar en pecado y bajo ira a toda
persona impenitente o incrédula.

TERCER DECRETO DE DIOS

Administrar los medios necesarios para arrepentimiento y fe según:

1. *La sabiduría divina:* Por la cual Dios sabe
lo que es propio tanto a su misericordia,
como a su severidad.

2. *La justicia divina:* Por la cual Dios está
preparado para adoptar lo que su
sabiduría pueda prescribir y ponerlo en
acción.

CUARTO DECRETO DE DIOS

Salvar y condenar a ciertas personas:
Fundación de este decreto.
Presciencia de Dios — Libre Albedrío del hombre

Salvación

Reprobación

a. El fundamento del cristianismo, de la salvación y de su certeza.

b. Es la suma total y materia del evangelio; es el evangelio mismo y por esta razón es necesario que sea creído para la salvación.

c. No tiene necesidad de ser examinado o determinado por ningún concilio general ni particular, ya que se contiene clara y expresamente en las Escrituras y ninguna contradicción se ha ofrecido a ella por algún divino ortodoxo.

d. Constantemente ha sido reconocida y enseñada por todos los maestros cristianos que tienen pensamientos correctos y ortodoxos.

e. Está de acuerdo con aquella armonía de todas las Confesiones que se ha publicado en las iglesias protestantes.

f. También concuerda excelentemente con la Confesión y el Catecismo Holandés.

g. Está en excelente armonía con la naturaleza de Dios, con su sabiduría, bondad y justicia.

h. También concuerda con la naturaleza del hombre, sea cual fuere la forma en la cual se contemple, ya sea en el estado primitivo de la creación, en su estado antes de la caída, o en el de la restauración.

i. Está en consonancia completa con el acto de la creación, afirmando que la creación misma es una comunicación real de la bondad, tanto en en lo que atañe a la intención de Dios, como al mismo fin o evento que tuvo su origen en la bondad de Dios; que todo lo que se refiere a su continuación y preservación procede del amor divino y que su acto de creación es obra perfecta y apropiada de Dios, en el cual se complace a sí mismo y por el cual obtuvo todo lo necesario para un estado sin pecado.

j. Está de acuerdo con la naturaleza de la vida eterna y con los títulos honrosos por los cuales esa vida es designada en las Escrituras.

k. También está de acuerdo con la naturaleza de la muerte eterna y con los nombres por los cuales esa muerte se distingue en las Escrituras.

l. Declara que el pecado es una desobediencia real y la causa meritoria de la condenación; y por esta razón está en perfecto acuerdo con la caída y con el pecado.

m. En todo particular, armoniza con la naturaleza de la gracia, al atribuirle todas las cosas que están de acuerdo con ella y por reconciliarla completamente con la justicia de Dios y con la naturaleza de la libertad de la voluntad humana.

n. Conduce muy claramente a declarar la gloria de Dios, su justicia y su misericordia. También representa a Dios como la causa de todo bien y de nuestra salvación; y al hombre como la causa de su pecado y de su propia condenación.

ñ. Contribuye al honor de Jesucristo, al ponerlo como el fundamento de la predestinación y la causa, tanto meritoria como comunicativa de la salvación.

o. Promueve grandemente la salvación de los hombres: También es el poder y los medios que conducen a la salvación, causando que las personas obren su propia salvación con temor y temblor. De la misma manera evita la desesperación, hasta el punto que tal prevención sea necesaria.

p. Confirma y establece el orden según el cual él debe predicar el evangelio, requiriendo arrepentimiento y fe; y prometiendo remisión de pecados, la gracia, el Espíritu y la vida eterna.

q. Fortalece el ministerio del evangelio y lo hace productivo respecto a la predicación, la administración de los sacramentos y las oraciones públicas.

r. Es el fundamento de la religión cristiana, porque en ella, el amor doble de Dios puede ser unido a la justicia y a su amor a la humanidad; pueden ser reconciliados el uno con el otro con la compatibilidad mayor.

s. Finalmente, esta doctrina de la predestinación siempre ha sido aprobada por la gran mayoría de los que profesan ser cristianos y, aún en estos días, goza del mismo apoyo extenso. No puede darle a nadie justa razón para expresar su aversión a ella; tampoco puede dar ningún pretexto para contienda en la iglesia cristiana.

V. Resumen y Evaluación

Jacobo Arminio liberó la doctrina de la predestinación de la rigidez del alto calvinismo y del universalismo del pelagianismo humanista y la reinterpretó de acuerdo con las Escrituras, lo que Martín Lutero hizo en el siglo XVI con la doctrina de la justificación, liberarla del sistema sacramental de la Iglesia Católica Romana y regresarla a sus bases bíblicas.

Arminio dedicó más tiempo y energía a esta doctrina que a ninguna otra. Por ejemplo, además de lo que escribió en su *Declaración de Pensamientos, Debates Públicos y Privados y Cartas*, el tercer tomo de sus *Obras*, p. 563, trata casi exclusivamente sobre la predestinación. La predestinación fue el catalizador, centro y corazón de sus controversias teológicas. Para Arminio la doctrina de la predestinación tiene que ser:

1. Cristológica: (Elección de Jesucristo). El primer decreto de Dios fue nombrar a Jesucristo como mediador, salvador y rey del hombre.

2. Evangélica: (Elección de la iglesia). El segundo decreto fue salvar y recibir en su favor a todos los que se arrepienten y creen, dejando a los incrédulos en pecado y bajo su ira y condenación. Esto pone a la predestinación dentro del contexto soteriológico y no metafísico.

3. Justa: (Elección de medios). El tercer decreto fue administrar los medios de acuerdo con la sabiduría; por la cual Dios sabe lo que es propio, tanto a su misericordia, como a su severidad; y de acuerdo con la justicia divina por la cual Dios está preparado para adoptar lo que su sabiduría prescriba y ponerlo en acción.

4. Moral: (Previo conocimiento de los creyentes). El cuarto decreto de Dios es salvar o condenar a ciertas personas particulares. La base de este decreto es el previo conocimiento de Dios de las acciones libres de las personas.

Para Arminio la predestinación es condicional; es predestinación de creyentes. Todo el que cree —todos pueden creer (gracia preveniente)— está predestinado "en" Cristo por la fe. Dios sabe quiénes son los que han de creer y quiénes no van a creer. Mas para Arminio, "conocimiento de" (previo conocimiento) nunca es "causa de". Todos pueden creer y pueden ser salvos (gracia preveniente y expiación universal), pero solo los que creen son salvos, de otra manera sería universalismo.

Es predestinación condicional; Dios no decreta o determina quiénes pueden creer o quiénes no pueden creer. Pero tampoco el hombre determina las condiciones de la salvación. Dios ha elegido a su Hijo como el único medio de salvación y la fe como la única condición. El hombre es libre para aceptar o rechazar el medio (Cristo) y la condición (fe). Carl Bangs concluye su evaluación del concepto arminiano de la predestinación con estas palabras:

"Lo que se tiene que decir es que Arminio tuvo un alto grado de éxito en alcanzar los criterios que él había establecido para una doctrina evangélica sobre la predestinación. Es cristológica —basada en Cristo Jesús. Es evangélica —las buenas nuevas de salvación gratuita, Dios no es el autor del pecado y el hombre no es el autor de la salvación; el principio de la reforma —*sola gratia, sola fide*— se mantiene".[17]

VI. Disertación Sobre Romanos 7:14-25. Texto: II: 195-452

En 1599, Arminio escribió: "Una Disertación Sobre el Verdadero y Genuino Sentido del Capítulo Siete de la Epístola de San Pablo a los Romanos".[18] La hemos incluido como parte de nuestro legado arminiano por dos razones:

A. Porque en ella vemos a Arminio como un exégeta lógico, bien versado en los Padres de la Iglesia y como teólogo consumado e incansable. Su disertación es una exégesis y exposición que no tiene comparación ni en cantidad ni en calidad. Es una parte de su valioso legado a nosotros, si se toma el tiempo para leerla con disciplina y devoción. No es tarea fácil; su volumen de más de 250 páginas, hace correr al débil de corazón; su estilo es tedioso; su argumentación lógica demanda concentración y tenacidad. Pero para el que no desmaya, la recompensa teológica es grande y única.

B. Por su valor hermenéutico para la interpretación wesleyana de la doctrina de la entera santificación: la tesis de Arminio es que en este pasaje (Romanos 7:14-25), el apóstol Pablo está hablando de un individuo no regenerado, pero que está bajo toda la plena eficacia de la ley, que está en el paso o punto próximo a la regeneración.

Arminio presenta su argumento en cinco partes: (1) Que Pablo no está hablando de sí mismo, ni de un hombre bajo la gracia, sino que el apóstol se ha transferido a sí mismo en la persona de un hombre puesto bajo la ley. (2) Que su interpretación siempre ha tenido defensores en la iglesia y que nunca ha sido condenada como herética. (3) Que ninguna herejía, incluyendo el pelagianismo, puede ser derivada de ella. (4) Que la posición de los teólogos modernos Juan Calvino y Teodoro Beza, no fue aprobada por ninguno de los primeros padres, ni aun por Agustín. (5) Que la interpretación de Calvino y Beza es "injuriosa a la gracia" y "adversa a la buena moral".[19]

Lo primero que hace Arminio es definir los términos que usa Pablo. ¿Qué significa "estar bajo la ley"? Todos los hombres "están bajo la ley" por derecho de creación, pero esto no quiere decir que todos están bajo la plena eficacia de la ley. Arminio define "estar bajo la ley" como "uno que está bajo su eficacia completa y todas sus operaciones".[20] Esto quiere decir estar bajo su dominio, gobierno y tutelaje y estar convencido de su pecado, culpa y condenación. Están en el punto próximo y necesario para la regeneración, pero no están regenerados.

¿Qué significa estar "bajo la gracia"? Arminio entiende que esta frase es lo opuesto a "estar bajo la ley". Sigue diciendo: "El efecto de esta gracia en el corazón es doble: (1) De absolver a un pecador de la culpa de pecado y condenación. (2) De dotar al hombre (creyente regenerado) con el Espíritu de adopción y vivificar, guiar y gobernarlo".[21]

C. ¿Quién es un hombre regenerado? Es el que tiene una mente libre de tinieblas y vanidad del mundo, e iluminado con el conocimiento verdadero y salvador de Cristo; tiene afectos que son mortificados, libres del dominio y esclavitud del pecado... su voluntad está reducida a orden y conformada a la voluntad de Dios, tiene poderes y facultades que, con la ayuda del Espíritu Santo, contiende contra el pecado, el mundo y Satanás y gana la victoria sobre ellos y puede traer frutos dignos de arrepentimiento.[22]

El hombre no regenerado es "todo lo opuesto al hombre regenerado". Esta definición del "hombre regenerado", determina toda la exégesis de Romanos 7:14-25.

D. Resumen de su Argumento. Arminio establece una conexión hermenéutica entre Romanos 7:14-25 y Romanos 6:2-14. Usa este último pasaje para formar un "enthymeme" [silogismo donde no se expresa una de las premisas, o donde la conclusión no se expresa, pero necesariamente sigue].

Antecedente: *No reine el pecado en vuestro cuerpo mortal* (v. 12). Consecuente: *Por tanto, no presentéis vuestros miembros al pecado* (v. 13). Prueba del antecedente: *Estáis bajo* *la gracia; el pecado no se enseñoreará de vosotros* (v. 14). Prueba por una proposición contraria: *No estáis bajo la ley* (v. 14).

Arminio presenta sus conclusiones basadas en Romanos 6:12-14: (1) Los cristianos no están bajo la ley. (2) Los cristianos están bajo la gracia. (3) El pecado domina a los que están bajo la ley. (4) El pecado no domina a los que están bajo la gracia.[23]

Enseguida, Arminio pasa directamente a probar su argumento: Que la persona de quien el apóstol trata en Romanos 7:14-25, no es un regenerado, sino aquel a quien la ley ha iluminado y convencido de su pecado y culpa, etc.

El versículo 14, dice que la frase *"vendido al pecado"*, se refiere a aquel que ha sido comprado como esclavo (*doulos*), que está bajo la voluntad de otro; la persona ya no es dueña de su propia voluntad. El pecado ha comprado a esta persona y tiene el título y de ninguna manera se puede decir que se refiere a una persona bajo la gracia (Juan 8:32; Romanos 6:7, 17,18; 2 Corintios 3:17; Gálatas 5:18; 2 Pedro 2:19).[24]

El versículo 15 contiene la conclusión y afirmación que se hizo en el versículo 14, de que el hombre está *"vendido al pecado"*. La causa es *"más yo soy carnal"*. El versículo 15 es la prueba y efecto del versículo 14. Para fortalecer su argumento, Arminio presenta un silogismo basado en los vv. 14 y 15:

Premisa mayor: El que no aprueba lo que hace, no hace lo que quiere, es el siervo de otro; es decir, del pecado. Premisa menor: Pero el hombre de quien el apóstol trata aquí, no aprueba lo que hace, ni hace lo que él quiere, sino que hace lo que aborrece. Conclusión: Por tanto, el hombre que aquí es el tema de discusión, es el siervo de otro, esto es, del pecado; por tanto, no es regenerado, no hace lo que él quiere, sino lo que no quiere y no está bajo la gracia.[25]

Versículo 16. Después de ver la condición de su corazón (v. 14) y la acción exterior de sus obras (v. 15), llega a la conclusión de que la ley es buena (v. 16). Según Arminio, el versículo 16 es prueba adicional y más clara de que esta persona no está bajo la gracia, sino bajo la ley. Él afirma que las palabras de Pablo: *"Y si lo que no quiero, esto hago"*, son señal evidente de una voluntad que está subyugada y sujeta a la voluntad de otra persona, esto es, a la voluntad del pecado. Por tanto, esta persona es sierva y esclava del pecado.

Versículo 17. Ahora Arminio presenta un argumento basado en el doble significado de la palabra "mora". Él argumenta que la palabra no solo significa "estar en un lugar", sino que también significa "tener morada y dominio en una casa". Su argumento se ve claramente en el latín. Según Carl Bangs, los traductores no hicieron la distinción que hace el latín, sobre el significado dual de "morar". Su presentación es como sigue:

"El pecado como morar (*inhabitans*) es pecado como reinar (*dominans*). El pecado como reinar ha de ser distinguido de pecado meramente como existencia (*inexistens*). En el hombre de Romanos 7, el *peccatum* (pecado) *inhabitans,* o sea el pecado *dominans* (tiene dominio). Arminio no niega que hay pecado en el creyente, pero el pecado en el creyente solo es *inexistens* y no *dominans*".[26]

Versículos 18 y 19. Presentación de la causa y su prueba (v. 18): La causa es: *"Y yo sé que en mí, esto es, en mi carne, no mora el bien"*. Estas palabras significan lo mismo que *"más yo soy carnal, vendido al pecado"* (v. 14). El bien no puede morar en el que es carnal. La prueba es: *"Porque el querer el bien está en mí, pero no el hacerlo"* (v. 18b). Pero en la carne (cuerpo) del regenerado mora aquello que es bueno; por tanto, el hombre de quien el apóstol habla aquí, no es regenerado, porque él mismo dice que el bien no mora en él. Arminio continúa con su argumento con un silogismo basado en el v. 19:

Premisa mayor: Los que hacen el mal que no quieren, no son regenerados. Premisa menor: Este hombre hace lo que no quiere. Conclusión: Por tanto, este hombre no es regenerado.[27]

Versículo 20. Aquí vemos el resultado de ser *"carnal, vendido al pecado"*. El que no es regenerado tiene buenos deseos e intenciones, pero no tiene el poder para hacer lo bueno; tiene que hacer lo que no quiere y lo que quiere no lo puede hacer. ¿Por qué? Porque está bajo el dominio del pecado; no puede forzar su voluntad a hacer el bien.[28]

Versículo 21. Este versículo contiene la conclusión de todo el argumento anterior. El querer hacer el bien está en este hombre, pero descubre que en su ser mora una ley; la prueba de esto es que exclama: *"El mal está en mí"*. Ha descubierto la causa de su impotencia espiritual, que está dominado por la *"ley del pecado y de la muerte"* (Romanos 8:2).[29]

Versículos 22 y 23. Estos dos versículos contienen una prueba más clara y convincente de la conclusión presentada en el versículo 21. La palabra clave es "hace-haciendo guerra".[30]

Según Arminio, **los versículos 21 y 24**, describen la lucha y resultado espiritual "de ser carnal, vendido al pecado" (7:14). Arminio presenta un silogismo basado en el versículo 24 para probar su argumento.[31]

Premisa mayor: Los que están bajo la gracia no son miserables. Premisa menor: Este hombre es miserable. Conclusión: Por tanto, este hombre no está bajo la gracia.

Versículo 25. Pablo, como pecador que había sido redimido de la ley del pecado y de la muerte, sabía que la libertad se hallaba solamente en Cristo. Esta es una de las razones por las que exclama así en el versículo 25. Por otro lado, la obra de la ley es traer a la persona a Cristo; en el versículo 25 podemos ver que la ley había hecho su obra perfecta, había dejado al pecado iluminado a la puerta de la fe y gracia en Cristo, pero no había podido introducirlo a la gracia salvadora del Señor. Arminio sostiene además, que esta frase (25), expresa gratitud, pues da gracias a Dios porque él (Pablo), en su propia persona había sido liberado del cuerpo del pecado, acerca de lo cual trata aquí.

Conclusión de toda la lucha y proceso: *"Así que, yo mismo con la mente sirvo a la ley de Dios, mas con la carne a la ley del pecado"*. Pero, ¿qué significa *"servir a la ley de Dios con la mente"* y *"servir a la ley del pecado con la carne?"*. Arminio cita Isaías 58:2: *"Que me buscan cada día, y quieren saber mis caminos, como gente que hubiese hecho justicia, y que no hubiese dejado la ley de su Dios; me piden justos juicios, y quieren acercarse a Dios"*, como prueba de su conclusión. Además, dice que "los judíos siempre se han deleitado en la ley de Dios, pero no siempre han servido a Dios" (véase Isaías 29:13).

El regenerado se deleita en la ley de Dios, pero no sirve a la ley del pecado con la carne (2 Corintios 5:17-18). El no regenerado sirve a la ley del pecado con la carne y también se puede deleitar en la ley de Dios con su mente en el sentido de que reconoce que la ley es santa, justa y buena (Romanos 7:12, 22, 25).

Las cuatro leyes en Romanos 7:14-25

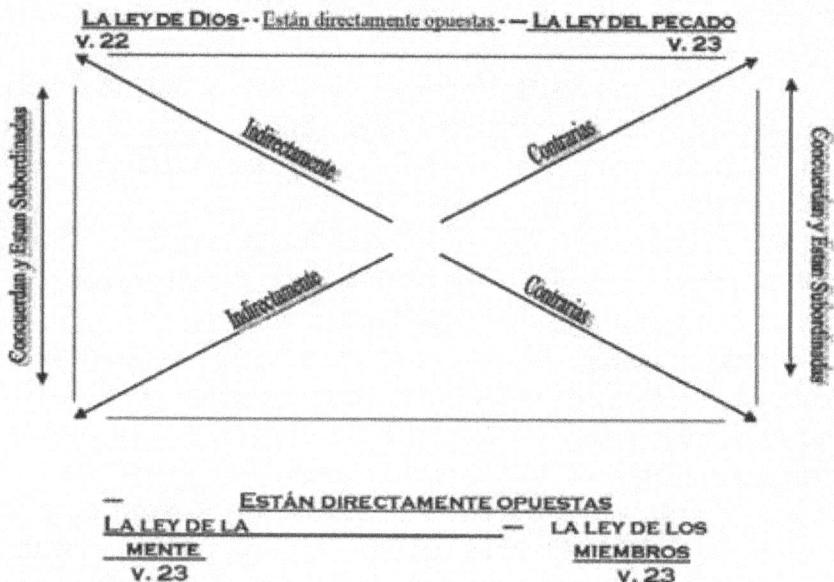

LA LEY DE DIOS -- Están directamente opuestas -- LA LEY DEL PECADO
v. 22   v. 23

Concuerdan y Están Subordinadas

Indirectamente   Contrarias

Indirectamente   Contrarias

Concuerdan y Están Subordinadas

ESTÁN DIRECTAMENTE OPUESTAS
LA LEY DE LA   LA LEY DE LOS
MENTE   MIEMBROS
v. 23   v. 23

Conclusión: Arminio resume todo su argumento en una manera singular que revela su dominio de la lógica, su discernimiento espiritual y su capacidad para ordenar sus conceptos teológicos en la argumentación. Usa las cuatro leyes que se manifiestan en Romanos 7:14-25:

Arminio usa el cuadro aristotélico de la oposición de proposiciones. Ve aquí el plan de guerra, el plan de ataque:

1. La ley de Dios — Directamente opuestas — La ley del pecado.
2. La ley de la mente — Directamente opuestas — La ley de los miembros.
3. La ley de Dios — Indirectamente contrarias — La ley de los miembros.
4. La ley de la mente — Indirectamente contraria — La ley del pecado.

4. Explicación

1. Hay dos señores: Dios y el pecado.
2. Hay dos ayudantes: (1) Para Dios: La ley de la mente. (2) Para el pecado: La ley de los miembros.
3. Hay dos señores que tratan de imponer su ley: (1) Dios para que el hombre le obedezca en lo que él pres-

cribe. (2) El pecado para que "cumpla con los deseos de la carne".

4. Los dos señores tienen algo a qué apelar en el hombre: (1) Dios tiene la mente; "la ley de la mente". (2) El pecado tiene la carne; "la ley de los miembros".
5. La ley de la mente acepta que la ley de Dios es "justa y buena y santa".
6. La ley de los miembros acepta que la ley del pecado es útil, agradable y placentera.
7. La ley de los miembros es una inclinación hacia la carne, hacia lo terrenal, etc.
8. La ley de la mente es el conocimiento de la ley divina y sentimiento hacia ella.
9. En Romanos 7:23 tenemos el gran conflicto entre los dos señores: (1) La ley de Dios. (2) La ley del pecado.
10. El sujeto de este conflicto es el hombre (bajo la ley).
11. El fin de este conflicto es que el hombre sea traído a sujeción, ya sea a la ley de Dios o a la ley del pecado.
12. El hecho que lleva a este fin es el conflicto.
13. El efecto producido por la mente en la voluntad, es la volición de lo bueno y el aborrecimiento de lo malo.
14. El efecto producido por la carne en la voluntad es, la volición de lo malo y la anulación de lo bueno.
15. El resultado inmediato es que la voluntad trata de servir a los dos señores.
16. El resultado final es que la ley del pecado vence a la ley de Dios.
17. La causa de este resultado final es la debilidad de la ley (v. 13).
18. El remedio para esta condición: El poder del Espíritu de Cristo y la gracia de Dios. Esto es lo que se indica en Romanos 8:2. Aquí se halla la potencia para cumplir lo que demanda Pablo en Gálatas 6:16-18.

Las observaciones anteriores dan prueba conclusiva, de que nada a favor de la opinión contraria (que Romanos 7:14-25 trata-describe la experiencia de un regenerado), puede ser deducida de este versículo.

VII. Exposición de Romanos 9

Durante sus años en el pastorado en Ámsterdam (1588-1603), Arminio predicó una serie de sermones expositivos sobre la epístola de Pablo a los romanos. Centralizó su predicación sobre Romanos 7 y 9. Ya notamos su interpretación de Romanos 7:14-25; ahora nos toca examinar su interpretación del capítulo 9.

El tema de la predestinación estaba apenas bajo la superficie de su exposición de Romanos 7:14-25, pero nunca vio la luz. No fue sino hasta que llegó a Romanos 9, que Arminio comenzó a expresar sus puntos de vista en detalle por escrito, no publicó nada.

"En 1596, Snecanus, un ex-sacerdote, publicó un libro titulado: *Una Introducción al Capítulo Noveno de Romanos*, en el cual rechaza el supralapsarianismo de Beza. Al leerlo, Arminio se gozó al darse cuenta de que sus argumentos eran similares a los suyos. El resultado fue que le escribió una carta de 38 páginas, expresando su aprecio y, a la vez, presentando y explicando su interpretación de Romanos 9.

"El capítulo 9 era la roca firme del supralapsarianismo, doble predestinación de Beza. Sus 'versículos de prueba', eran (9: 11, 12, 18,21). Beza se molestó mucho por la influencia y, según él, por el daño que estaba causando el libro de Snecanus. Quiso acallarlo pero no pudo, sus argumentos eran claros y convincentes".[32]

A. Análisis de Romanos 9: Texto: III: 527-565

Primero Arminio expresa su deleite a Snecanus por su comentario, diciéndole que sus argumentos principales eran los mismos que él había presentado a su congregación; que había confirmado sus opiniones y argumentos y quería presentar su gratitud y explicar sus propios argumentos.

Arminio reconoce lo difícil que le ha sido explicar el capítulo, "hasta que la luz, introducida en esta manera, disipó las sombras y puso el sujeto, ilustrado por su propia claridad, ante mi mente, para ser entendido claramente" (III: 527-528).

B. Clave Hermenéutica

"En primer lugar, el alcance del capítulo es el mismo que el de toda la epístola: Que el evangelio, no la ley, es el poder de Dios para salvación, no para el que obra, sino para el que cree, porque en el evangelio la justicia de Dios es manifestada al obtener la salvación por la fe en Cristo".[33]

El capítulo, por lo tanto, trata con dos tipos, clases o grupos y caminos a la salvación: Los que buscan la justicia de Dios por la fe y los que la buscan por las obras. Este es el argumento que Arminio presenta con una lógica y silogismos irrefutables; nos da una idea del contenido e impacto de la predicación del pastor de Ámsterdam.

No es necesario considerar todos los argumentos de Arminio, solo examinaremos tres de ellos: Primero, el problema y las preguntas; segundo, los tipos y antitipos; y, tercero, la "masa" (9:21).

C. El Problema y las Preguntas

Arminio comienza su análisis con una serie de preguntas y repuestas. Tiene que defender su proposición contra las objeciones de los judíos y a la vez refutar los conceptos predestinatarios de Beza. Según Arminio, sus adversarios no han entendido el argumento del apóstol Pablo, porque buscaban respuestas a preguntas que realmente el capítulo no trata. La pregunta que imponían era: "¿Fracasará la Palabra de Dios aunque la mayoría de los judíos son rechazados"? La respuesta que ellos daban era: "Ciertamente Dios, en su palabra de promesa, invitó a todos los judíos y los llamó a participar en el pacto; sin embargo, por su decreto y propósito eterno, determinó en realidad hacer solo a algunos de los judíos participantes, dejando a los demás en su estado anterior" (III:530). Esta es la respuesta que abre la puerta para la teoría de Beza.

La pregunta correcta es: "¿Qué, no fracasa la Palabra de Dios si los judíos que no buscan la justicia de la fe, sino la de la ley, son rechazados por Dios?" Cuando se presenta la pregunta en esta forma, el capítulo da la siguiente respuesta: "Dios, en su Palabra y en la declaración de su promesa indicó que él consideraba en la relación de hijos solo a aquellos judíos que buscaban la justicia y salvación por fe, pero como extranjeros a aquellos que buscaban lo mismo por la ley". El argumento final que aduce Arminio es como sigue:

Si la Palabra de Dios incluye solo a los hijos de la promesa, a exclusión de los hijos de la carne, entonces sigue que la Palabra de Dios no fracasa, aunque los hijos de la carne sean rechazados; ciertamente fracasaría si ellos fueran recibidos, los cuales son excluidos por la misma condición del pacto. Pero la Palabra de Dios comprende solo a los hijos de la promesa y excluye a los hijos de la carne. Por lo tanto, la Palabra de Dios no fracasa, aun si los hijos de la carne son rechazados.[34]

Arminio basa su respuesta en los capítulos 4, 9 y 10 de Romanos y en los capítulos 3 y 4 de Gálatas (véase III: 532).

D. Los Tipos y Antitipos

Arminio dice que la confusión se levanta cuando Isaac e Ismael (9:7) y Esaú y Jacob (9:9-13), son tomados como ejemplos en sí mismos del propósito de Dios, en vez de tipos de los hijos de la carne e hijos de la promesa. Reconoce que sus adversarios pueden decir que estos individuos son antitipos. Si es así, entonces el decreto de la predestinación incondicional se sostiene. Es importante entender la respuesta de Arminio

"No se puede probar de este pasaje que los que son tipos corresponden a los antitipos: y sí puede ser cierto que Ismael y Esaú sean de los hijos de la carne, como está descrito; sin embargo, en este lugar el pasaje no enseña que sean de algún propósito divino. En este propósito [divino], como lo hemos explicado, algo es determinado respecto a los hijos de la carne y los de la promesa; pero con la explicación que ellos [adversarios] prefieren, algo es determinado respecto a los individuos, que ellos deberían ser los hijos de la carne y los de la promesa. La pregunta "¿por qué algunos creen y otros no?", no la discute aquí el apóstol, ni tiene la menor conexión con su propósito. Según Arminio, el propósito de Pablo aquí es describir cómo nuestra justificación y salvación por gracia, puede ser auto-consistente y por lo cual podemos tener más seguridad respecto a lo mismo. El propósito de Dios era hacer un pacto de gracia y fe con Cristo y nosotros. La suma del pacto es,

"Dios ha determinado inmutablemente desde la eternidad salvar a los que creen, los que creen en Cristo"; estas palabras contienen la suma del propósito de Dios.[35]

El argumento de Arminio es que Pablo sí habla de una predestinación, pero es predestinación de clase o de tipos y no de individuos. Isaac y Jacob son del tipo-clase de los que buscan la justificación y salvación por la fe; Ismael y Esaú son de los que la buscan por las obras de la ley-carne.

Al citar Malaquías 1:2-3, *"A Jacob amé, más a Esaú aborrecí"*, Pablo anticipa otra pregunta: *"¿Qué, pues, diremos? ¿Que en Dios hay injusticia?"* (9:14). Arminio replica: "Es cierto que, si el apóstol estuviera considerándolos en sí mismos y no como tipos de ciertos individuos", se pudiera acusar a Dios de injusticia.

"Examinemos la respuesta del apóstol. Primero niega la inferencia al decir, «en ninguna manera». Dios es justo en sí mismo... y no hace nada y no puede hacer nada solo que esté perfectamente de acuerdo con su naturaleza" (III: 542).

Arminio da dos razones de esta negación; primero, de la libertad y de la misericordia divina; segundo, de la justa ilustración del poder y gloria divina (9:15). Libertad y misericordia: *"Tendré misericordia del que yo tenga misericordia"*. Según una expresión hebrea significa: "En el escogimiento y libertad de mi voluntad se halla el poder de tener misericordia de quien yo quiero". Esto justifica a Pablo para decir: *"De manera que de quien quiere, tiene misericordia"* (v. 18). La palabra "misericordia" lleva todo el peso de la negación de Pablo. Arminio dice que este era el plan y propósito de Dios desde la creación; que era un plan basado en su misericordia para que el hombre, aún en su estado original, fuera justificado por la fe y obediencia y condenado por la desobediencia, por la transgresión del mandato divino. "Si Dios puede tener misericordia del que él quiere y endurecer al que él quiere", entonces también es libre de formar un propósito según el cual puede determinar tener misericordia de los hijos de la promesa, pero endurecer y castigar a los hijos de la carne. Y por consecuencia, también si hiciera esto y está libre para hacerlo, no se le puede acusar de injusticia. De esta manera la justicia de Dios, según el propósito de elección, es sostenido y probado por el Apóstol por los testimonios más fuertes de las escrituras mosaicas (III: 546).

La misericordia y poder de Dios no son arbitrarios en el sentido que se hace una predestinación de una persona particular, sea hijo de la promesa o hijo de la carne.

Pero aún hay otra pregunta más que se tiene que contestar: "¿Por qué, pues, inculpa? Porque ¿quién ha resistido a su voluntad?" (v. 19) En defensa de su posición, Arminio presenta su definición del pecado: "Pecado es la transgresión de una ley, a saber, de una ley justa, porque si no es justa, no es una ley y por lo tanto, su transgresión no es pecado". Arminio continúa diciendo: "Para que una ley sea justa, necesariamente requiere estas dos condiciones, que sea establecida por el que tiene autoridad para ordenar y que sea establecida para el que tiene poder o habilidad de obedecer. Es aparente, entonces, que el "pecado es una transgresión voluntaria de la ley", que el pecador podía evitar y comete por su propia cuenta".[36] Arminio sigue con fuerza su argumento: "Un acto que es inevitable debido a la determinación de cualquier decreto, no merece el nombre de pecado". En otras palabras, solamente los que pecan voluntariamente, pueden ser culpables.

Queda otra pregunta pendiente: "¿Quién ha resistido a su voluntad"? Teodoro Beza y sus discípulos hablaban de dos voluntades de Dios: La voluntad revelada y la voluntad secreta. "La voluntad revelada tiene referencia a aquellas cosas que agradan o desagradan a Dios; la secreta, a las cosas que él (Dios) simple y absolutamente determina que han de hacerse o no". Otros dicen que la voluntad de Dios era eficaz en un sentido y en otro no lo era. Arminio, dice: "Es una maravilla en qué laberintos se meten ellos siendo ciegos, ya sea por no estar preparados o por prejuicios, o por ambas". Para Arminio, hablar de la "voluntad secreta de Dios, en el contexto de la redención es ilógico; la voluntad secreta no puede contradecir la voluntad revelada de Dios. Según Beza y sus discípulos, Dios puede determinar algo en su voluntad secreta, pero en su voluntad revelada puede determinar todo lo contrario. Por ejemplo, la voluntad revelada de Dios llama a todos a la salvación, pero en su voluntad secreta, él ya había determinado eternamente quiénes serían los elegidos y quiénes serían los condenados. Arminio no niega que Dios tenga una voluntad secreta, pero insiste que el plan de salvación está plenamente revelado; no hay nada secreto, los fines y medios están claramente revelados. Dice, "nada es más claro en las Escrituras, que los pecadores que persisten en sus pecados en contra de los sufrimientos de Dios, a quienes invita al arrepentimiento, son los que Dios endurecerá."[37]

Arminio rechaza todas estas interpretaciones como sofismas. Pablo no está hablando de una voluntad secreta de Dios. Ni es desconocido quiénes son los que Dios determina endurecer. Arminio cierra su argumento con una fuerte afirmación: "Nada es más claro en las Escrituras que, los pecadores que perseverando en sus pecados en contra de Dios, quien sufre pacientemente y quien los invita a que se arrepientan, son aquellos a quienes Dios determina endurecer".[38]

E. El Problema de la "Masa"

Queda la pregunta y problema de la "masa" (v.21). *"¿O no tiene potestad el alfarero sobre el barro, para hacer de la misma masa un vaso para honra y otro para deshonra?"* Uno de los análisis claves de Arminio en este capítulo es el significado de la palabra "masa". Beza interpretaba la palabra "masa" como refiriéndose a la humanidad antes de la creación, pecado o caída, sin corrupción, etc. Dios decretó arbitrariamente quiénes serían los vasos de honra y quiénes los de deshonra, predestinación incondicional, el supralapsarianismo. Arminio prefiere la interpretación de que la masa se refiere al hombre en su estado caído, que la humanidad es una masa de perdición.[39] En la respuesta de Arminio, el objeto de la misericordia y juicio de Dios es el hombre como pecador. Después de una discusión extendida, resume su argumento diciendo: "Dios hace al hombre vaso; el hombre se hace a sí mismo un vaso malo o pecador; Dios determina hacer al hombre de acuerdo con condiciones satisfactorias a sí mismo, un vaso de ira o misericordia; y de hecho esto es lo que hace, cuando la condición ya sea que se cumpla o perseverantemente se abandone".[40]

Terminamos nuestro estudio con las palabras del Dr. Carl Bangs: "¿Cuál es, entonces, el mensaje de Romanos 9? Es el mensaje de justificación por fe. Es el mensaje de la libertad de la misericordia de Dios, por la cual solo él determina quién será salvo, a saber, el creyente". Continúa diciendo:

"Esto es una afirmación de predestinación: Dios ha predestinado a salvación a todos los que creen en Cristo. Arminio está firmemente en la tradición de la teología reformada insistiendo en que la salvación es solo por gracia y que la habilidad o mérito tiene que ser excluido como una causa de salvación. Es solamente la fe que pone a un pecador en la compañía de los elegidos".[41]

Arminio terminó su exposición sobre el capítulo 9 de Romanos con un espíritu y mente y abierta, dice: "Si algún hombre me muestra que yo no estoy de acuerdo con Pablo, estaré listo para ceder el punto; y si alguien prueba que son inconsistentes con la analogía de fe, pronto lo reconoceré la falta y dejaré el error".[42]

VIII. Conclusión

"Las cuerdas me cayeron en lugares deleitosos, y es hermosa la heredad que me ha tocado" (Salmos 16:6).

Notas

1   Bangs, p. 138.
2   *Ibíd.*, pp. 32-355.
3   *Ibíd.*, Apuntes del Dr. Wiley.
4   Citado por Bangs, p. 138.
5   *Ibíd.*, pp. 140-141.
6   *Ibíd.*, p. 141.
7   *Ibíd.*, pp. 199-200.
8   *Ibíd.*, pp. 200-201. (9   III: 134.
10 III: 266. (En nuestro estudio del tratado de Perkins, usaremos la edición publicada por la Beacon Press de Kansas City, MO., USA.)
11 Bangs, p. 209.
12 Bangs, pp. 217-218; III: 454-470.
13 Citado por Bangs, p. 219.
14 *Ibíd.*
15 Bangs, pp. 220-221.
16 *Ibíd.*, p. 350.
17 *Ibíd.*, p. 354.
18 II: 196-452.
19 II: 220.
20 *Ibíd.*, p. 223.
21 *Ibíd.*
22 *Ibíd.*, II: 228.
23 *Ibíd.*, p. 234.
24 *Ibíd.* pp. 250-251.
25 *Ibíd.*, II: 253.

26 Bangs, p. 189.
27 *Ibíd.*, pp. 267-284.
28 II: 284-285.
29 *Ibíd.*, pp. 285-286.
30 *Biblia de las Américas*, Romanos 7:23.
31 II: 325. 32 Bangs. p. 194
33 III: 528.
34 *Ibíd.*, pp. 548-549.
35 *Ibíd.*, 540.
36 *Ibíd.*, p. 547 (Wesley adoptó y usó esta definición de pecado).
37 *Ibíd.*, p. 549.
38 *Ibíd*, 550.
39 III: 554.
40 Agustín, *Contra Dos Cartas de Pelagio, Libro 2*, Cap. 13 [VIII].
41 Bangs, p. 198.
42 III: 565

XIV

El Sínodo de Dort

La declaración y evaluación de Justo L. González será la introducción al presente capítulo: "Fue en Holanda, a principios del siglo XVI, que tuvieron lugar algunas de los acontecimietos más importantes en el desarrollo de la ortodoxia calvinista. Tales acontecimientos giraron alrededor de las de las enseñanzas de jacobo arminio y sus seguidores, el Sínodo de Dort, que a la postre les condenó".[1] También se debe decir que este sínodo fue de suma importancia y relevancia para el desarrollo de la tradición teológica conocida como arminiana-wesleyana.

Con la muerte inoportuna de Arminio en 1609, se intensifico la controversia entre sus seguidores y los calvinistas rígidos —los supralapsarios. Pronto el protestantismo de los Países Bajos se halló envuelto en acaloradas controversias teológicas y políticas. Estaban divididos, por un lado estaban los: (1) los que defendían los "derechos de los estados", que comprendía las clases mercantiles adineradas. Sus líderes eran Juan Van Oldenbarneveldt (1547-1619), y el gran jurista, historiador y, fundador del derecho internacional, hugo gracio (1583-1645). La provincia de Holanda, bajo Oldenbarneveldt, sostenía que cada provincia debía resolver sus propios problemas. Y, (2) Y el partido nacional que tenía el apoyo de defensa militar del gobernador Mauricio de Nassau (1588-1625).

La mayoria del pueblo era calvinista y miembros del partido nacional. El gobernador Mauricio quería que toda controversia fuera decidida en un concilio general de las iglesias; Oldenbarneveldt y Grocio no estuvieron de acuerdo y se oponían a la propuesta y planes del gobernador.

Después de la muerte de Arminio, la dirección de sus seguidores fue asumida por Juan Uyttenbogaert (1557-1644), elocuente predicador de la Corte, y por Simón Episcopius (1583-1643), amigo y discípulo de Arminio, y que pronto sería profesor de teología en la Universidad de Leyden. Los dos sistematizaron y desarrollaron las enseñanzas de Arminio.

En 1610, bajo el liderato de Oldenbarneveldt y otros simpatizantes, en número de 46 (no se sabe a ciencia cierta el número exacto), se reunieron en la ciudad de Gouda. Lo primero que hicieron fue rechazar los puntos calvinistas y luego redactaron y firmaron una declaración de fe llamada la "Remonstrancia" (protesta). Debido a su protesta, se les llamó "remostrantes". La remonstrancia afirma que:

- La predestinación es determinada por la presciencia de Dios del uso que los hombres harían de los medios de gracia: la predestinación es condicional. Arminio había dicho en 1602, que "Dios por su propia presciencia, sabía quién, de su gracia, había de creer, y quién, de su propia falta, había de permanecer en incredulidad" (III: 479).
- La expiación es universal: Cristo murió por todos y no solamente por los elegidos.
- La depravación total no debe ir unida con la gracia irresistible. La gracia preveniente es universal: Dios ha tomado la iniciativa, sin la gracia preveniente, el hombre no puede hacer algo bueno por sí mismo – todo procede de la gracia divina.

1. Argumento de los Calvinistas:

"Si la predestinación depende de la presciencia que Dios tiene de nuestro arrepentimiento y fe, se sigue que lo que determina la salvación es nuestra respuesta al llamado del evangelio, es decir, nuestra propia fe, y no de la gracia de Dios".

2. Respuesta de Arminio:

A fin de evitar esa consecuencia, Arminio apelaba a la gracia preveniente. Esta gracia ha sido dada por Dios a todos y es suficiente para creer. Dios siempre ha sabido cuál ha de ser la decisión de cada cual. La gracia, entonces, no es irresistible.[2]

- La gracia divina puede ser rechazada, no es irresistible.
- La salvación se puede perder, puede uno caer de la gracia.

I. Los Cánones del Sínodo de Dort —1618-1619

El 13 de noviembre de 1618, tuvo apertura el Sínodo de Dort (Dordrecht). "El propósito de los Estados Generales al convocarla fue lograr el apoyo, no solo de los calvinistas en el país, sino también de los del resto de Europa. Por ello se extendieron invitaciones a otras iglesias reformadas, y un total de 27 delegados acudieron desde la Gran Bretaña, Suiza y Alemania (los franceses no pudieron asistir porque Luis XIII se los prohibió). Los holandeses eran casi 70, de los cuales apoximadamente la mitad eran ministros y profesores de teología, la cuarta parte ancianos laicos, y el resto miembros de los Estados Generales".[3] También fueron invitados 12 remonstrantes, los cuales, antes de presentarse en el Sínodo se reunieron en Rotterdam para nombrar a su líder oficial y, para planear su defensa. Su estrategia era:

1. Tratar de logar que primero se considerara el decreto de reprobación y, después, el decreto de elección. El propósito era tratar de ganar la simpatía del mayor número de delegados posible.

2. Tomar la iniciativa y atacar a los Contrarremonstrantes.

3. Negar la autoridad del Sínodo en asuntos teológicos.

4. No presentar sus objeciones por escrito solamente que fueran obligados a hacerlo.

5. Guardar silencio ante toda pregunta doctrinal del Sínodo.

Los delegados tomaron asiento; Simón Episcopius, por ser el vocero de los remonstrantes, se sentó enfrente de Juan Bogerman, moderador del Sínodo.

II. Propósito y Acuerdos

Después de un mes de deliberaciones que fueron en vano, el 14 de enero, 1619, Bogerman le pregunto a Episcopius que si se sujetarían, en nombre del Gobierno, al Sínodo, si no lo hacían, las deliberaciones terminarían . Los remostrantes declararon que no se sujetarían al Sínodo. La respuesta del moderador fue inmediata y fuerte: "Para que no demoremos más, ustedes son despedidos. ¡Márchense!"

El propósito principal del Sínodo era rechazar y condenar el arminianismo. Pero Mauricio también quería resolver los problemas políticos económicos que estaban dividiendo a Holanda. El Sínodo también acordó que se hiciera una nueva rtraducción de la Biblia al holandés. "Por tanto, los decretos del Sínodo de Dordrecht en lo referente a teología iban dirigidos contra los arminianos. Aunque la asamblea no aceptó las tesis más extremas de Gomaro (que era uno de sus miembros), sí concordó con él en la necesidad de condenar el armininianismo".[4]

Entonces, el Sínodo procedió a examinar los Cinco Artículos que los remostrantes habían acorado en 1610. Como había de esperarse, los Artículos Arminianos fueron rechazados categóricamente. Los cánones oficiales fueron firmados por todos los delegados el 23 de abril de 1619. Los cánones de Dort son los siguientes:

1. **Elección incondicional**: La elección de los predestinados no se basa en el previo conocimiento que Dios tiene del modo en que cada persona responderá a la oferta de salvación.

2. **Expiación limitada**: Arminio y sus seguidores afirmaban que Cristo había muerto por todos —Expiación universal. Aunque el sacrificio de Jesucristo es suficiente para salvar a toda la humanidad, Cristo murió para salvar únicamente a los elegidos.

3. **Depravación total:** Aunque el ser humano tiene algún vestigio de luz natural, su naturaleza ha sido corrompida al grado de que esa luz no puede ser usada correctamente. "Y esto es cierto, no solo en lo referente al conocimiento de Dios y a la conversión, sino también en lo referente a las cosas civiles y naturales".[5]

4. **Gracia Irresistible:** Solamente una gracia que sea irresistible puede mover el corazón totalmente depravado del elegido.

5. **Perseverancia de los santos:** "Fue el Sínodo de Dort el que hizo de la doctrina de la perseverancia de los santos una marca necesaria de la verdadera fe cristiana, y en consecuencia llevó a los arminianos a argumentar en pro de la posibilidad de caer de la gracia. Las palabras de Dort no dejan duda alguna en cuanto a la importancia de la doctrina de la perseverancia".[6]

Cuando el Sínodo de Dort se reunió en 1618, los remostrantes esperaban ser reconcodos como iguales y que el sínodo se celebrara con espíritu de hermandad, pero no fue así. Muy pronto después del Sínodo comenzaron las represalias y persecuciones de los remostantes. Un total de 200 ministros arminianos fueron depuestos de sus cargos; 80 fueron exiliados; casi 70 acordaron dejar su ministerio y guardar silencio. Líderes políticos fueron arrestados. Van Oldenbarneveldt fue declarado cupable de traición, y el 14 de mayo fue decapitado. Grocio fue sentenciado a cadena perpetua, pero con la ayuda de su esposa, que lo escondió en un baúl grande supuestamente lleno de libros, pudo escapar y huir en 1621.

González nos da más detalles gráficos de cómo fueron tratados los arminianos: "Inmediatamente después del sínodo de Dordrecht se tomaron medidas contra los arminianos y sus partidarios... Casi un centenar de ministros de convicciones arminianas fue desterrado, y a otros tantos se les privó de sus púlpitos. A los que insistieron en continuar predicando, se les condenó a cadena perpetua. Los laicos que asistían a los cultos arminianos corrían el peligro de tener que pagar fuertes multas. Para asegurarse de que los maestros no enseñaran doctrinas arminianas también se les exigió aceptar formalmente las decisiones de Dordrecht. En algunos lugares se llegó a exigir de los organistas una decisión semejante, y se cuenta que uno de ellos comentó que no sabía cómo tocar en el órgano los cánones Dordrecht".[7]

No se sabe cuándo los Cinco Artículos —los Cánones de Dort—, comenzaron a ser expresados por medio del famoso "TULIP" [tulipán] del calvinismo. A continuación presentaremos el "Tulip" en inglés y la traducción al español:

En inglés	En español
Total depravity	Depravación total
Unconditional election	Elección incondicional
Limited atonement	Expiación limitada
Irresitible grace	Gracia irresistible
Perseverance of the saints	Seguridad eterna

No se sabe con seguridad el origen del acróstico TULIP. Pero parece que primeramente fue usado en 1905 por el Reverendo Cleland Boyd McAfee, en una conferencia ante la Unión Presbiterania, Newark, NJ.[8]

Con la muerte de Mauricio en 1625, las cosas combiaron, "Las medidas contra ellos se convirtieron en letra de muerte. Entonces regresaron, aunque no habrían de ser reconocidos oficialmente sino hasta 1795. Pero la influencia del arminianismo se habría de hacer aun más en Inglaterra que en su país de origen, y habría de probar, en la persona de Juan Wesley, su posibilidad de asociarse con un tipo de piedad tan ferviente y emocional como pueda exhibirla cualquier interpretación de la verdad cristiana".[9]

Cerramos el presente capítulo con el resumen y evaluación que hace González:

En resumen, la controversia arminiana y el Sínodo de Dort, que fue su resultado, constituyen otro episodio en el proceso mediante el cual la teología de la reforma se sistematizó, hasta llegar a formar una ortodoxia estricta. Según las medidas del siglo XVI. Ariminio y los remonstrantes hubieran sido considerados calvinistas tanto por católicos como por los luteranos. Su doctrina eucarística, así como su modo de entender la naturaleza de la iglesia, eran típicamente calvinistas. Y sin embargo, en menos de un siglo la doctrina de la predestinación —que Lutero había defendido al menos con tanto ardor como Calvino— se había vuelto la marca principal del calvinismo ortodoxo. Este cambio resulta tanto más notable si se tiene en cuenta que la principal contribución de Calvino a la teología protestante fue precisamente el no centrar la atención primeramente sobre las cuestiones soteriológicas, como lo había hecho Lutero".[10]

Notas

1   Justo L. González, *Historia del pensamiento cristiano*, III: 284.
2   *Ibid.*, p. 287.
3   González, *Historia del Cristianismo*, II: 317.
4   *Ibid.*, p. 318.
5   *Ibid.*
6   González, III: 291.
7   González, *Historia de la iglesia cristiana*, II: 318.
8   (http://www.believerschapeldallas.org/a/Duncan/dd-20_tulipo5_Perseverance of the saints.m3u).
8   Walker, Williston, *Historia de la iglesia cristiana*, p. 456.
9   González, III: 291.

XV

LEGADO TEOLÓGICO DE ARMINIO

The Works of James Arminius
(las obras de Jacobo Arminio)

LAS OBRAS DE ARMINIO, EN SUS TRES TOMOS EN INGLÉS, suman más de 1,700 páginas. Algo realmente sorprendente al considerar que su carrera profesional como profesor de teología en la Universidad de Leyden fue de solo seis años; este es un legado inmenso. Casi todos sus escritos datan de sus años en el pastorado (1586-1602). ¿Qué tanto se ha preservado y qué otro tanto se ha perdido de sus obras? Solo el Señor sabe. Para comenzar a apreciar el legado teológico de Arminio, sería bueno ver brevemente el contenido y fecha de composición de sus escritos.[1]

Tomo I

1. "El Sacerdocio de Cristo", 35 pp.: Este el primer discurso de Arminio al recibir su Doctorado en Divinidades, en julio de 1603; es un buen ejemplo tanto de su uso de las Escrituras como de su exposición teológica

2. "Cuatro Discursos Sobre la Naturaleza de la Teología", 94 pp.: En ellos trata del objeto, autor, fin y certeza de la teología.

3. "Declaración de sus Pensamientos (Sentimientos)", 71 pp.: Es el corazón y vitrina del pensamiento maduro de Jacobo Arminio. Sus declaraciones fueron presentadas a los Estados de Holanda en La Haya, en octubre de 1608, solo un año antes de su muerte. Esta obra trata los temas de la predestinación, la divina providencia, el libre albedrío, la gracia de Dios, la deidad del Hijo de Dios, la justificación del hombre ante Dios, la perseverancia de los santos, la seguridad de la salvación y la perfección de los creyentes en esta vida. Esta es la obra que debería leerse si solo se pudiera leer una de sus obras; en ella

podemos comenzar a entender y apreciar nuestro legado arminiano.[2]

4. "Apología en Contra de 32 Artículos Difamatorios", 105 pp.: Fue publicada primero en 1609. En ella Arminio se defiende de las acusaciones lanzadas por sus enemigos; lo acusaron de ser heterodoxo y anti-bíblico en sus conceptos de la fe y la perseverancia de los santos.

5. "Nueve preguntas presentadas con el propósito de obtener la respuesta de cada profesor de Divinidades, y las respuestas que Arminio presentó y otros Nueve Artículos Opuestos", 7 pp.: Noviembre de 1605.

6. "Veinticinco Debates Públicos", 280 pp.: Estas discusiones fueron presentadas entre 1603-1609, en sus conferencias en la Universidad de Leyden. Esto es lo más cerca de una teología sistemática. Esta obra juntamente con sus declaraciones, quizá sea lo más importante de sus escritos teológicos.

Tomo II

1. "Setenta y Nueve Debates Privados", 184 pp.: Arminio preparó estas discusiones sobre la religión cristiana con el propósito de "Formar un Sistema de Divinidad". Fueron publicadas en 1610.

2."Disertación Sobre el Verdadero Sentido del Capítulo Siete de la Epístola a los Romanos", 256 pp.: Es una exégesis y análisis histórico sin igual. Su valor es inmenso, especialmente para los de la tradición wesleyana. Fue publicada en 1612 por los nueve hijos de Arminio, después de su muerte.

3. "Una Carta a Hipólito A. Collibus (1608), 25 pp.: La carta trata con cinco artículos específicos: La divinidad del Hijo de Dios, la providencia de Dios, la predestinación, la gracia y libre albedrío y la justificación.

4. "Ciertos Artículos Para ser Examinados Diligentemente y Evaluados", 30 pp.: No tiene fecha; trata de artículos controversiales del protestantismo y en particular del calvinismo.

5. "Carta Sobre el Pecado Contra el Espíritu Santo", 26 pp.: Escrita a su amigo íntimo, Juan Uitenbogaert, marzo de 1593.

Tomo III

1. "Correspondencia Sobre la Predestinación Entre Jacobo Arminio y Francisco Junius", 256 pp.: escrita por el año 1596.

2. "Apéndice: Tesis del Dr. Francisco Junius", 16 pp., 1593.

3. "Examen de un Tratado Sobre el Orden y Modo de Predestinación por el Rdo. William Perkins", 245 pp.: 1602. Es la respuesta de Arminio a la doctrina de predestinación incondicional de Perkins. Muy pesada, no es para los de poco ánimo. Arminio ataca sin misericordia o cuartel, usando la Biblia, la lógica y la filosofía, de manera clara y convincente.

4. "Un Análisis del Capítulo Nueve de la Epístola a los Romanos", escrito por Arminio en 1593 y enviado a Gellius Snecanus. La interpretación de Snecanus era muy similar a la de Arminio. Esto agradó y ayudó mucho en su exposición y defensa. Su análisis de las obras de Arminio fue publicado en edición latina.

Nuestro Legado Específico

"Las cuerdas (nos) cayeron en lugares deleitosos, y es hermosa la heredad que (nos) ha tocado" (Salmos 16:6). Veamos las "cuerdas" del legado que nos dejó Jacobo Arminio:

1. Su concepto de la creación y providencia, preparó el camino para sus doctrinas de la universalidad de la gracia (gracia preveniente) y libre albedrío.

2. Su afirmación respecto a que la creación, como un acto del amor y bondad de Dios, no se puede tomar como un medio de predestinación incondicional. La creación, la gracia de Dios y el libre albedrío del hombre, implican predestinación condicional. Arminio hizo para la doctrina de la predestinación —al liberarla de la rigidez del alto calvinismo y del universalismo del pelagianismo humanista y reinterpretarla de acuerdo con las Escrituras— lo que Martín Lutero hizo en el siglo XVI con la doctrina de la justificación —sacarla del sistema sacramental de la Iglesia Católica Romana y regresarla a sus bases bíblicas; y lo que Juan Wesley hizo con las doctrinas de santificación y perfección cristiana.

3. Para Arminio la predestinación es condicional. Dios no decreta o determina quiénes pueden creer o quiénes no pueden creer. Pero tampoco el hombre determina las condiciones de la salvación. Dios ha elegido a su Hijo como el único medio de salvación y la fe como la única condición e instrumento. El hombre es libre para aceptar o rechazar el medio (Cristo) y la condición (fe). Carl Bangs concluye su evaluación del concepto arminiano de la predestinación con estas palabras:

"Lo que se tiene que decir es que Arminio tuvo un alto grado de éxito en alcanzar los criterios que él había establecido para una doctrina de la predestinación. Es cristológica, basada en Cristo Jesús. Es evangélica, las buenas nuevas de salvación gratuita, Dios no es el autor del pecado y el hombre no es el autor de la salvación; el principio de la reforma —*sola gratia, sola fide*- se mantiene".[3]

4. Una cuerda muy importante para los wesleyanos: Su interpretación de la santificación del regenerado, las preguntas que levantó.

5. Su doctrina de la perfección del creyente en esta vida.

6. Su interpretación de Romanos 7:14-25.

7. Su interpretación de Romanos 9:1-33.

Pero como dice Carl Bangs, "la historia presentada aquí no terminó con la muerte de Arminio... Puede ser de interés al lector saber, en una manera muy breve, los resultados de algunos de estos eventos".[4]

Un año después de la muerte de Arminio, los ministros que estaban de acuerdo con él fueron invitados por los Estados de Holanda a que presentaran su sentir respecto de la Confesión y Catecismo de la Iglesia Reformada. Dice Bangs que "hay muchos descendientes de Arminio... probablemente varios centenares... algunos son holandeses, otros ingleses, algunos franceses, otros españoles, indonesios y [norte] americanos".[5]

En la actualidad, por la gracia de Dios y los primeros misioneros, así como por el sacrificio de muchos pastores, evangelistas, maestros y otros obreros cristianos nacionales, hay miles de arminianos hispanos en todo el mundo.

Jacobo Arminio es el teólogo de la Vía Media, evita dos extremos:

1. El absolutismo y determinismo de la predestinación incondicional de Teodoro Beza;

2. El humanismo religioso de Pelagio. Su Vía Media se puede resumir en los siguientes puntos:

- Énfasis en la soberanía moral de Dios, pero rechaza la doctrina de una soberanía arbitraria de Dios.
- Sostiene la predestinación condicional, pero rechaza la doctrina de predestinación incondicional.
- Acepta la expiación universal, pero rechaza la expiación limitada.
- Pone énfasis en la gracia preveniente, pero rechaza la doctrina de la gracia irresistible.
- Acepta el libre albedrio del hombre, pero rechaza el pelagianismo, que sostenía que no hay necesidad de gracia preveniente; y el calvinismo rigido que niega el libre albedrio en el plan de redención.

Cerraremos nuestro estudio con la exhortación y consejo de Juan Wesley, el que tomó el legado teológico de Arminio y lo hizo —después de la Biblia— el corazón de su teología y experiencia, poniéndole "fuego al metodismo" en el siglo XVIII. Leamos sus palabras, pero más, tomemos su consejo:

"¡Afuera, entonces, con toda ambigüedad! Afuera con todas las expresiones que solo confunden la causa. Que los hombres honestos hablen y que no jueguen con palabras fuertes que no entienden. ¿Cómo puede cualquier hombre saber lo que Arminio creía, si nunca ha leído una página de sus escritos? Que ningún hombre alegue contra los arminianos hasta que sepa lo que el término significa... Juan Calvino fue un hombre piadoso, erudito, sensato; también lo fue James Hamens (Jacobo Arminio). Muchos calvinistas son piadosos, eruditos, sensatos; y también lo son muchos arminianos.

Una palabra más: ¿Qué no es el deber de todo predicador arminiano: primero, nunca en público o en privado, usar la palabra calvinista como término de reproche; segundo, hacer todo lo que está de su parte para evitar que sus oyentes lo hagan, mostrándoles el pecado e insensatez en ello; y esto, más seria y diligentemente, si han estado acostumbrados a hacerlo, quizá animados por su propio ejemplo"?[6]

Es hermoso el legado que nos ha dejado Jacobo Arminio, sí, pero *"no traspases los linderos antiguos que pusieron tus padres"* (Proverbios 22:28).

Notas

1   Estamos usando la edición de James Nichols y W. R. Bagnall, *The Writing of James Arminius*, I, II, III, (Baker Book House, Grand Rapids, Michigan, USA.)

2   El Dr. Garnett Teakell ha hecho una excelente traducción de esta obra, "Un Libro de Texto a Nivel Universitario sobre la Vida y Obra de Jacobo Arminio", pp. 62-83. (Tesis inédita).

3   Bangs, p. 354.

4   *Ibíd.*, p. 356

5   Bangs, pp. 359-360.

6   Juan Wesley, "¿Quién es un Arminiano?", *Obras*, X, pp. 360-361.

Glosario*

Adopción: La adopción es una concomitante de la primera obra de gracia. Señala el momento en que Dios recibe al convertido como hijo. Se lleva a cabo en el mismo momento de la justificación, la regeneración y la santificación inicial (Romanos 8:15-17; Gálatas 4:6-7).

Adopcionismo: Este error surgió en España en la última parte de la octava centuria, fue similar al nestorianismo primitivo. Cristo fue considerado como un hombre ordinario, cuya humanidad fue adoptada por la divinidad mediante un proceso. Por tanto, negaba una encarnación real.

Agustinianismo: El pensamiento teológico y filosófico de Agustín, obispo de Hipona (354-430), ha dado forma a las ideas adoptadas por el cristianismo occidental, especialmente en algunas órdenes en la Iglesia Católica Romana y en las doctrinas del pecado y la predestinación de la teología calvinista.

Antropomorfismo: Significa atribuir características humanas a Dios. El término proviene del griego, *"ántropos morfé"*, forma de hombre. Cuando se pretende describir a Dios, ya sea su esencia o acciones, siempre surgen problemas filosóficos y teológicos. La forma de la existencia de Dios difiere de la humana; además, todo intento de describir a Dios es también un intento de definirlo y por lo tanto de limitarlo.

Arminianismo: El arminianismo es una tradición teológica que fue enseñada por Jacobo Arminio (1560-1603) y por otros que estaban de acuerdo con él. Arminio se opuso al calvinismo de aquel tiempo, que recalcaba la soberanía absoluta de Dios.

Arrianismo: Doctrina que Arrio, presbítero de Alejandría (m. 336), sostuvo que Cristo no era eterno; que había sido creado "de la nada"; que su naturaleza o sustancia no era igual a la del Padre, sino diferente, una clase de naturaleza inferior, ni divina ni humana, sino una tercera clase entre la deidad y la humanidad.

Decretos divinos: Esta frase se refiere a la voluntad y propósito de Dios para su creación, especialmente con relación a la salvación de la humanidad. El pensamiento cristiano está históricamente dividido en dos escuelas, el calvinismo y el arminianismo.

Gracia común: Gracia común es un término calvinista que se refiere a la gracia que Dios otorga universalmente a la raza humana con el propósito de preservarla de la descomposición total y la autodestrucción.

Escolasticismo: El escolasticismo tiene que ver particularmente con la clase de teología cristiana que estuvo en boga durante los siglos IX al XIV. Utilizó poco las Escrituras y se basó mucho en las enseñanzas de Platón y Aristóteles.

Gracia irresistible: Término usado por los que creen en una predestinación particular, indica que el llamado opera eficazmente para la salvación de todos aquellos que lo reciben, sin importar las obras que hayan hecho. La gracia irresistible, o "llamado eficaz", es uno de los cinco puntos centrales del calvinismo. Ambos términos quieren decir que todos los "llamados" por el Espíritu Santo serán salvos infaliblemente.

Gracia preveniente: La gracia preveniente se refiere a las muchas maneras en que Dios nos extiende favores antes de nuestra conversión. Significa que Dios toma la iniciativa para nuestra conversión, inclinándonos a volver a él, procurando ganarnos, derribando las barreras para nuestro arrepentimiento y fe. Dios, por el Espíritu Santo, nos extiende su mano para ayudarnos a llegar a él (Juan 1:9, 6:44; Hechos 11:18; 1 Juan 4:19).

Pecado original-ley de pecado-estado pecaminoso: La herencia adámica que recibe toda persona al nacer; no es pecado cometido y, por lo tanto, no trae culpa o condenación. Es la ley de pecado (Romanos 8:1-2) que determina la vida interna y externa del pecador; es la fuente de los pecados del individuo; la depravación-corrupción de la naturaleza que da a luz las manifestaciones externas del pecado. Es la contaminación, o espíritu de desobediencia, que causa al hombre hacer lo que él no quiere hacer y no la voluntad de Dios (Génesis 3; 6:5; Job 15:12-16; Salmos 51:1-5; Jeremías 17:9; Romanos 7:14-25).

Sinergismo-Monergismo: Teológicamente, el sinergismo se refiere a la cooperación de lo divino y lo humano para la salvación y para la edificación del carácter del hombre. Establece la doctrina de la cooperación de la voluntad humana con la gracia divina y ve la fe como respuesta personal al acto previo de Dios por el Espíritu Santo (gracia preveniente), quien nos llama a la salvación. Primero, la gracia divina capacitando la voluntad humana para que pueda creer y aceptar la oferta de salvación (Isaías 1:18, 55:3-7; Ezequiel 33:11; Joel 2:32 (véase Hechos 2:21); Mateo 11:28; Marcos 1:15; Juan 1:12, 3:16; Romanos 10:13; 2 Pedro 3:9; 1 Juan 1:9; Apocalipsis 3:20, 22:17).

El monergismo sostiene que la salvación es única e independientemente obra de Dios. Es lo contrario del sinergismo. Agustín expresó firmemente la posición del monergismo en su debate con Pelagio. Sus mejores exponentes han sido los de la tradición reformada o calvinista.

Socinianismo: Laelius Socinus (1539-1604) y Faustus Socinus tío y sobrino respectivamente, enseñaron una forma de unitarianismo relacionado estrictamente al arrianismo. Negaban la deidad de Cristo y del Espíritu Santo. El socinianismo destruye efectivamente la base de la expiación.

Supralapsarianismo-Sublapsarianismo-Infralapsarianismo: El supralapsarianismo (*supra,* "antes"; *lapsus,* "caída"), afirma que Dios decretó salvación o condenación antes de la creación. Esta teoría sostiene que antes de la fundación del mundo, Dios determinó sus decretos eternos. Por lo tanto, la caída de Adán viene a ser parte del plan de Dios. En un sentido, Dios llega a ser responsable por la caída; lo que hizo necesaria la elección.

Sub-Infralapsarianismo: La ubicación de los decretos de elección, subsecuente a la creación y a la caída, es conocida como infralapsarianismo (*infra,* "después"). De acuerdo con esta posición, Dios emitió su decreto de elección después de la caída. En el tiempo de Arminio, esta posición era conocida como "sublapsarianismo".

*Los definiciones de los términos de glosario son tomadas del *Diccionario teológico Beacon* (Casa Nazarena de Publicaciones, Kansas City, Missouri, E.U.A.).

Bibliografía

Nichols, James & Bagnall, W. R., *The Writings of James Arminius*, I, II, III (Grand Rapids: Baker Book House, 1956).

_____, The London Edition (Kansas City: Beacon Hill Press, 1986).

Bangs, Carl, *Arminius* (Nashville: Abingdon Press, 1971). Taylor, R. S. (Red. Gen.), *Diccionario Teológico Beacon* (Kansas City: Casa Nazarena de Publicaciones, 1995).

Grider, J. Kenneth, *A Wesleyan-Holiness Theology* (Kansas City: Beacon Hill Press, 1994).

González, Justo L., *Historia del Pensamiento Cristiano,* III., (Editorial Caribe, Inc., Impreso en Colombia, 1993).

_____, *Historia del Cristianismo,* 2., (Editorial Unilit, Miami, FL. USA., 1944).

McCulloh, Gerald O., (ed.), *Man's Faith and Freedom* (Nashville, Abingdon Press, 1962).

Muller, Richard A., *God, Creation, and Providence in the Thought of James Arminius.* (Baker Book House, 1991).

Pinnock, Clark H., (ed.) *Grace Unlimited* (Minneapolis: Bethan Fellowship, Inc., 1975).

Schaff, Phillip (ed.), *The Nicene and Post-Nicene Fathers of the Christian Church*, V. (Wm. B. Eerdmans Publishing Company, Grand Rapids, Michigan, 1956).

Taylor, Richard S., *Diccionario Teológico Beacon* (Casa Nazarena de Publicaciones, Kansas City, MO., EUA.).

Teakell, Garnett, *Libro Sobre la Vida y Obras de Jacobo Arminio* (inédito).

Walker, Williston, *Historia de la Iglesia Cristiana,* (Casa Nazarena de Publicaciones, Kansas City, Missouri, U.S.A., 2008).

Wesley, Juan, *La perfección cristiana* (Kansas City: Casa Nazarena de Publicaciones, 1986).

_____, *The Works of John Wesley*, X (Kansas City: Beacon Hill Press, 1978).

Wiley, H. O., *Introducción a la teología cristiana* (Kansas City: Casa Nazarena de Publicaciones, 1992).

_____, *Apuntes sobre el arminianismo* (inédito). Wynkoop, Mildred B., *Bases Teológicas de Arminio y Wesley* (Kansas City: Casa Nazarena de Publicaciones, 1972).

www.ingramcontent.com/pod-product-compliance
Lightning Source LLC
LaVergne TN
LVHW041152080426
835511LV00006B/562